20世纪国际格局的演变
与大国关系互动研究丛书

『十二五』国家重点图书出版规划项目

英国与冷战起源档案选编

Selected Archives on U.K. and the Origins of
the Cold War

姚百慧　韩长青／编

社会科学文献出版社
SOCIAL SCIENCES ACADEMIC PRESS (CHINA)

本书为国家社科基金重大项目"20世纪国际格局的演变与大国关系互动研究"（11&ZD133）的阶段性成果

总　序

　　本套丛书研究的是 20 世纪国际格局的演变与大国关系的互动之间的关系。其中既要考察 20 世纪主要大国之间关系的发展变化，也要探讨大国之间的关系变化对国际格局演变的影响，以及在一定历史时期内相对稳定的国际格局对大国关系形成的反作用。

　　之所以选择研究这个课题，主要有以下几点考虑。

　　第一，大国关系与国际格局的演变密切相关。自近代民族国家产生以来，大国之间的关系始终是最重要的国际关系，对世界历史的发展、国际格局的变动、国际秩序的构建、各民族国家的命运，都产生过十分重要的影响。特别是 20 世纪以来，世界历史发生的各种重大事件以及国际格局从欧洲中心到两极格局、再到多极化趋势发展的巨大变化，无不与大国之间关系的发展变化紧密相连。换句话说，大国和大国集团的力量对比和关系变化构成了世界格局的重要基础，是国际格局变动的决定性力量。与此同时，国际格局也实际影响并制约着一定历史时期内的国际秩序，并进而影响着一国的战略选择和政策制定。

　　第二，加强对 20 世纪国际格局的演变与大国关系的互动研究是当今国际形势发展及中国国力增长的需要。进入 21 世纪以来，国际形势发生了深刻变化，经济全球化迅速发展，世界多极化不可逆转。但是，在今天的世界上，民族国家仍然是国际行为的主体，因此，民族国家如何在国际竞争中有效地维护自己的国家主权，捍卫自己的国家利益，如何在国际合作中取得双赢和多赢的结果，仍然是每一个民族国家面临的重要问题，也是正在崛起的中国面临的重大问题，更是一个关系到中国长远稳定和平发展的重大战略问题。可以预见，随着中国改革开放政策的稳步推进，随着中国国力的不可阻挡地快速发展，随着中国在国际经济、政治、军事、文化等领域的重要性不断提升，在今后的几十年时间里，中国与外部世界特别是与一些大国之间的关系必将呈现出更多的冲突、摩擦、竞争与合作的错综复杂的局面。因此，研究英国、美国、法国、德国、日本、俄国/苏联等大国在构建有利于自己的国际格局、国际体系时所做出的外交努力，研究 20 世纪国际格局的变动与大国关系变化之间的互动，对于当今的中国如何在大国关系演变、国际格局和国际秩序的变革中发挥负责任大国的作用，构建有利于中国的国际格局和国际体系，有着重要的参考价值和借鉴作用。

第三，研究这一课题是学术发展的需要。鉴于大国关系与国际格局的重要性，国内外的学者在历史学领域和国际政治学领域的相关研究已有颇多建树。

在历史学领域的研究，主要是运用历史学的实证方法，通过对档案资料的研究和解读，或对双边或多边大国关系中的具体个案进行微观的深入探讨，或从外交史出发对大国关系进行通史性论述，以揭示主要大国之间的错综复杂的关系发展。一些著作已经涉及了 20 世纪的国际格局、国际体系、国际秩序等问题，对国际组织的活动也有所探讨。这些成果，为我们提供了重要的研究基础。但是这些研究仍然比较缺乏宏观的视野、辩证的思考和应有的理论深度。西方学者的研究成果虽然有许多可取之处，但是其基本主导思想是以西方特别是以美国的理念来改造世界（尽管美欧之间也有分歧），建立西方主导的国际格局和国际秩序，并维护这种秩序，因此只具有借鉴意义。

在国际政治学领域的研究，主要是依据欧美大国关系的发展历史和处理国际关系的经验而发展出来的一系列国际关系理论，通过对历史案例的解读和相对宏观的论述，说明大国之间的关系以及对国际格局、国际秩序的影响，以此分析当今的国际问题和国际形势发展趋势，并提出对策。这种把国际政治学和国际关系史结合起来的研究方法，以及通过对当前的国际问题的研究为中国外交提出对策的视角，对本课题的研究具有重要的启发和借鉴作用。但是这些研究较缺乏基于原始资料的历史考察，以及缺少对大国关系的发展与国际格局、国际秩序的建立和演变之间互动关系的历史研究。西方学术界运用其国际关系理论来看待 20 世纪国际格局和大国关系的发展，带有很大的片面性，往往把西方大国崛起时的对外扩张视为普遍真理，并以此来看待正在发展的中国，宣扬"中国威胁论"，这是我们不能接受的。

因此，将历史学与国际政治学二者结合起来、将微观研究与宏观考察结合起来，具体探讨国际格局、国际体系、国际秩序的构建和演变与大国之间关系变化的互动关系，是本课题研究的学术发展空间。

　　第四，与近年来国外大量新解密的原始档案资料特别是外交档案资料相比，中国国际关系史的资料建设相对落后，一些整理汇编的资料集多以20世纪50年代~70年代翻译的资料为主，严重制约了中国的国际关系史研究。因此，本课题在进行研究的同时，将密切跟踪不断解密的国内外档案文献，精选、翻译、编辑一些重要的国际关系史料并陆续出版。

　　鉴于国际格局的演变是一个比较长期的过程，要经过许多重大的事件导致国际关系特别是大国之间的关系发生一系列变化的量化积累，最后才会导致国际格局发生质变，因此本课题的研究着眼于20世纪的较长时段，突出问题意识，以唯物史观为基本指导，运用历史学与国际政治学的交叉研究方法，以历史学的微观探究为手段，以国际政治学的宏观战略高度为分析视角，通过对20世纪重要大国之间关系发展的一系列重大问题的专题实证研究，力图深层次多角度揭示大国关系的发展及其与国际格局、国际秩序演变之间的互动关系，为今天正在和平发展的中国如何处理与其他大国的关系，包括如何处理与目前由大国主导的国际组织的关系、如何在当今世界积极发挥自己作为负责任大国的作用，从而构建有利于中国发展的国际格局、国际体系、国际秩序、国际机制和国际安全环境，提供历史借鉴、重要启示和基本的理论与现实支持。与此同时，本课题的研究也希望能够在培养具有世界眼光、了解大国之间关系发展的历史、知晓国际关系的复杂性和曲折性、具有对世界多元文化的认知与理解力、从而能够在纷繁复杂的国际关系现实中处变不惊的人才方面，有所贡献。

　　为了将本课题的研究成果集中呈现，首都师范大学国际关系研究中心和社会科学文献出版社联合推出这套"20世纪国际格局的演变与大国关系互动研究"丛书。这套丛书包括专著、资料集和论文集等若干种，这些成果也是国家社科基金重大项目"20世纪国际格局的演变与大国关系互动研究"（项目号：11&ZD133）的组成部分。

徐　蓝

2014年4月

目　录

编者说明

　　第二次世界大战后，国际格局从以欧洲为中心转变为美苏两极对峙。传统的英、法等欧洲列强，虽已成为二流国家，但凭借一定的国力和外交经验，仍在战后的国际舞台上起着重要作用，其外交得失也经常得到史家的关注。在冷战起源问题上，学术界初期较为重视美、苏两国的责任。自1980年代中期后，国内学术界开始注意到英国在冷战起源中的独特作用，这些研究从观点和内容上可归为三类。

　　一是强调英国的积极主动作用。认为英国工党政府在1946年上半年就已制定出冷战政策，它并不是盲目追随美国政策的"小伙伴";[①] 英国是美国发动冷战的"政治导师"，在美国举起冷战帅旗前担任"临时主帅"，在冷战开始后又成为冷战的"急先锋";[②] 丘吉尔在二战末期和战后初期一直煽动美苏冲突，对美国发动冷战起着不可忽视的推波助澜的作用。[③]

　　二是认为不能过分夸大英国的作用。虽然英国对推动美国政策转变和西方军事集团的形成起到了重要作用，在冷战起源中并非毫无作用的配角，但作为一个中等国家，它不具备影响全局的力量，冷战的基本进程取决于美、苏两个大国。[④] 无论是丘吉尔政府，还是艾德礼政府，都没有制定真正的冷战政策。美、苏是冷战起源的重要因素，是内因；英国所起的作用最多只是一种外因。[⑤]

　　三是注意研究战后英国对苏政策的摇摆与转变，以及这种转变的推动机制。认为工党政府战后初期的对苏政策有个转变过程，即从决心维持英苏同盟关系，经短暂的左右摇摆迅速转向与苏全面冷战，其根本原因在于

---

　① 黄亚红：《试论英国冷战政策的形成》，《世界历史》1996年第3期，第34～41页。

　② 刘建飞：《从战后初期英国工党的对苏政策看冷战的起源》，《当代世界社会主义问题》1998年第1期，第2～9页。

　③ 席来旺：《丘吉尔与"冷战"起源》，《史学月刊》1985年第3期，第107～110页。

　④ 司昆阳：《英国与冷战》，《西欧研究》1987年第3期，第7～13、53页。

　⑤ 李世安：《英国与冷战的起源》，《历史研究》1999年第4期，第38～51页。

战后衰落的英国经济和英国统治阶级长期以来政治上的反苏态度;[1] 英国驻苏联使馆临时代办罗伯茨于 1946 年初至 1947 年夏陆续发给外交部多份报告，阐述了苏联在原子能、德国、远东、中东、联合国等问题上的政策走向，以及苏联内政、文学艺术、历史研究、意识形态等方面的现状，这些电报的分析和建议，显著推动了外交部大幅度调整对苏联政策的步骤，加快了英国同苏联冷战对抗的进程。[2]

本书无意介入这些争论，只是希望为相关研究提供些资料。原始资料利用上的困乏，几乎是国内研究英国与冷战起源问题的一个重要缺点。[3] 本书主要从英国解密档案中选取有关中英关系和英苏关系的档案共 60 件。在档案编选上，本书遵循如下原则。

（一）档案编号。档案左上角之档案编号为编者自拟，分别表明该档案的时间（8 位编码）和整理档案时的流水号（5 位编码），格式为：×××
×××××，YD××××。

（二）档案标题。现标题为编者自行拟定。拟定标准主要是根据档案的类型；电报、信函、照会等标明收发者；谈话记录、备忘录等标明谈话双方；等等。

（三）档案时间。档案时间以原档生成的主日期为准，如电报正式发出时间。

（四）档案内容。一般照原文全文照录或照译。如下几点需做特别说明。

1. 摘录与节译。部分档案内容涵盖广泛，原档案选编者可能只选取了一部分，本书中标为"摘录"；本书选编时只翻译部分时，以"节译"表示，并对省略未译的部分加省略号和注释说明。

2. 英国档案的撰写者有其立场，部分档案对中国及其领导人时有蔑称或不正确的评判，在香港问题的立场上和涉台用语上与我们也不尽一致。为维持档案原貌，翻译时未加改动，希望读者阅读、使用时自行辨别。

3. 整理中对原档案部分标点及数字进行了修订，以照顾中文的文法和阅读习惯。

（五）档案附件。原档案附件，根据内容重要性，适当加以收录；未收

---

① 叶江：《战后英国工党政府与冷战起源（1945～1948）》，《史林》1991 年第 1 期，第 66～72 页。

② 韩长青：《罗伯茨电报和英国对苏政策方针的转折（1946～1947）》，《历史教学》2008 年第 12 期，第 37～43 页。

③ 上面涉及的文章，除了极少数例外，很少利用原始档案。

录的，也做注释予以说明。

（六）档案注释。档案注释有两种类型。一是原编者注，本书档案来自纸本出版物，对原编者的注释，适当予以选取，并以"——原编者注"加以标明。二是本书编者自己所加注释，以说明档案来源，介绍相关档案关系，对档案内容进行补充等。

此外，本资料集最后还制作了"参考文献"、"档案简目（档案编号序）"和"索引"。

第1编　英国与国共冲突

一　目录

19470215，YD00050，英弗查普尔致贝文电（1947 年 2 月 15 日）

19470301，YD00037，贝文就中国形势致施蒂文电（1947 年 3 月 1 日）

19470307，YD00005，施蒂文致邓宁的信（1947 年 3 月 7 日）

19470505，YD00039，施蒂文就河北南部共产党控制区的状况致贝文电（1947 年 5 月 5 日）

19470703，YD00040，施蒂文致贝文电（1947 年 7 月 3 日）

19470829，YD00041，施蒂文就魏德迈访问中国的报告致贝文电（1947 年 8 月 29 日）

19470909，YD00042，富兰克林致施蒂文电（1947 年 9 月 9 日）

19471215，YD00006，英国下院友好访华团的报告（节译）（1947 年 12 月 15 日）

19471222，YD00007，贝文致艾德礼的备忘录（1947 年 12 月 22 日）

19480202，YD00008，施蒂文致贝文电（1948 年 2 月 2 日）

19480319，YD00009，邓宁关于英国驻中国代表问题的备忘录（1948 年 3 月 19 日）

19480401，YD00010，外交部中国处关于中共态势的备忘录（节译）（1948 年 4 月 1 日）

19480407，YD00043，施蒂文致贝文电（1948 年 4 月 7 日）

19480525，YD00011，施蒂文为答复质疑并为自己辩护致邓宁电（1948 年 5 月 25 日）

19480525，YD00044，兰姆就中共自身政策致贝文电（1948 年 5 月 25 日）

19480818，YD00013，蒙哥马利关于世界总体形势的备忘录（摘录）（1948 年 8 月 18 日）

19481028，YD00045，兰姆就北平和天津的政治形势致贝文电（1948 年 10 月 28 日）

19481118，YD00031，兰姆致贝文电（1948 年 11 月 18 日）

19481209，YD00014，贝文关于中国内战最近发展情况的备忘录（1948 年 12 月 9 日）

19481213，YD00015，内阁会议决议（摘录）（1948 年 12 月 13 日）

19490217，YD00016，斯卡莱特关于承认问题的备忘录（1949 年 2 月 17 日）

19490304，YD00017，贝文关于中国形势的备忘录（1949 年 3 月 4 日）

19490304，YD00019，施蒂文致贝文电（1949 年 3 月 4 日）

19490625，YD00018，伯吉斯关于香港查获共产党文件的备忘录（1949 年 6 月 25 日）

19490810，YD00020，葛量洪致克琼斯电（1949 年 8 月 10 日）

19490811，YD00021，麦克尼尔与凯南的会谈记录（1949 年 8 月 11 日）

19490819，YD00022，麦克唐纳致斯特朗的信（1949 年 8 月 19 日）

19490823，YD00023，贝文关于中国问题的备忘录（节译）（1949 年 8 月 23 日）

19490930，YD00024，联合情报委员会提交参联会的情报评估（1949 年 9 月 30 日）

19491007，YD00025，贝文致英王陛下政府驻海外代表电（1949 年 10 月 7 日）

19491024，YD00026，贝文关于承认中共政府的备忘录（1949 年 10 月 24 日）

19491123，YD00027，富兰克林的备忘录（1949 年 11 月 23 日）

19491126，YD00028，贝文关于东南亚和远东的备忘录（1949 年 11 月 26 日）

19491203 – 09，YD00029，杰布与邓宁关于承认中共政府的备忘录（1949 年 12 月 3~9 日）

19491212，YD00030，贝文关于承认中共政府的备忘录（1949 年 12 月 12 日）

二　正文

19450707，YD00001

外交部关于中国现状以及英美对华政策的备忘录（节译）①
(1945 年 7 月 7 日)

（F 4171/186/10）

极机密，外交部

I　中国最近的形势

中国最近的形势

1944 年 11 月的军事危机

1. 中国战场在过去六七个月来一直处于不平常的多事之秋。1944 年夏，日本再次变得咄咄逼人，到 11 月间，日军迅速侵占了湖南和广西两省以及在这些地区的重要的美军机场。桂林（是自由中国比较重要的六座城市之一）于 11 月 10 日沦陷。此后，日军继续向贵州省境推进，途中仅遇少量抵抗甚至未遇抵抗，并于当月底逼近贵阳。由于贵阳是重庆和昆明之间主要通道的要冲，日军一旦占领此地，便可对重庆和昆明两城市构成极大威胁。但是，在 12 月初，日军忽然主动停止进军，不久后便撤出了贵州省境。

2. 日本人的进军几乎未受阻挡，这使得中国的各个阶层都感到非常失望和耻辱。同盟国中只有中国自己仍然要面对失败。值得注意的是，很明显国外的舆论现在只提及"三强"，而没有像从前那样的"四强"提法了。而且，美国媒体不再把中国当作宠儿，报道中充斥着讽刺、揭露的材料，猛烈抨击这个"垂死的、反动的政权"。可能由于中国人很强的自尊心，相较于国内的批评，中国当权者更看重来自国外的批评。在 1944 年末，国内外的批评都很强烈。

重整旗鼓

（a）部长的变动，以及宋子文再度上台

3. 面对困局，中国政府的反应还算成功。首先，蒋委员长渴望保持美

---

① 资料来源：*DBPO*, *Series I*, *Volume VIII*, *Britain and China*, *1945 – 1950*, pp. 3 – 19。

国人对他的好感，因而改组了行政机构，以此表明那些曾被称为反动分子的部长们已被清除。何应钦将军、孔祥熙博士以及陈立夫先生分别被免除了国防部长、财政部长和教育部长的职务（然而，他们每个人或保留了或被给予有影响的职务。何将军现在是长江以南中国军队的总司令；孔博士暂时保留了行政院副院长的职务；陈立夫得到了党内重要职务）。然而，最重要的变动是宋子文重新上台，他在 12 月份成为行政院代理院长，这一职位类似于总理。担任国民政府主席的蒋委员长，此前一直兼任行政院院长。宋博士长期在野，在一年前他虽是外交部长（他现在仍保留了这一职务），但与蒋委员长的关系并不好。宋博士才能出众，对西方以及别的中国公众人物均有很好的了解。

（b）美国的援助

4. 另外，通过（1）建立战时生产局和战时运输局，以及（2）中美合作改革中国军队，中国政府比以往更大程度上将自身置于美国的保护之下。

战时生产局和战时运输局

5. 战时生产局于［1944 年］11 月 16 日建立，其职责为监管企业生产、物资进口、劳动力分配以及管理军用物品生产资金。唐纳德·纳尔逊先生[①]于 1944 年夏访问重庆时建议成立该局，另外有些美国顾问也在局中任职。战时运输局于 1945 年 1 月 1 日成立，在运输方面，尤其是公路运输方面，对战时生产局在经济领域所掌握的资源加以调配。战时运输局的成立，即使不是直接源于美国建议，也是受到了美国启发。一位美国将军担任该局副局长，其他不同部门副职也均由美国人担任。

中国军队的改革

6. 中美联合改革中国军队的计划虽然由新任国防部长陈诚发起，但是真正激发改革的却是魏德迈少将[②]，他是史迪威将军的继任者，担任蒋委员长的参谋长，兼任中国战区美军总司令。该计划的主要特点是：裁汰冗员；使其他中国军队齐装满员；增发所有中国军队的军饷和口粮；为每支中国部队配备一支美军骨干小组，建立一个大型训练中心，采用美式训练方法，并由美国人担任教官；由一位美国将军来管理中国军队的后勤部门，并且

---

① 唐纳德·纳尔逊是罗斯福总统 1944 年的驻华私人代表，他建议设立一个中国式的战时生产局。——原编者注

② 原文如此。魏德迈已于 1945 年初晋升为陆军中将。他自 1944 年 10 月起接替史迪威担任蒋的参谋长和中国战区美军总司令，一直到 1946 年 5 月。

有几位美军军官来协助他，以确保中国军队得到更好的口粮、军装和器械。

利多公路[①]

7. 这里也要提到利多公路在 1 月份通车了。将利多公路改名为"史迪威"公路的尝试意味着这么一种倾向，即利多公路完全是中美合作的成果，而英国军队在缅甸的作用以及该公路穿过了英国领地这一事实被无视。

近期内阁变动

8. 最近，由于宋子文博士担任了行政院院长并掌握实权，并且由经济部长、战时生产局局长翁文灏博士取代孔祥熙博士担任行政院副院长之职，国民政府得以进一步加强、进一步自由化了。翁博士是无党派人士，是一位能干且积极进取的管理者。宋博士刚从美国返华，他是出席旧金山会议的中国代表团团长。中国代表团在美国所发挥的作用非常有助于中国恢复国际地位，也可能会提升宋博士在国内的地位。他于 6 月底又出访莫斯科，讨论中国和苏联之间的重要问题。

近期军事发展情况

9. 今年 4 月，日军开始了新一轮攻势，其目标明显是要占领位于湖南西部芷江的美国空军基地。中国的援军（包括有空中补给的、美式训练的部队）及时赶到，抵挡住了日军的攻击，并使日军败退。中国人对于军事实力的增长感到兴奋，这与去年秋天令人耻辱的大溃败形成了鲜明的对照。5 月，日军开始从中国各地撤退。与福摩萨[②]隔海相望的福州，在这个月回到中国人手中。6 月，中国军队收复了更北面的温州，此时日军退守杭州湾，明显是为了准备防御美军从上海长江口的登陆。日军同样在广西撤退，中国人于 6 月底收复了美国在柳州的重要空军基地，此外还收复了南宁，它靠近印度支那边境，是日军联通广西和印度支那交通线上的重镇。日军的这些败退事实上表明，它们的目标是缩短在中国过度拉长的战线，并要在沿海以及其他一些战略要地集中兵力，以防备美军的登陆。

当前的形势

（a）通货膨胀

10. 总体来说，形势比去年 12 月有了重大改观，但是还有两个顽疾，

---

①　利多公路即史迪威公路，自印度东北部利多至中国云南昆明。该公路是 1944 年中国军队在滇西和缅北大反攻胜利后修通的，为中国抗日战场运送了 5 万多吨急需物资，被称为"抗日生命线"。

②　中国称台湾岛。

即通货膨胀和国共之间的僵局。生活品的价格一直以惊人的速度增长，这让人感到经济情况同去年 11 月份的军事状况一样糟糕。如果把 1937 年的指数当成 100，那么［今年］2 月份重庆公开市场零售价格指数则是惊人的94547。1 月份到 3 月份，这 3 个月里的生活品价格翻了一番还多。从 1 月 1 日到 5 月底的物价增长率是 150%，而相比较来说，整个 1944 年的物价增长率是 288%。宋博士正努力通过两项举措来战胜通货膨胀。第一，在 6 个月内，以大大低于市场价格的官方价格向公众出卖黄金，以吸收闲置的货币。为了达到该目的，美国正向中国提供价值 1.89 亿美元的黄金。第二，进口一定的商品。通过进口的作用来展示它是清理通货、防止囤积、打击投机的可能手段。初始阶段良好，大量的制服以及 3400 吨棉布和纱线进口到了中国，并且中国获取了英国在印度的出口信贷。美国人出于自身的利益希望今年能够制造 22000 吨棉纺织品，其中的 7300 吨棉纺织品已经明确指定是来自墨西哥、巴西和美国的产品。此外，宋博士还得到了英王陛下政府同意，自 1944 年起由英国提供 5000 万英镑的信贷以从印度购买 3000 吨短绒原棉和 20 万袋大米，现在这些物资正被空运到中国。宋博士进一步要求，作为反通货膨胀斗争的一部分，中国政府应该能够购买各种消费品回来销售，这一要求得到了英、美两国的积极回应。

（b）共产主义的僵局

11. 国民政府和中国共产党的谈判又一次停滞，而且以陕西省为大本营的共产党仍然掌握了中国很大一部分不受中央控制的地盘。蒋委员长在 3 月 1 日的讲话中拒绝了共产党关于建立联合政府的要求，认为那只会引起分裂和混乱。然而，他再次保证明年 11 月份将会召开制宪国民大会。民主政府将会取代国民党的一党专政。共产党对此的回应是，将要召开的国民大会将会是"民主的笑柄"，只会造成国民党的永久统治。政府做了一个明智之举，就是将董必武先生纳入旧金山会议的代表团中。这样做可以应付这样的指责，即一个分裂的中国来参加会议。然而除此之外，国共关系完全处于僵持状态，而且最近共产党宣称他们将会抵制 7 月 7 日召开的政治协商会议，该会议的目的是讨论将要召开的国民大会的相关事务。比宪法危机更为严重的问题或许是对共产党军队的控制问题。蒋介石在 3 月 1 日的讲话中让人们了解到，他已经计划和共产党达成妥协，让共产党的军队隶属于国民政府，但受美国将军的直接指挥。然而，共产党不同意该方案，他们不准备将军队交给国民党控制的政府，因为这意味着放弃了在宪法危机中唯一可以用来讨价还价的武器。在这一点上使人焦虑不安的是，共产党的军队和非中央政府的力量已经占领了日军撤退后留下的一些真空地区，有报道称，共产党和重庆政府的军队在这些地区发生了一两次冲突。

未来展望

12. 虽然 1944 年底对中国即时的威胁已经逐渐消失，但长远的前景不容乐观。自由中国分裂为两个武装的阵营，而且一旦来自日本的压力解除，届时（即便不是更早的话）内战爆发的危险将会成为事实（如果美军在中国沿海登陆，并且愿意与沿海地区的共产党军队合作并提供武器，一个特别微妙的形势就有可能产生）。至于通货膨胀问题，现在实施的补救方法很可能只是暂缓了危机；如果通货膨胀继续维持现在的比率，没有人能预计未来将会发生什么事情。

美国对共产党和通货膨胀问题的态度

13. 美国人不仅于去年秋天在中国最需要的时刻给予援救，努力重建中国的战争能力，还对中国国内的两个重大问题给予了较大的帮助。去年11月，新任美国驻华大使帕特里克·赫尔利少将①来到共产党首府延安，当他返回时，安排了中共领导人之一的周恩来与蒋委员长的会面。然而，就如预计的那样，外部的调解对于这样的争端起到的效果甚微，而且当赫尔利最近回到华盛顿后，他宣称，美国的政策是不干涉中国的内部事务。关于另一个主要麻烦——通货膨胀问题，前美国价格管理办公室主任利昂·亨德森在宋博士特别邀请下访问了重庆，并且他们俩后来一起去了旧金山。

俄国

14. 一个关于中国形势的概要报告如果没有包含俄国因素的话，将是不全面的。在中国政府的成员中，孙科博士因亲近苏联的态度而知名，只有他公开支持苏联参加对日作战。总的来说，中国政府无疑担心，苏联可能会以要求获得满洲或者其他地区的特权来作为对日作战的条件。这里必须强调的是，没有什么其他问题能够比满洲更能让整个中国反应强烈了。对

---

① 赫尔利于 1944 年任罗斯福总统驻华特别代表，随后至 1945 年 11 月任美国驻华大使。赫尔利大使在华的主要使命是防止国民政府的崩溃，让中国军队保持作战。其第二个使命是阻止内战爆发。1945 年他辞职时，称国务院的官员妨碍了他的使命。他指控国务院官员把美国的亚洲政策同殖民帝国主义和共产帝国主义结合起来，还宣称共产党受到他自己下属成员的鼓励拒绝与蒋介石达成协定。由于他的抗议，这些成员被调往国务院，反而成了自己的监督者。美国国内对大使指控的反应，见 *FRUS, 1945*, *Vol. 7*, pp. 722 – 744。——原编者注

他们来说，收复满洲是远东和平协议的必要条件。宋子文博士对莫斯科的访问反映了中国对中苏关系的担忧。[①] 除了满洲问题之外，影响中苏关系的其他重要因素还有中国共产党问题以及外蒙古、新疆的中苏接壤地区的形势。到目前为止，俄国人对中国共产党人的兴趣甚微，但是一旦国民政府和共产党之间发生公开的冲突，那么苏联不太可能满足于只做一个消极的旁观者（事实上，国共之间的问题看来可能会成为与苏联和美国有直接关系的国际问题，我们最终也会逐渐卷入其中）。1924 年，中国对于外蒙古的主权要求得到苏联的承认。但事实上，外蒙古仍然独立于中国之外而实际处在苏联的保护之下。新疆处于苏联的实际控制之下，1937 年至 1942 年，中国的中央政府利用苏联在西方的困难重申了对新疆省的主权，并且迫使苏联的力量完全从该省中撤出。新疆现在挣扎于严重的经济危机中，这主要是由于与俄国的贸易中断了。靠近苏联的伊犁河谷也爆发了哈萨克人的叛乱。很多中国人担心苏联可能会利用这些困难因素来重新获得在新疆的影响力。

II 美国和英国的地位

两国的对比

15. 当前形势的一个显著特点就是美国在中国居于优势地位。新近离职的埃里克·泰克曼爵士[②] 1943 年记录的一段文字对比了英国和美国的地位。

比较一下中国 1943 年的外交政策和中国此前十年的态度，最明显的事情就是中国依赖并且接受美国的领导。像在文化、外交、经济、财政和军事领域，这方面的表现到处都能看到。中国主要指望美国而不是英国，来打败日本，给予它物资和军费的支持，在战争胜利之后帮助自己建设一个伟大的新中国。就我们来说，由于我们所处的地位没有其他的选择，因而我们接受了这个事实，已经放弃了在中国已占据了一百多年的领导地位……我们在给中国人提供财政、经济和物质上的帮助方面赶不上美国；在外交方面，十年之前我们自然处于主导地位，但现在我们正在焦虑地等着看美国政府的所作所为。

---

① 关于这一点，参见 *DBPO*, *Series Ⅰ*, *Volume Ⅷ*, *Britain and China*, *1945 - 1950*, No. 3, pp. 2731。——原编者注

② 泰克曼 1907 年以来一直负责英国在中国的领事服务，直到 1936 年退休；1942~1944 年被驻北京大使馆返聘为参赞。——原编者注

比起 1943 年，上面这段话描述的情景更符合今天的形势。

美国的战略责任

16. 考虑到英帝国在世界其他地区的广泛义务，以及其在西方所遇到的直接威胁，出现上述情况是不可避免的，或许那正是唯一合乎逻辑的结果。早在珍珠港事件之前，陈纳德将军的美籍空军志愿大队就在中国作战。另一方面，由于单独同德国和意大利作战并且在远东地区没有防卫，所以我们被迫小心谨慎地对日本保持中立态度，乃至不得不暂时禁止通过滇缅公路向中国运输战争物资。珍珠港事件后，我们不得不在远东地区扮演纯粹防卫角色，1942 年 3 月［英美］联合参谋长委员会认为"……很明显……必须将中国置于美国的战略影响范围内"。位于昆明的美国第十四航空队所取得的瞩目成就为美国人赢得了声誉。从 1941 年 3 月到 1945 年 4 月底，美国人根据租借法案已经［向中国］提供了价值 4.58874 亿美元的战争物资，而且他们正在考虑提供大约 5 亿到 6 亿美元的进一步援助的计划。美国人能够提供如此大规模的援助以及上面所引述的联合参谋长委员会的决定所产生的一个必然结果就是：美国可以在华盛顿向联合参谋长委员会竞标到向中国提供弹药和原材料，因而对中国负有直接援助的主要责任。

英国的贡献

17. 英国对中国抗日战争的援助虽然有限，但不应被忽视。这些援助包括：英王陛下政府预付或者担保支付的用来稳定中国货币的 1000 万英镑；1939 年和 1940 年两笔近 800 万英镑的出口信贷；对中国驻印度军队提供价值超过 600 万英镑的给养和服务；主要从澳大利亚运来的价值超过 300 万英镑的补给物资；1944 年提供的 5000 万英镑的战争贷款，以及英王政府通过租借法案向中国军队提供的力所能及的武器、军需品和军事装备。此外，英国过去三年对华提供的其他援助如下：

（a）英国皇家空军为位于成都的中国空军军士学校提供一个小规模的训练小组；

（b）提供一个负责训练游击战、敌后破坏等任务的英国军事小组；

（c）在重庆，由英国皇家学会会员李约瑟博士负责的英国文化委员会科技办公室在技术教育领域提供帮助；

（d）由隶属于英王陛下政府驻华使馆的盟国补给执委会的代表们向中国国内工业供给领域所提供的援助；

（e）英国教友会派来一个救护和运输分队，该分队每年由英王政府给予财政补贴；

（f）（总计超过 150 万英镑）英国联合援华会；

（g）英国红十字会提供了 100 万英镑的援助，目前为止在中国已花费了 60 万英镑；

（h）中国海军：除了两艘内河炮艇和一艘小型护卫舰转交给中国，以及训练了一小批中国海军干部之外，英王陛下政府现在已经答应在租借法案条目之下把一艘巡洋舰、两艘潜艇、八艘海岸艇和一艘驱逐舰交给中国，同时帮助训练必要的船员；

（i）中国空军：根据租借法案，英王政府最近已同意将两个训练学校的设备、补给品和装备转交给印度[①]。

18. 以上这些贡献本身虽然很有价值，但与美国提供的巨大援助比起来，就无足轻重了，因而在心理上所能起到的效果也就很小。实际上，我们经常受到中美双方的诟病，它们说我们对中国缺乏兴趣，对中国的事业表现出不温不火的态度。[②] 我们经常被说成不想看到一个强大而统一的中国出现在战后。克兰伯恩勋爵 1 月 25 日在上院演说中指出英王政府希望看到中国强大、统一、繁荣，这有助于驱散上面那种印象，[③] 但是我们真实的利益，不能从我们的言论而总是要靠我们与中国关系上的实际行动来判定。

Ⅲ　美国和英国的地位所包含的意义

英国在华利益

19. 由于我们在中国有重大的利益，因此很明显不能对现在美国的优势地

---

① 此处原文"India"一词疑为"China"。

② 作为美国关心中国局势的表现之一，众议员 M. J. 曼斯菲尔德（蒙大拿州民主党人）作为罗斯福总统的特使于 1944 年访问了印度、缅甸和中国。他在 1945 年 1 月 25 日给总统的报告中称：我想说的是，美国在远东的军队对于英国在那儿慢吞吞的策略感到厌烦。英国人的兴趣只在新加坡、香港、恢复威望以及一个贫弱的中国（*FRUS, 1945, Vol. 7*, p. 16）。该书第 35～36 页收录了 1945 年 1 月 25 日美国国务院中国科长范宣德先生和英国驻重庆（战时国民党政府的首都）大使馆参赞 J. 凯瑟维克先生的谈话记录。外交部对于曼斯菲尔德的访问以及凯瑟维克会谈的反应，分别参见 F 682/35/10 和 F 873/35/10。——原编者注

③ 自治领事务大臣兼上议院领袖克兰伯恩勋爵在其演讲中指出："我相信，英王陛下政府的一些部门里有一些毫无根据的提议，这些提议要求英国在重建一个统一的中国问题上保持冷淡态度。我不知道这种说法是从何时开始出现的，但是如果有机会的话，无论如何我也要把这种说法永远地消灭掉。"（*Parl. Debs., 5th Ser., H. of L., Vol. 124*, col. 749.）——原编者注

位所带来的长期影响等闲视之。1931 年，英国在中国的投资估计约有 2.442 亿英镑，也就是说占英国对外投资的 5.9%。这些投资中有 4640 万英镑的中国政府债务，另外的 1.978 亿英镑投资在了进出口贸易、房地产、制造业、运输业、银行业、公共事业、保险业等等（参见 C.F. 雷默关于外国在中国投资的备忘录①）。上海英国总商会 1937 年粗略估计，英国在中国的投资为 3 亿英镑。这些投资中的大部分集中在航运业、银行业和其他服务业，战后这些投资的维护和发展对于我们的非商品输出有着明显的重要性。

美国在战后对华贸易中的领导地位

20. 我们必须清楚地估计到这样的可能性，即美国在增强中国作战能力中获得的优势地位将会在战后反映出来。美国的主宰性影响体现在许多中国活动的领域而不仅仅在单纯的军事方面。美国财政部对外经济管理局的计划延伸至重建时期，即使利用目前在中国的时机来谋求战后商业优势并不是美国政府的官方政策，但这毫无疑问是许多对中国有兴趣的美国人的想法，这些人现在正在参与制定援助中国的政策。中国人很自然地首先期望美国能够提供给他们在战后工业计划中所需的重型设备。由于有着充分的理由，中国人感到，因为美国有着巨大的工业资源，因而能够首先提供货物，而且他们很可能也期望美国人能在信贷方面提供类似的帮助。大量的学生和技术人员现在被派往美国，受训的内容主要是与中国战时的计划有关。他们回到中国后会成为美国技术和设备的坚定拥护者。最近来自华盛顿的消息称，应中国政府的要求，美国财政部对外经济管理局已经准备了一个耗资 10 亿美元的战后工业计划来满足中国建设 953 个工厂的要求，还有相关建议要求再花 10 亿美元用于中国国内交通系统的建设。还没有任何信息来说明怎样给予该计划财政支持。

英国贸易的前景

21. 面对这些情况，战后重建英国在中国的商业地位有一定困难。美国人将领先很久，而且由于我们财政困难，我们也不可能同美国在同等基础上进行竞争。然而，英国在华贸易的未来也并不是像现在那样显得毫无希望。首先，一旦战争结束，美国国会将会要求美国政府从过度的对华义务中撤出。有种情况已经显现，即当赤字财政结束时，纳税额将会达到普通美国人不能容忍的地步，因此对中国没有确定回报的政府支出将会遭到更

①　本文件未附该备忘录。C.F. 雷默教授是美国经济学家，出版了几部关于外国在华贸易和投资的著作。——原编者注

多的批评。美国私人银行家和商人毫无疑问会进入中国市场；但是还有种情况也已经出现过，就是上次战争后美国人进入中国市场，由于缺乏抵御相关风险的经验，他们的许多资产随后转给了英国在华企业。实际上，一份来自重庆的电报表达了这样的观点，即英国在旧的条约口岸（特别是那些与航运业、银行业、物流业和保险业相关的地方）获取的利益，以后或许能给予我们超过美国所有资源的优势。大使（薛穆）[①] 感到，英国公司由于有较丰富的经验和商业信誉，在中国市场中的多条利益线上能够成功地和美国一较高下。现在，建立已久的英国公司正在学习怎样能使它们的业务适应战后中国将出现变化的局面。另外，有迹象表明中国人担心战后美国垄断中国经济和贸易领域的可能性，而那将给美国对华施加过多的政治影响提供机会，为了削减这种可能性，中国人正开始转而要求英国工业为其提供至少一部分的战后所需。

英国在中国重建中的利益

22. 我们过去常常认为我们在中国唯一的利益就是商业利益，而且这经常被用来证明我们对中国没有任何政治企图。虽然从恢复中国经济和政治稳定的角度上看，我们有明显的商业利益，但是经验已经告诉我们，在中国我们也有政治和战略利益。任何一个贫弱、动荡的国家都是对侵略者的显著诱惑和对世界和平的潜在威胁。这个道理在中国这个庞然大物上体现得尤其真切，主要列强在华都有利益，而俄国和日本是其邻国。一个不友好的中国也可能给我们的马来亚和缅甸这样的远东领土带来很多麻烦，因为这些地区居住着大量的中国人。实际上，我们在远东的政治和战略优势在于战后出现一个友好的、稳定的和统一的中国，而且从更广泛的意义上来说，这些特质对于中国作为"五大国"成员也是非常有帮助的。

中英友好关系和中英之间存在的重要问题

23. 对美国战时对华援助的宣传掩盖了我们在对当代中国发展过程中所起的作用。但是，英王政府一直在支持国民党政府，1926 年我们就首先响应中国修改条约的要求，一直到 1943 年放弃治外法权的条约签订，这些事实中国人不会没有印象，这也是建立未来友好政治关系的有利基础。当然我们也面临一些棘手的问题。在具体实施 1943 年关于治外法权的条约时，关于英国财产权利的确认以及英国租界尤其是上海的公共租界向中国移交

---

① 　H. 薛穆爵士于 1942～1946 年任英王陛下政府驻华大使。——原编者注

管理权问题等方面有可能产生争论。欢呼胜利的中国民族主义可能再次倾向盲目排外，其产生的不良后果不仅会影响到外国人当下的权利，以及在法律方面影响到外国对未来贸易和商业的参与，而且会影响到我们和中国之间一些重要政治难题的解决。这些难题包括香港问题、西藏问题、马来亚和缅甸的华人社团的地位问题，以及缅甸和中国部分未勘边界地区问题，本备忘录的附件对它们进行了简要的介绍。

24. 没有理由认为中国政府会诉诸强硬的手段来解决这些问题。实际上，去年 6 月份蒋委员长非正式地告诉我们，他决心让中英保持友好、亲密关系，目前的同盟应在战争结束后继续保持友善关系。蒋委员长宣称，对于香港问题和西藏问题，中国希望在今后适当的时候可以找到让中国和所有相关方都能满意的解决方案，中国没有干涉相邻的英国领土（马来亚和缅甸）的意图。

重建英国影响力的重要性

25. 如果中国在处理问题上极为谨慎而且保持着对英国的友善，那么没有理由认为与中国相关的问题是难以解决的。但是，就如已经指出的那样，中国还隐藏着潜在的排外情绪，仍疑惑我们对中国统一和强大的真实感想究竟是什么。因此，事态发展很大程度要取决于今后我们对华的兴趣，以及积极增加对其直接援助的规模。应该表明我们的立场，增强我们的影响，这是很重要的。

对英国援助中国规模的限制条件

26. 很明显，生产、运输和财政的困难严重限制了我们行动的规模。对日战争的需求；已经建立起英镑结存的其他国家要求我们的工业一类的产品立即生产，以此来转向和平时期的工作；还有向那些有支付能力的顾客出售我们的剩余物资的必要性，以上这些都限制了我们能够给予中国物资的数量。除非中国的海岸港口重新开放，否则运输方面就是瓶颈。"驼峰"空中航线以及利多和滇缅路的大部分运输力现在被美国人占用着，以给不断增长的驻华美军及由美国人训练和装备的新式中国军队输送军事物资。财政方面，在第17 段提及的 5000 万英镑信贷只有在相关协议的条款下才能获得，贷款只能用于战争条件下协议所规定的用途，而且也只能是在战争期间使用。中国人对于该项贷款的使用要求被严格审查，审查的依据是相关物资和服务是否用于"最终用途"，任何不能被证明严格用于战争目的或者不能在战争期间全部完成的定购将会被取消。至于战后时期，我们已经建立起了不仅对中国而且对整个世界都适用的援助办法，考虑到我们有限的资本能力，不基于纯粹的经济理由的贷款不太可能被批准。因而，为政治目的获得贷款相当困难，即使这样的贷款在中国会成为我们外交方面最有力的武器。

重新考虑向中国贷款问题

27. 英王陛下政府驻重庆的大使已经建议，在对日战争结束后，5000 万英镑贷款里没有用完的额度可以转为用作战后项目的贷款。但是，财政部反对这样做，因为它们反对战后时期新的"政治性"贷款。虽然在这样的情况下继续寻求解决该问题是没有用的，但是还存在着对该问题重新考虑的情况。① 扩大我们的出口贸易是一件极为重要的事情，而且中国是巨大的潜在市场。贷款如果能够给予一些必要的行业，如铁路和公共设施以及用来建立中国经济坚实基础的企业，或许有助于把中国发展成为利润丰厚的英国商品出口市场，在双方良好关系和坚实的贸易方面给予英国利益回报。

增加英国活动的可能形式

28. 现在，必须坦率承认在第 26 段中所指出的那些限制。这些限制表面看来并不乐观，但并未排除援助的所有形式，在增加［我们的对华］活动时，还有其他值得考虑的方面。下面列出了目前已出现的各种可能的领域，其中一些活动已经开始了。无疑，事态的发展会迅速出现其他的可能性。

（a）皇家空军同中国的合作。英王陛下政府的大使曾说，如果这一点进入实践操作的话，从任何角度来说都将是最好的贡献。很明显，现在以及以后一段时间内，还无法实现这一点，原因不是别的，就是后勤供应的问题。但是，这件事可以交给参谋长委员会来考虑。

（b）战时供应。有理由相信，我们对宋子文博士呼吁购买消费品以战胜通货膨胀的回应，让他由衷地感激。毫无疑问，应该继续考虑在现在的贷款限制下提供这样的货物，援助中国战争产品，在租借法案下提供战争物资。

（c）对 5000 万英镑贷款更加灵活的解释。对于规定该贷款使用方法的财政协议，进行更灵活的解释，就可能扩展援助的形式，长期来说会带来更多的利益。

（d）战后出口。即使不能重新考虑信贷问题，如果能对那些已收到中

---

① 内阁（官方的）海外重建委员会于 1945 年 7 月 24 日考虑了英国的对华商业政策〔见 ORC2（45）2〕，并赞成财政部的观点：在当下的环境中，给予中国政治贷款是毫无问题的（F 4712/57/10）。陆军大臣 J. 格里格爵士在会上争辩道，英国对华政策是"不现实的"，应该接受美国的强势地位。他说："从贸易的角度来看，中国不值得我们烦恼。我们冒险在中国投入大量的金钱或者贷款，而得到的仅是虚幻的商业利益。"——原编者注

国战后交付货物订单的公司显示出极为赞同的官方态度，能对持有冻结英镑的中国人表示英国战后能够提供什么样的出口货物以及相关的优惠条件，或许会促进英国战后的出口。

（e）提供技术信息以及增加对在英国的中国人的技术训练。应该极力鼓励中国的商人、技术专家及留学生来英国访问。这可能会使中国要求英国给予技术援助以及采用英国的技术方法。在英国工业联合会和英国文化委员会奖学金的支持下，今年将会有约170名年轻的中国人来英国做见习学徒。有些致力于重建英国在华航运业影响力的航运公司也正在为中国的学徒提供方便。另外要提到的是，大约1200名中国技术人员根据租借法案被派到美国受训，来帮助提高中国的战争能力。这为我们使用类似目的5000万英镑贷款提供了一个参考。

（f）援助中国重建海关。在这一领域，英国先前的影响是超群的，而且看来有机会重建我们的影响力。海关工作不仅仅是缉私和税收，还包括掌管中国海岸的所有信号灯和航标，因而对于航海业非常重要，而我们希望能在航海业重建我们的优势地位。英国海军部正考虑把一些舰船转给中国海关并训练相关人员的计划。

（g）国内的航空。中英公司在英国海外航空公司的协调下已经与中国政府商讨发展战后中国国内和飞往中国的航线的计划。该计划看来非常值得我们全力相助。

（h）赴华商业使团。我们正在考虑一个计划，在接下来的秋天派遣一个小规模的赴华使团，对中国进口和出口市场上可能发生的事情进行深入调查，并且研究会影响商业的中国有关法律。

英美合作

29. 一旦中国的形势归于正常，英国和美国商业公司无疑会存在竞争。但这并不表示我们现在就试图在中国的经济和政治领域与美国人进行竞争。相反，我们的目标是与美国人加强合作。美国人对中国负有主要的战略责任，我们不应强迫与美国人进行他们不愿意或者认为不必要的合作。但我们和美国在中国的利益已经被准确地划分出来了，而且这样的情况可能在以后会继续存在。我们可以有很多方式来支持美国人并且增强他们的行动，而且随着时间的推移，在一些问题上，他们或许会对我们的合作表示欢迎。我们不必完全分清楚美国在华的行动范围，而在这种范围内，我们在现在的情况下还必须处于从属地位。但我们的目标应该是，说服美国人接受我们的在华利益，一有机会便用实际方式向美国展示这种利益，正如我们最近在消费品方面所做的那样。我们应该告知他们诸如派遣赴华商业使团之类的计划，坦率地、经常地与美国人广泛讨论中国事务以及我们对中国的态度。这种方式有助于我们得到更广泛的利益，即使美国方面对我们不总是坦诚和关心。与美国竞争的任何建议或尝试在美国人背后获得好处的做法，只会给中国人机会，使我们两国之间互相对抗而最终损害我们自己的利益。

30. 我们不仅在建设一个友好、稳定和统一的中国的政治方面与美国人有着共同的利益，而且在商业方面也存在着共同的利益。我们两国国民都对战后能在中国做生意的条件感兴趣。要求恢复在被占领期间英、美损失的权益，研究中国的商业法律和未来商业条约的情况，对这些问题我们两国如果不是协调一致解决的话，也会在互不矛盾的情况下各自解决。实际上，我们的目标是，在对华政策上，即使不一定要达到同美国联合行动的程度，也要比现在更密切地接触和磋商。

31. 本备忘录的目的不是提出一个明确的行动计划，而是主张需要对中国有一个更加积极的政策，并与美国政府在中国问题上加强联系；另外还提供思考该备忘录的背景知识。①

……②

（鞠维伟、姚百慧译，姚百慧校）

---

① 整个 1945 年，对英中关系的这种分析并无变化，其实质内容被融进《英国在远东的政策》这份主要政策文件，并于 1945 年 12 月 31 日由外交部提交内阁远东委员会（CAB 134/280）。该文件认为，经过六年的欧洲战争和四年的太平洋战争，英国没有"一下子"恢复其战前在远东的势力、影响及责任的资源。"不管是否情愿，我们都不得不考虑把我们有限的资源用在能发挥最大效应的地方。"以北回归线为界，远东被分成了南北两个区域。英国有限的资源只能集中用于这个区域南部的英国殖民地区。而在北部，包括中国、日本以及朝鲜，在战后初期被假定为主要由美国负责的区域，英国应"在元气恢复前尽可能地"避免纠缠该线以北的事情。就中国本身，该文件认为，中国的国际大国地位并"不是真实的"。承认中国的大国地位或许非常有助于消除这个国家因过去所遭受的侵略而形成的民族主义怨恨，但也会给英中关系造成新的问题。因此，英国应该尽可能不与事实上的地方政府打交道，但如果分裂割据局面持久存在的话，要避免显得〔英国〕支持一方而反对另一方。承认美国现在在中国的支配性影响的同时，英国应把精力集中在恢复英国〔在华〕的财产，保护英国权益的这种方式在将来或许会被其他外国人所接受。为了保护自身免于苏联侵犯，避免过度依赖美国，中国有可能寻求与英国发展友好关系。〔英国和中国之间〕存在着可能爆发冲突的问题，尤其是香港问题。但如果没有替代以前由通商口岸和治外法权对英国利益所提供的安全保障，如果中国陷入混乱或分裂，那么香港的价值将是无可估量的，不仅对英国是如此，对于中国人自己、美国人以及任何其他想继续在华贸易的人都是如此。——原编者注

② 附件未译。

19451025，YD00002

<h2 style="text-align:center">薛穆致贝文电①</h2>

（1945 年 10 月 25 日）

第 1098 号（F 12049/186/10）

秘密，重庆（11 月 5 日收到）

先生：

　　我荣幸地告知您，已收到您 9 月 13 日提到需要共产党活动和组织的某些方面情况，特别是与他们同莫斯科关系相关的编号为 553 的急件②。

　　2. 中国共产党受莫斯科或苏联境内其他政治总部的鼓动或与其联系的程度是一个经常被讨论的话题。可能这样说错不了，目前它是一种独特的运动，由正统的苏联共产党种子发源而来，最终致力于实现正统的目标。但是在目前的阶段，其正渐长成一种坚强的中国式产物，不受外界尤其是外国的干涉。因此，尽管为毛泽东及其支持者的全部共产党体制提供基础的哲学是外来的，对它的运用却是土生土长和独立的，所以与其把中国共产党人归类为在更广阔范围内的由莫斯科任命的人指挥之下的一个附庸或联合团体，不如把它当作中国内部生活中一个对立或反叛的势力。

　　3. 当然，这种情况会持续多久是另外一个问题，因为最近发生的事情展示了苏联势力在土耳其和蒙古伺机为害的影响，有迹象表明，苏联在朝鲜和满洲已经开始积极实施某种借助宣传加以渗透的政策。因此，在以后某个日子，或许不会很久远，它将尝试把延安的共产党组织同苏联共产党机构联系起来。当这对于苏联统治者看上去是值得的时候，最近签署的中苏条约中关于只能给予中央政府物资援助的保证自然不能阻碍苏联共产党和中国共产党达成协约。就如看上去十分可能的那样，如果中央政府和共产党在中国东北发生激烈的战斗，那么自然会助长这样一种发展态势。

　　4. 一个有趣的事实是，中央政府的宪法以及国民党在行政领域的党国体制和延安共产党的体制一样都是苏联政治理论的体现。中国人看上去成功摆脱了外国影响，但实际上并非不受影响，而是出于自己的目的保留或

---

　　① 资料来源：*DBPO*，*Series* I，*Volume* VIII，*Britain and China*，*1945 – 1950*，pp. 31 – 33。

　　② 这是发往几个驻外站点的通电，而不仅仅是发给了驻华大使馆（N 15123/10674/38）。——原编者注

修改从国外学到的规则与哲学。尽管这些同当前的问题关系不大。

5. 除了真正的共产党以外，还有其他怀有政治野心的社会主义者或自由团体，他们最近联合共产党通过人民政治协商会议和使用其他手段，在一定程度上向委员长施压，要求认可民意代表，而不是政府的一党方式，但是他们彼此间没有紧密的联系，也没有莫斯科指示或影响的明显证据。①

H. J. 薛穆

（耿志译，姚百慧校）

19460523，YD00032

外交部中国处关于中国当前若干趋势与最近发展态势的分析报告②
（1946 年 5 月 23 日）

（F 7701/25/10）

极机密

中国政府

关于国家重建的方案孙逸仙博士设想了军政、训政和宪政三个阶段。随着国民党至上地位的确立——在其领导下开展了针对"北方军阀"的军

---

① 关于中国共产党的性质以及是否同莫斯科存在任何方式的联系的问题，也处于伦敦的考虑之中。11 月 10 日，参谋长委员会下设的小组委员会联合情报委员会提交的一份关于中国国内形势的报告认为，"中国共产党不是一个通常意义上的政党，他们也不是共产党人这个词所通常理解的那样。他们有自己的政府和军队，控制着以陕西省延安为中心的华北大片地区，他们的军队直到最近还强大地围绕着上海周边。他们独立自主，能够组建一个统治中国的政府"〔JIC（45）314（FINAL），F 10436/186/10〕。在这个问题上，远东司内部意见有分歧。中国处的 A. L. 斯科特先生（1920～1937 年任驻中国领事）把中国共产党不是通常词语理解的那样称作是"有争议的"，"有许多人相信，共产党人在全世界都是一样的，即使在中国，无论在何地其最终目标都是同一的，国与国不同的只是发展的方式和速度存在差异"（11 月 24 日的备忘录）。基特森先生持不同看法，他在 11 月 25 日的备忘录中写道，"我通常理解一名'共产党人'是指一个人拥护和遵循马列主义。中国共产党人远不是那样，他们'在性质上更多的是土地改革者'"。关于后一点，基特森继续写道，"近些年来，无论在何地，共产党都同农民形成密切的联系，通过土地改革政策，他们赢得了农民热情的拥护，国民党及其军队却肯定不是如此，他们经常掠夺和压迫农民"（F 10436/186/10）。——原编者注

② 资料来源：*BDFA*，*Part Ⅳ*，*Series E*，*Volume 1*，pp. 369 – 373。

事行动，以及国民党政府作为中国全国性政府的地位得到承认，军政时期在 1928 年正式结束。没有通过民主选举就执政的国民党政府把实现孙逸仙博士的国家重建方案作为自身的任务。

2. 训政时期开始于 1929 年。国民党制订了一项计划，对民众进行自治训练，以此作为进入宪政阶段的必要准备。民众得到训练以行使他们的政治权利，省、区、村分级设立了自治机构。当全国半数以上的省份被认为能够自治，接下来将是召开国民大会正式通过并颁布一部宪法。在此基础上，成立对国民大会负责而不是对国民党党代会负责的新国民政府，停止国民党一党专政。

3. 这项计划本打算在 6 年后完成。1936 年 5 月 5 日，（国民政府）颁布了一部宪法草案，并打算由计划于次年召开的国民大会批准通过，但日本人发动战争打乱了这一安排。直到目前，中国才能够再一次将精力放到国家重建的任务上来。

4. 蒋介石，国民党的领导人，同时是国民政府的领导人，在 1943 年承诺，战争结束后一年内政府将召开国民大会，通过宪法并确定宪法生效的日期。然而，这并没有让共产党人及中国的其他民主力量感到满意。在结束一党统治，同意早日建立联合政府治理国家直至战争结束后成立一个完全的宪法政府方面，国民党遭受到越来越大的压力。

5. 蒋介石顶住了压力，理由是，在国民会议召开之前，如果国民党在最终决定权方面以及政党联盟的最终责任方面做出任何让步，将导致无休止的冲突和混乱，致使中央权威崩溃。1945 年 3 月，他同意在当年的 11 月 12 日召开国民大会，改变了当初于战争结束后一年内再召开国民大会的设想。与共产党人持续的纷争导致国民大会进一步拖到 1946 年 5 月 5 日才举行。但在 1945 年底，蒋介石对共产党人做出让步，同意召开所有党派参加的政治协商会议，"讨论召开国民大会的办法，研究修订宪法草案的原则及在宪政实施之前扩大政府的基础"。

6. 1946 年 1 月 10 日，政治协商会议召开，其最重要的决定之一是，在作为宪政的最初步骤的国民大会召开之前，国民党修改国民政府组织法，以扩大负责国家事务的最高政府机构国民政府委员会。国民政府委员会的一半委员是国民党党员，其余从不同党派成员中选出。政治协商会议也决定，国民大会将在 1946 年 5 月 5 日召开，代表主要由提名产生，并被各政党所接受。

7. 因此，共产党人得到许诺，会组建他们所主张的联合政府，在制宪会议中也会给予其足够的代表比例，以确保通过一部符合他们喜好的宪法。但此后在完成这些目标方面，并未取得什么进展。在代表比例方面和部长职位分配方面无休止的争论阻碍了联合政府的组建，共产党人没能得到他们所要的条件，最终决定抵制大会，而他们在满洲的胜利无疑坚定了他们的立场。一个没有包括所有主要政党的制宪会议，就无法正式通过一部得到普遍认可的宪法；没有一部宪法，中国的议会制政府就无法完成组建。因此，宣布大会不确定地延期至 4 月底召开就并不让人感到惊讶了。

8. 宪政是值得长年努力和奋斗的目标，它有可能为中国数百万民众带来真正的民主政府，使中国最终从独裁与专制的枷锁下解脱出来。而现在在中国，能够把宪政的目标几乎即将实现这种事写下来，是令人感到欣慰的。但从长期来看，事实上可能并非如此。看上去除了在共产党人控制的延安周边地区民主政府得到了真正的实行外，大部分中国民众是令人无望地没有能力进行自治。普遍的选举权在今天的中国是一种嘲弄，使其易于遭受各种指责。另外，除了共产党人控制的地区外，战时岁月几多宣传的自治训练带来的仅仅是民主化的外表，这种训练由国民党党员和指定的地方委员会进行，也几乎没有超出二者的范围。

9. 为蒋介石说句公平的话，必须承认，他和其他国民党领导人无疑意识到了这些情况，只是急于尽早地施行宪法政府的形式与构架，他们希望并且相信，自治所需的训练以及政治意识随着实践自然会被民众所掌握。然而，在得到这样的训练之前，任何国民大会及由该大会选举产生的国民政府其权力和权威更多来自那些宣誓执行党的领导人政策指令的党内被提名者而不是来自民众当中，这似乎是难以避免的。从这点出发，只要像当下的情况这样，中国的大部分地区长期处于国民党控制之下，或者是处于效忠于蒋介石和国民党的省级和地方领导人控制之下，即使谈不上支配，任何国民大会也必然主要处于国民党的影响之下，从而使国民党政府现有的主要特点能够保持下去。

国共争端

10. 关于国共争端的起源与动机已有许多说明，毫无疑问它还将被继续予以记述，这里并不打算全面分析这一中国国内持续多年的最前沿的政治争端。然而，有必要纠正任何这样的想法，即认为这只是如同中国过去经常发生的那样，是又一次权力之争。仅仅是政治斗争本身并不足以说明为什么这场争端从一开始就表现出强烈的痛苦和深度的分裂。因为这场争端是由政治观念与社会观念的冲突所引发的，即使天生具有以和为贵倾向的中国人也会发现这是无法调和的。共产党人从群众，主要是农民当中，获取力量与支持，其理论和政治纲领专门为吸引这些人而设计。国民党则从地主和富商（"乡绅阶层"）当中获取力量与支持，国民党赋予他们权力，使他们与目前的军队结盟（大多数军队的领导人本身就是大地主）；大城市的劳工联盟，他们处在效忠于国民党与蒋介石的敲诈勒索者的控制之下。从这些来源获得权力与地位，国民党不可避免地走向反动与僵化，只有通过财富、权势及最终通过暴力（动用军队和秘密警察）来设法维持他们的现状。共产党人，由于什么也没有，自然也就没有什么可以失去的，反而充满了活力与革命性。他们继承了国民党获得政权时候的那股冲劲，现在要求从国民党手中获取领导权。他们宣称，国民党已被它的反动派所束缚，不再能够完成革命的目标。

11. 虽然在抗日战争上，共产党人与蒋介石结成统一战线，但实际上他们在联合抗敌的军事行动中，从未与重庆结成联盟。整个战争期间，他们是作为一个拥有自己军队的独立政权进行战争，主要运用游击战术展开作战行动，他们是这个领域的行家里手，如果能够避免，他们绝不投入阵地战，而是集中打击敌人在华北的交通线。尽管完全缺乏现代化的军事装备，但是相比国民党的军队而言，共产党的军队取得了更加令人赞叹的抗日成果。与此同时，蒋介石谴责共产党人拒绝与重庆采取一致行动并拒绝将他们的军队置于共同的指挥之下是直接对抗中央，在面对共同敌人的战争期间，这是难以容忍的，他对延安周边的共产党人的地盘实施封锁。没有自己的军队，共产党人将完全受国民党的摆布，作为一个有力的反对党可能一周也存在不下去。对他们而言，收编进国家军队是难以想象的，毫无疑问，他们宁愿打一场内战，也不愿意妥协。因此，战争期间可以看到一个令人惊奇而又充满浪费的景象，重庆把成千上万的精锐部队用于封锁陕西荒野上的共产党人，而其二流的部队则在东面抵抗敌人。

12. 中国自 1942 年起被纳入美国的战略势力范围，这一点已为人认可。到 1944 年末，美国加强了对日攻势，于是决定激发中国的战争潜能以使中国更有效地参与共同作战行动。在美国的坚持与引导下，中国进行了军事和经济领域的改革以及国共和解的尝试。但是，赫尔利将军的努力毫无成效，在 1944 年华盛顿述职之行后，将军宣布美国的政策是不干涉中国内部事务。然而，实际上随后赫尔利主导下的美国政策被证明是全力以赴地支持重庆政府。国务院内部在这一政策上的意见分歧导致赫尔利辞职，1945年12月由马歇尔将军接任他的角色。

13. 与此同时，中国内部的事务引起了国际上相当的注意力，成为1945年12月莫斯科会谈的议题之一。三国外长关于这一问题的商议结果在会谈最终报告的摘要中记录如下：

"三国外长一致同意，统一、民主的中国应在国民政府领导下，国民政府各部门应广泛吸纳民主力量参加，内部的纷争必须停止。"

14. 在三大国宣言的支持下，马歇尔将军得以使双方达成和解。1946年1月10日，在重庆签署了停止对抗的停战协定，但实际上对抗后来演化成一场全面内战，协定将政治问题留给政治协商会议去考虑（见上述第7段），将军事方面的解决办法留给一个"三人委员会"去研究。由该委员会任命实地督查小组，逐步地执行真正意义上的停止对抗。然而，共产党人拒绝承认中央政府对满洲的控制或在那里适用停战协定的条款。于是，中央政府与共产党人在沈阳以北地区爆发战斗，接着扩大至中原地区。马歇尔将军再一次介入，他的调处看上去成功地阻止了中国的武装冲突，但是在满洲没有解决的希望。在那里，得到俄国人支持的共产党人处于强势地位，他们以此作为加强他们政治要求的一种手段（见第7段）。

中国共产党人

15. 中国共产党人并不是马列主义者意义上的共产党人。1927年国共分裂导致共产党人在江西建立苏维埃政权，当时他们曾是马列主义者。但是，在长征之后，共产党人在陕西的延安重新建立了革命总部，他们制定了一种适合农村或小农经济的土地改革政策，也许我们不应把这看作是与社会民主不相容的。这项政策在赢得延安所控制地区的群众支持方面被证明是十分成功的，这大概也是采取这项政策的主要动机，因为如果没有群众的全力支持，共产党人在过去9年中面对日本人和重庆政府的双重压力就难以幸存下来。

16. 中国共产党人公开声明拥护孙逸仙博士的"三民主义"——国民党的"信条"，但是他们在贯彻"民主"的方式上与国民党有所不同。他们声称，农民的"民生"问题在国民党手中简直就是一种嘲弄。对于第三个主义——民族或民族平等，他们则从未表现出任何特别的热情，也许是因为他们从未有机会直接关心对外关系。

17. 在关于民主的观念和实践上，共产党人同国民党的不同之处在于，国民党试图从上层开始实行民主，希望通过言传身教使民主逐渐普及给大众；相反，共产党人则对大众进行自治教育，并鼓励政治意识的萌发，这样从村、区和省一级级往上直到上层，自己去从事创建自治的构架。

延安与莫斯科

18. 过去并没有延安与莫斯科直接联系，或者是延安从莫斯科接受命令或由莫斯科进行政策指导的任何迹象或证据。实际上，中国共产党人声言他们是一个独立的、土生土长的组织，与任何外国列强都没有关联。然而，最近的事件完全改变了这种说法。即使谈不上直接的军事援助，共产党人很明显也是与苏联人串通取得了他们目前在满洲的地位，除了付出点代价，莫斯科不可能打算一直供养他们。而且，在满洲，共产党人能够与苏联领土直接联系，这是在延安所做不到的。最近，中国驻莫斯科大使告诉罗伯茨①先生，他有确凿的证据证明中国共产党人在莫斯科的直接控制之下。

19. ［中共］是否与莫斯科有关系这一问题非常重要，因为俄国人能通过中共更好地对中国政府施加影响，尤其是如果后者承认莫斯科决议中所提到的"吸纳广泛的民主力量参加"。在接管占领区的过程中所展现出的十足无能和普遍腐败，造成许多地方经济与管理上的混乱，所引发的动荡与不满一定会为共产主义的种子提供肥沃的土壤，国民党目前的这些所作所为正使俄国人受益。目前，中国共产党人只是少数，但他们是强有力的少数，是唯一一个有能力建立政权替代现政府的政党。如果由于对现状不满而引发一场社会革命或类似的剧变加速国民党的倒台，那么共产党人将取而代之，一个易于受苏联影响的中国共产党人的政府在我们的远东关系中将是一个令人不安的甚至可能是破坏性的因素。中国共产党人迄今声称，他们首先是中国人，其次才是共产党人。倒转这种顺序的任何趋势都需要细心观察，尤其是这伴随着中国共产主义对莫斯科的重新定位时，更是如此。

中国的对外关系

20. 除了与苏联的关系之外（将单独讨论），中国的对外关系在战后最近的这一段时期主要由以下几方面所决定。

---

① 时任英国驻苏使馆临时代办。

（a）意识到这一事实，即中国从战前的一个三流国家到目前获得了"五强"之一的地位，在国际事务中拥有重要的发言权及在联合国安理会中拥有常任理事国席位。

（b）相信没有中国，对日战争就不可能取得胜利，在赢得那场战争的过程中，中国扮演了一个显著的且决定性的角色，尽管是在美国的大力帮助之下。

（c）中国意识到它获得了长期所追求的与世界各国完全平等的地位，由此彻底地结束了"不平等条约"和外来压迫、外来屈辱的时代。

（d）意识到它作为一个亚洲首要大国的命运，以及随之产生的在政治与经济领域的责任和机遇。

（e）意识到尽管面临巨大的责任与机遇，但由于经济、政治和军事的孱弱与能力不足，无法发挥与其新获取的大国地位相匹配的作用。

21. 自战争结束以来，这种孱弱主要表现在依赖于美国。没有美国的帮助，中国难以使其领土上的日军投降、遣散和撤离。没有美国的介入，它现在可能正处于同共产党人进行一场全面的内战当中。没有美国经济与财政后续的援助，它难以开展关于国家重建的宏伟计划。

22. 因此，在与美国打交道方面，它慎重小心。在战后同美国的关系中，它做出了许多让步，但拒绝给予英国和其他国家这样的让步。然而，这大概只是暂时状况，只有美国以撤回经济援助相威胁时，这种状况才会持续下去。

23. 除了与美国外——中国可能已与之保持密切接触——中国在处理同其他国家关系尤其同英国的关系上表现出越来越深的沙文主义和民族主义特征；任何时候，在字面上和实质上都严格强调它的"主权"。战时同盟与合作的蜜月期结束了。虽已废除了"不平等条约"，中国却正在坚持国家完全平等方面表现出"矫枉过正"。我们通常会毫无问题地给友好大国和前盟国援助或请求合作，［但它们］会受到［中国的］严格审查，并且很可能因为在某种程度上触犯了中国的主权观念被草率地拒绝，而中国对粗鲁地损害和侵犯我们权利的行为却进行开脱或是毫无歉意地置之不理。

24. 有一些例子足以说明问题：（a）皇家空军要求在广州和上海设立我们飞机的中转站，为英联邦驻日占领军提供补给，中国人最终同意了这些权利，但是期限只有三个月。由于只要部队驻在日本就需要场所设施，英国提出了无限期延长的请求，但已遭到中国的拒绝。（b）去年 10 月达成的中英协定规定，暂时允许英国船只在长江运送救济供应物资（依据一些条约的规定，我们不再享有在中国内河航行的权利）。现在中国人违背协定，禁止英国的船只在长江航行，理由是英国船只出现在条约所禁止的水域将激发强烈的民族情绪并引发事端。①（c）虽然允许美国的军舰自由地使用上海和其他港口，但明显［中国］并不希望英王陛下的军舰也出现在那里。最近一艘巡洋舰访问青岛的申请遭遇到了这样的婉拒理由：军舰在领水活动容易引发民众的情绪。

25. 卡顿·德·威亚尔特将军（首相派驻蒋介石身边的私人代表）把这些现象描述为"发展时期的困难"。但愿可能是这种情况，希望中国能够很快进入理性谨慎的时期。与此同时，英国与其他国家在华的利益可能会陷入困难。靠近香港，在西藏的利益，以及在马来亚、缅甸的中国人问题把英国人置于一个非常脆弱的地位，现实主义的中国人无疑意识到了这一点。另一方面，他们确实需要外来的援助，他们的领导人不止一次地指出，他们不打算把所有的鸡蛋都放在一个篮子里，不会完全信赖美国人。因此，他们可能不希望冒险将事态发展到与我们对抗的地步。但是，我们在一段时间内可能不得不忍受傲慢、无礼和烦恼。

海外的中国人

26. 自战争结束以来，强劲兴起的中国民族主义的一个显著表现是，中国政府关心起海外中国人的福利问题，尤其是对在像马来亚、缅甸这样的邻邦境内的中国人。对于国内上百万深受弊政、腐败之害并遭受疾病、饥馑的中国人的命运漠不关心，中国政府却常常对所有海外中国人的福利与利益展现出最细致的关怀。部分原因是出于经济方面的考虑，鼓励对中国经济十分重要的海外汇款流入国内。但政府的主要政策意图在于促进新式的、精心粉饰的中国帝国主义。在宣称没有领土野心的同时，中国仍然对它认为应属于自己的势力范围的亚洲地区内那些海外中国人精心扶植，以作为在政治上和经济上进行渗透的矛头。

中苏关系

27. 影响中国对苏联立场的主要因素是一种出于恐惧而对于友谊的渴望，产生这种恐惧的原因是他们明白俄国人拥有庞大的军事力量、潜在且

①　最近一位造访伦敦的知名中国船主告诉一位英国商人，即使有三百万中国人死于饥馑，在代价上也小于让外国船只在长江航行。——原编者注

无限的野心，以及与中国有着 5000 英里长的边界线。

28. 边界是中国主要关注而且为之担心的问题，它难以保卫其边界，所以一个友善的俄国是它唯一的希望。它试图通过 1945 年中苏协定下的三笔交易去换取这种友谊，这些交易分别影响到沿着边界线的三个地区。在新疆，中苏边界的西端，自 1944 年发生了中国人所称的由苏联人煽动的哈萨克人叛乱以来一直动荡不安，协定规定："对于新疆最近发生的事件，苏联政府确定无意干涉中国的内部事务"。在外蒙古，中国政府在协定中声明，如果当地居民的全民投票确定他们希望独立，那么它愿意承认这一地区的独立（随后，当地居民确认了他们的独立愿望，目前独立已被中国所承认）。在满洲，中苏边界的东端，协定规定中苏共同拥有中东铁路和南满铁路的所有权；两国共同使用旅顺港作为海军基地，但将旅顺港的防卫委托给苏联；中方开放大连作为一个国际港，租借码头和仓库给苏联并任命一名苏方的港口管理负责人。

29. 然而，这三项交易没有一项体现出给中国政府带来了它沿着北方边界试图获得的那种安全的迹象。目前，新疆局势平静，但哈萨克族在俄国人的支持下不难组建一个类似于阿塞拜疆模式的自治国家，最终并入苏联。毫无疑问以俄国人控制的外蒙古为基地的独立运动现在已经蔓延到内蒙古地区，并威胁到察哈尔和满洲西部。满洲的形势前面已经提及。俄国人一撤离，共产党人明显就会按照事先制订的进度安排进入苏联占领区并加以控制，目前他们已经控制了沈阳以北的北满地区，包括首府长春和重要的铁路枢纽哈尔滨。同时，俄国人向中国人提出了共同管理满洲工业的条款，中国人可能迫于形势的压力而接受。在那种情况下，俄国人将在很大程度上主宰满洲。

30. 莫斯科可能认为，沿着中国边界的这些卫星国只是苏联应对侵略的防御地带，并不威胁任何国家。但是，中国不得不将它们看成苏联在政治上和经济上进一步向中国内地渗透的潜在跳板。

G. V. 基特森

外交部中国处

1946 年 5 月 23 日

（耿志译，姚百慧校）

19460830，YD00034

罗伯茨致贝文电①

（1946 年 8 月 30 日）

第 659 号（F 12910/12653/233）

机密，莫斯科（9 月 5 日收到）

先生：

在 1 月 16 日编号为 30 的急件中，我竭力去评估苏联的中东政策，它与英国在那里的利益发生了最直接的冲突。关于远东地区，我指出苏联目前主要留意的是美国。远东的局势变化不定，不幸的是，苏联与美国之间似乎在这一地区不存在任何实质性的共同利益。然而，由于去年 12 月在莫斯科举行的三强会议所做出的决定，以及之后难以预见的整个远东局势的恶化，尤其在苏美关系方面更甚于此，在 1 月份，苏联与美国关于远东的政策似乎是一致的，至少暂时如此。迄今，未来的世界和平主要有赖于这些关系，相当程度上它们可能由苏联对中国和远东政策的发展所决定，试图从这里（莫斯科）去评估苏联远东政策的主要趋势，似乎为时已晚。在 3 月 17 日编号为 189 的急件中，我已经建议那样去做，然而，苏联人在策略和时间的把握上是机会主义者，其基本的政策和方式已被全世界所熟知。因此，孤立地看待苏联的远东政策将是一个错误，我大胆建议，之后的研究应当如那份急件所概述的那样放眼整个世界以及苏联在中东的所作所为。

2. 在更早的一份 1945 年 5 月 24 日编号为 358 的急件中，我试图描述欧洲战事末期苏联对世界的展望。关于更远些的未来，我提出，关系到苏联世界地位的主要问题是，它把精力主要放在东方还是放在西方，或者是否在俄国历史上首次出现这种情况，即它强大到足以同时兼顾东西方。在我看来，俄国历史的全部逻辑，超出乌拉尔地区的工业大发展，处理较落后民族问题上的成功，以及最后世界力量由大西洋向太平洋总的转移，将驱使苏联更多地放眼东方，它对未来西部边界直接和迫切的安全需要得到满足。在所有这些重要问题上，显而易见苏联并不满意。在它刚打败德国、结束战争一年多一点的时候，事实上这是很自然的，它主要关注的仍然是

---

① 资料来源：*BDFA*, *Part Ⅳ*, *Series A*, *Volume 2*, pp. 215－224。

德国及整个欧洲的未来，尤其是英、美关于欧洲的政策。此外，在紧急情况下，在政策上苏联同样密切关注的是，它从阿富汗到黑海的南部边界。在这一地区，它关心的是建立一条防御地带，在同它目前避免与英、美发生大的碰撞的意图相一致的情况下，多方拓展它的利益。

3. 实际上，苏联的人力与物力并不是无限的，所以无论何时，苏联的远东政策总是不可避免地更加谨慎。考虑到（苏联）相当顾忌美国在远东的力量，这尤其是可以理解的，到目前为止可以这么认为，比起在地中海甚至在西欧的利益来说，美国可以更加轻易地部署力量保护其在远东的利益。但是，从长远看，苏联在远东的政策可能和在中东或是在欧洲的政策一样被证明是强有力的，苏联在这里的野心正像在世界其他地方一样也是很大的。事实上，它们迟早会变得更大。或许战争的主要结果之一就是苏联的工农业重心从乌克兰向乌拉尔地区或西伯利亚地区转移，依据目前的五年计划以及去年2月份斯大林宣布的下一个五年计划，这个过程还要进一步推进。苏联这一工业化和利用无穷资源的过程正积极地拓展至与中国接壤的加盟共和国和自治州，同时苏联不能漠视满洲巨大的潜在财富。除了显而易见的进一步扩张的诱惑之外，苏联关于西伯利亚重要工业区及苏联亚洲部分的战略思考肯定是由通常的纵深防御学说所支配的。在这些情况下，虽然远东不是我们当前或可预见的将来能期望扮演主要角色的地区（东南亚除外，它在苏联政策涉及的直接范围之外），但是因我们自己和苏联当前专注于欧洲与中东，而忽视了苏联在远东极端重要的意图，将是一个重大的错误，因为苏联在远东的目标会影响甚至会塑造中国和日本的未来，也将对美苏关系产生决定性的影响。

4. 在研究俄国对任何地方的政策时，重要的一点是从历史的角度去理解，地理位置似乎是这个国家的支配因素。在远东，地理和历史的力量，携着由此产生的情绪上和经济上的冲动，看上去正按照特别的指向发挥作用。事实上，苏联当前的政策相当程度上内含在它往日在那里的行动之中，可以用麦金德教授的经典历史定义"地理进军"来形容。出于这个原因，以及由于俄国人在远东的活动历史大概不如其对欧洲或中东的影响为人们所熟知，所以我感到有必要在评论之前，对支配和揭示当前苏联政策因素的这些方面做一简短的概述。

5. 就上半个世纪而言，远东是俄国积极扩张的区域。向中亚与西伯利亚的不断推进使它与正在衰落的中华帝国人口稀少的几千英里的边疆地区相邻，这些地区甚至几乎不受软弱政府的控制，除了汉人以外，居住着不同的民族。中国所有的北部和西部地区——新疆、内外蒙古、满洲、朝鲜，成为俄国渗透的地区。在 1899 年的英俄条约中，这一广阔地区的大部分被承认是俄国"修建铁路"的范围，等于是实际上的势力范围。特别是，俄国开发满洲这一战略上最重要的地区（尤其对一个内陆大国）和潜在的最富庶的地区。获得旅顺港与大连使它通向黄海，向朝鲜渗透使它控制了朝鲜的北部海岸。尽管美国通过门户开放政策已经表明了它反对如此对中国的垄断性渗透，并且英国和德国在山东获得海军基地可阻止俄国控制黄海，但是在这一地区唯一能够有效地挑战俄国的大国是日本。1905 年日本的胜利摧毁了俄国的影响力，将它逐出黄海、朝鲜和南满。日本还获得了萨哈林岛南部和千岛群岛，这样封锁了不封冻的太平洋，甚至是符拉迪沃斯托克和沿海省份。革命后的干涉时期，日本人继续这种扩张，他们的陆军深入西伯利亚，进一步加深了俄国人民和他们新的统治者强烈的怨恨。

6. 旧的俄国帝国主义者的渗透政策受挫并且明显遭到削弱，但是在革命这种新武器的武装下，苏维埃俄国接着在远东采取了一种不同的行动方针。它宣称，在中国人民反对国内资本主义以及操纵着从沿海到内陆的帝国主义列强的斗争中，持友好和支持的立场。的确，共产主义在远东碰到了肥沃的土壤；摆脱外来帝国主义的民族解放运动，尤其在中国，自然将俄国看作是一个盟友，在政治和工业事务方面首先欢迎它的建议。通过鲍罗廷时代对国民党的影响力，俄国在整个中国几乎到了确立支配性大国地位的程度。此后，由于蒋介石与它分道扬镳并再次确认国民党朝资本主义和沿海帝国主义列强方向发展，它再一次遭受挫折。然而，苏联人赢得了一个长久的好处——共产主义已经传遍中国，首先是在大城市及港口，接着是在乡村。虽然中国的共产主义为适应农民的需要沿着自己的路线发展，但是它的领导人一直维持着与莫斯科的亲密关系，将俄国看成他们最终的庇护者。俄国也没有完全放弃对中国北部和西部的直接渗透。外蒙古被从中华帝国中分离出来，组建了蒙古人民共和国，一个在俄国完全控制下的独立国家，苏联政府在外蒙古投入了大量的精力和装备。俄国同样向新疆渗透，通过武力安置了一名统治者，在省会驻有军队，并提供了大量的经济和技术援助。另外，它继续保有在北满的特殊利益，视北满为其独占的地区，鼓励北满脱离南京。确实，1929 年，在蓄意侵入满洲的苏联军队的压力下，张学良与俄国达成关于中东铁路的协议；1933 年，外交人民委员李维诺夫宣布，南京政府无力控制满洲，因此苏联政府不受 1924 年协定关于共同拥有中东铁路所有权的限制——也许成了后来 1945 年中苏条约的不祥先例。

7. 30 年代，日本的扩张成为俄国远东政策主要关注的对象。日本不但阻碍了俄国通往不封冻太平洋的道路，而且威胁将它排挤出中国，直至最终将它完全逐出远东。处于集体化和大清洗中动荡的俄国，意识到它是较弱的一方。因此，除在一些实质性的利益方面做出基本的抵制外，它采取了妥协与退让相结合的做法。但是，不顾欧洲战争的阴云，迟至 1938 年，日丹诺夫呼吁面对"日本流氓和挑衅的行为"要采取更多的解决之道。到这个时候，克里姆林宫似乎已经决定，最终与日本的冲突是难以避免的。苏联政府尽一切力量开发其远东地区，并向该地区移民，目的是在西部难以向其供给的情况下，它可以不依赖苏联其他地区而独立生存。俄国再一次与国民党妥协，甚至在德国入侵的最黑暗的日子里继续向中国提供援助，其道义上的价值超出了它们物质上的作用。此外，它与盎格鲁－撒克逊国家达成一致，一旦对德战事结束，它将加入对日作战。

8. 日本的最终投降来得比预想的快，俄国在其盟国的同意下得以占领满洲，在那里恢复了 1905 年之前沙皇帝国所拥有的全部地位，并且吞并了萨哈林岛南部和千岛群岛，占领了朝鲜北部。1905 年的失败、遭受的干涉和 30 年代的屈辱最终得以洗刷。苏联对这一长期等待的结果大肆宣传，虽然实际上红军只是勉强地出兵满洲。1945 年 8 月与中国的条约确立了它同国民政府的关系。然而，俄国特别想要的是共同占领日本，促进永久摧毁其军事潜力，并随之进行一场大的社会和经济革命，它认为这些是最终消除来自日本的威胁所必需的。

9. 苏联的政策还有另外一个通常的方面需要牢记。沙皇政府和苏联政府都是部分地被一种深深的扩张主义本性所驱使而向亚洲挺进，这种本性犹如美国横跨另一个大陆将边界向西推进，还部分因为不喜欢看到它们边界的薄弱和不确定，从而进一步寻求某种安全。蒙古人民共和国部分被当作西伯利亚南部边界的防御堡垒。对俄国在亚洲扩张的任何研究都要考虑到苏联围绕其边界建立一连串它能控制的缓冲国的伎俩。

10. 现在转到眼下，1945 年 8 月俄国轻而易举的胜利以及远东动荡的局势为苏联政策提供了巨大的机遇，但在苏联人眼中，这种机遇被美国出乎意料的坚决反对以及美国绝对地控制日本而抵消。1945 年下半年，关于日本问题，苏联与美国之间已经出现最艰难的讨价还价和最愤怒的言辞。苏联毫无疑问地认为，他们在获取远东的主要目标方面再一次遭到挫败——获得通往未封冻太平洋的无可争议的通道及在整个东北亚不受挑战的优势——因为日本支配地位垮塌而出现的真空被决意要在这一地区所有的事务中拥有主要发言权的美国所填补。因此，苏联和美国的远东政策形成了对抗。苏联政策特点是，虽然不满，但不愿公开与美国对抗，同时对美国意图暗藏担忧。在接下来对形势的分析中，这种姿态是显而易见的。

　　11. 鉴于过去的历史和军事记录，日本依然一定是苏联在远东主要的关注对象。由于对一个对于俄国的威胁仅次于德国的国家直接参与重整的权利遭到否决，苏联政府竭力通过远东委员会和盟国对日管制委员会这样的机构限制麦克阿瑟将军的管制力。它试图通过支持共产党在日本政治中赢得立足点，而共产党耗费了大量的资金（一定不全是来自日本人之手），在那些由莫斯科培训过的老练的领导者的指引下，正试图通过通常的民主阵线、劳工联盟和其他苏联式的压力团体扩大其影响力。除了在共产党影响之下的贸易联盟之外，这些努力似乎很少获得成功，毫无疑问这部分是因为在日本存在对俄国深深的厌恶情绪，部分是因为麦克阿瑟将军的反对。但是，组成一个温和的政府可能导致一个左翼反对联盟的建立，共产党在其中就如在别处一样，将施加与他们的人数不成比例的影响。与此同时，苏联媒体持续用强烈的口吻抨击日本发生的事件，不再吝惜指名道姓地猛烈攻击麦克阿瑟将军、艾奇逊①先生和其他美国官员。苏联施加的压力是要求缩减日本的工业尤其是重工业至最低的限度，并且摧毁当前的社会和经济制度，如果可能，用一种从"民主阵线"演化而来的一党专政，而不是西方式的民主，取而代之。无论这后一点的目标能否实现，消除日本侵略的物质和精神的根源——与德国的"非军事化和去纳粹化"相对应——被认为是必要的。美国人拒绝采取苏联的革除办法引起了苏联人这时的警觉和猜疑，像25 年保证条约这样的提议，被半是真实、半是权宜之计地视作伪善之举而被拒绝考虑。通过所有的媒体抨击天皇、社会与经济制度、新宪法、选举和美国的政策，苏联普遍掀起了对帝国主义居高临下的指控，并且指责在美国的容忍甚至是资助下，复活日本对"民主、和平与安全"的威胁——换句话说，对俄国实施远东政策的威胁。

---

　　①　原件英文写作 Atcheson，应有误。

12. 俄国通过与美国达成协议占领了朝鲜北部地区，由于是军事占领，它取得了更大的成功。一个共产党控制的网络已经由在苏联接受过培训的朝鲜人建立起来，用《真理报》的话说，人民委员会在日本人投降的第一时间"在全国自然地涌现出来"。在一支 4 万人的占领军以及与苏联有着一条共同边界的背景下，那些在苏占区的人很快被合并入一个与苏联在德国占领区相类似的垄断专制体制之中。在美占区，位于汉城的"朝鲜人民共和国中央委员会"被废黜，由像李承晚和金九这样在美国生活过多年的政治家所领导的右翼力量也遭遇到同样的命运。在"朝鲜人民共和国"被证明是失败的之后，1945 年 12 月的莫斯科协定宣布赞成建立一个联合临时政府和实行一段时期的托管。在尽可能地封锁北部地区的同时，俄国的政策着意将所有党派中那些不"民主的"（即顺从俄国的势力）驱逐出新政府，确保实行托管而不是立即独立，而在这两方面，美国人都没有做出承诺。但是，即使如此，受俄国控制的力量在南方依然相当强大，加上来自北部的牢固团结的集团，这样不可避免地能够控制任何朝鲜政府或议会，而这当中来自美占区的代表是自由选举出来的，来自北部的则是由俄国人提名的。这样，美国关于朝鲜立即统一和独立的目标只好因为现实政治而终止。除非美国打算无限期地维持朝鲜的分裂和自己管理南部地区，否则整个朝鲜就会不可避免地落入苏联的控制之下，但是直到最近，美国看上去也不可能准备长期这样去做。除了自然资源，可能苏联认为朝鲜在战略上是极其重要的，这主要是因为朝鲜为符拉迪沃斯托克和苏联的陆地边界提供了防御，也因为朝鲜够得着日本列岛。

13. 在朝鲜和日本在苏联远东重点事务的名单上靠前的同时，中国本身则是一个十分复杂和重要的问题，以至于近如 1925 年就已经在中国吃了苦头的苏联政府更加谨慎地对待中国。笼统地说，就俄国的政策而言，中华帝国仍然分为两个区域：如果可能，单独归俄国扩张的地区；中国其余的地区，俄国的影响可能是相当大的，但不是俄国目前的政策打算直接支配的。由于中国政府正式承认了蒙古人民共和国的分离，俄国人更直接感兴趣的中国地区是过去他们待过的地方：新疆、内蒙古和满洲（1899 年的条约所涵盖的长城以北的地区）；以及黄海周边的战略要地——延安地区和山东。这片地区实际上包括了北纬 36 度线以北从阿富汗边界到太平洋的所有中国地区。但是，如果俄国不密切关注中国政府本身的事务，显然就无法专注于这片地区。中国的民族主义似乎并不考虑放弃内蒙古或是满洲，更

别提山东和黄河流域。因此，就如半个世纪以来的那样，俄国不得不继续
密切地和难以回避地牵涉进中国的事务当中去。在这一点上，赌注已经变
得很高。在这个快速变小的世界里，每一个迹象都显示出世界被划分成了
两个"势力范围"，没有一个边界地区的命运依然是未决的（除了德国也许
根本没有边界地区）。由于中国庞大的人口和不发达的经济，控制边界地区
将为苏联带来像控制整个中国这样的好处。从莫斯科的角度看，我发现很
难对最近一份备忘录中有关此地美国大使馆的下述总结持有异议：

　　"苏联力图在中国寻求居主导的影响力，它这样做是因为革命的传统、
民族主义的野心和不安分的本性，是一种扩张主义的力量。

　　苏联对一个中立化的中国不会感到满意，因为就克里姆林宫的思维而
言，'它不和我站在一起，就是反对我'。苏联也不会对一个类似加拿大或
墨西哥对美国'友好'那样意义上的'友好的'中国感到满意。在苏联看
来，从时间的角度来说，这样一种关系在政治上、经济上和军事上都是不
可靠的。在意识形态上，确信苏联的制度最终一定要与资本主义的西方发
生公开的斗争；在战略上，根深蒂固于国家纵深防御的理念；不相信国家
之间能够存在任何那种不是建立在一国对另一国确认优势基础上的令人满
意的永久关系。苏联只对那种最终达到有效控制的支配力能够感到满意。"

　　14. 北纬 36 度以北的地区中，满洲当然是最重要的。这片极其富饶的
土地像楔子般伸进苏联的领土，不但为因缺乏食物供应而发展受限的苏联
远东地区提供了一个粮仓，而且是整个地区进入永久不冻港的天然出口。
此外，中国全部重工业有近四分之三集中在苏联边界的这一地区，且拥有
仍然没有被开发的丰富的煤炭和铁矿资源。在苏联的控制下，满洲将成为
俄国远东力量体系的基石。去年苏联取得满洲铁路系统一半股权时，似乎
看上去期望至少在经济上控制该地区。拆夺满洲的工厂体现了苏联的盗窃
癖，其本身并不表明比起在波兰的所作所为来有收手的打算，无论这可能
激起当地多少的不满。共产党的军队和支持者适时地进入了满洲。俄国的
长远计划是通过这样的手段来取得对满洲工业的控制，即宣布所有已经或
可能已经被日本军队利用过的工业是战利品，接着成立苏方与中方各参股
50%的联合股份制企业，这在东欧已经实行了。这样做的建议已经提交到南
京政府。但是，公众舆论和美国当局对这一方案表示愤怒，因为紧接着出
现的是对满洲系统性的掠夺。门户开放政策得到了援引；在英王陛下政府
的支持下，美国代表在莫斯科表达了愤怒的抗议；中国政府在此立场的鼓

励下，拒绝了俄国的建议。毫无疑问留给苏联政府的印象是，它自己必须要对这一挫折负责。面对相当的美国压力，苏联政府最终同意降低对满洲铁路和条约确定的港口方面的公开要求，以及撤走马利诺夫斯基元帅的军队，它似乎正将当地的管理部门时而交给共产党人，时而交给当地像张学良那样和它以前打过交道的有影响力的人物。俄国人大概准备勉强允许中国中央政府（尤其是如果重组而吸纳共产党人）拥有或多或少名义上的管辖权，但是他们打算成为那里现实中的主宰者，通过操纵不论何种只要证明是最温顺的力量——意识形态的考虑被暂时置于脑后。毫无疑问，俄国人对美国人决定运送国民党军队到满洲并提供他们侵占这一地区所必要的现代化武器感到不安。这些事情此时引起了反应，意味着在苏联人的头脑中把这些事情同俄国前两次被赶出满洲联系在了一起。苏联媒体反对"美国武装干涉中国事务"的轰轰烈烈的运动主要不是直接针对长江流域发生的事情。面对如此压力，俄国人也许会暂时退却，但是送达莫斯科的美国报道似乎表明，在那里混乱的形势中，八路军因为其更好的管理与温和的政策比国民党更受欢迎；农民和城市的工业移民无产阶级都不反对共产主义。另外，只要俄国实际掌控着近乎所有的满洲的边境、它的主要铁路以及两个主要港口，并赢得大部分百姓的同情，严格来讲，就不能认为仅靠美援才可维持生存的国民党军队能有效地将它赶出满洲，用薛穆爵士的话说，国民党当局"已经失去了收复满洲的绝佳时机，已经产生了一种幻灭和消沉的氛围"。

15. 在回到中国大陆之前，我们还需要考虑苏联能影响的两个地区，即内蒙古与新疆。可以预想到，苏联政府试图在某个时期重建它在十年前就已在新疆取得的优势地位，但迫于来自其他地区渐增的威胁而主动明智地放弃了。与苏联中亚共和国种族相连的少数民族发生自发叛乱，这一发展趋势为俄国提供了经常性的机会，这种机会自1944年以来再一次被俄国人暗中利用。在最近与伊犁叛乱分子的交涉中，俄国人插手到什么程度并不十分清楚，但看上去他们没有别的选择只能听俄国的，而渗透的过程可以料想是继续悄悄地沿着与在外蒙古成功采取的相类似的路线进行。当然，对俄国来说，没必要将新疆从中华帝国正式分离出去。确实，这样通过至少表面保持中国主权的形式大概能获得一定的好处，比如对中央施加压力，而不用承担最终的责任。然而，与1945年中苏条约一同发表的声明——"关于最近的新疆事件，苏联政府确定没有干涉中国内部事务的意图"，不能太按字面意思去对待。内蒙古的形势甚至更加模糊不清。不顾戈壁沙漠的阻碍，蒙古人民共和国已经由苏联以一种中国不愿意接受的方式缔造出来且保有至少表面独立，似乎对留在中国境内的蒙古人势必产生一种吸引力；一场苏联影响下的立足于重要战略省份察哈尔的独立运动，据说正在那里展开。但是，俄国在内蒙古的政策明显是由整个中国的事态发展所主导的，并且将部分取决于中国的中央政府是否能够容忍其蒙古人中有任何程度的自治倾向。

16. 在山东的重要地区，通过乱象可以看出，共产党的军队赢得了对半岛大部分地区的控制。但是，此时的美国将第七舰队的基地迁往青岛，它正是德国为补偿俄国获得旅顺而选择的港口，美国的介入在最后的关头又一次阻止了共产党走向完全的胜利。这个问题最终还是要通过斗争解决。

17. 共产党确立了对延安地区、北平腹地以及蒙古与山东之间的战略纽带的控制，由此需要考虑共产党受苏联影响到了何种地步的问题。在这一难题上，没有形成普遍一致的意见，但这一问题极其重要，因为美国目前对华政策主要是在这一问题上发生转向，并且因为莫斯科与延安之间近似的理念使得清晰阐释俄国的对华政策相对容易些。中共不时宣称，他们是一个独立且与任何外来大国没有联系的本土组织（虽然他们不否认他们与共产国际长期存在的关系）。的确，似乎没有什么迹象表明，俄国对延安政权的内部事务进行了直接控制。另一方面，由苏联公开认可的中共与其他外国共产党之间的关系一般说来是如此密切，以至于很难相信中共是完全独立的。苏联的宣传机器对于中共以及其他众所周知与莫斯科关系密切的共产党给予了一贯的支持。任何通过莫斯科这个中心研究苏联政策的人都会得出这个先验性的假设，人们对此需要予以相当的重视，除此之外，还有很多重要的迹象表明苏联和共产党领导之间的关系。因而，共产党从长江以南他们的根据地开始长征，显然是想让自己处于苏联的援助所能够延及的范围之内。日本成为俄国的主要威胁，游击活动集中针对日本；俄国人鼓励中国进行民族抵抗之时，他们对国民党封锁共产党怀有的敌意会相对较小。共产党惯用的策略是通过民主联盟的形式渗透进政府——这些是象征性的例子。中国共产党所用的全部战略战术与其他地区的共产党所用的战略战术有相似之处。日本和朝鲜的共产党领导者，特别是野坂，在莫斯科接受理论培训之后，在延安获得了有用的战斗经验。包括毛泽东在内的中国共产党的领导人，普遍被认为是最中国化而且最自立的，都有着确凿的布尔什维克记录。在 1935 年莫斯科第三国际最后一次大会上，中国有三名延安集团的领导成员代表，毛泽东本人、王明（即陈绍禹）和张国焘，被选为执行委员会成员，虽然 1938 年张被清除，毛则留任共产国际执行委员会直到 1943 年解散。毛泽东关于一般国际事务的讲话带有在莫斯科看来确认无误的苏联印记，例如 1939 年莫洛托夫－里宾特洛甫公约刚缔结之后，他宣称，"在资本主义的边界之外，存在着另一个光明的世界——它就是苏联。苏德公约提升了苏联国际地位的重要性……为了实现两个伟大国家的联合，一定要加强同苏联的友谊"。其他中共领导人也有着相似的记录。最近，据说中共一位新的领导人李立三，在莫斯科待了十五年之后正在满洲。尤其明显的是，除了俄国，中共没有在必要时他们真正能够依靠的力量。

18. 但另一方面也存在一些重要的考虑，认为中国共产党具有一定的独立性。莫斯科与中共的关系并不全是愉快的。很大程度上，中国共产党形成了自己的本土传统，未受苏联干预而根据自己的需要对马克思主义进行了修正。建立一个存在了十年且拥有自己军队和民政部门的政府，给它带来了重要的既得利益。首要的问题是大众基本的希望和同情，中国共产党必须通过竞争来获得他们的支持。尽管名义上是共享劳动成果的政党，中共事实上的行政政策，包括了一个拥有土地的农民的合作体系以及控制资本家的企业，与共产党人在其他地方的农村地区，从日本到法国，寻求支持而采取的路线是一致的。然而，这项政策本身同强调一个团结民主的中国一样表明，大批中共的支持者热切期望的不是共产主义，而是一个代表农民利益的政府和一个团结的中央行政管理机构能够停止内战和阻止外来干涉。

19. 美国的目标是创造一个"自由、统一、民主的中国"，这个目标的实现基于渐进的联合政府以及统一的军队。如果首先美国能够达到这个目标，其后对新联合国民军当中的共产党部队进行美式训练并给予财政支持，从而巩固这个政权，如此中国人会拥护这个政府。这样一来，对俄国帝国主义者的过分屈从，将会使共产党领导人丧失他们曾获得的普遍支持。中共会因联合而受到控制（就像国民党受制于内部事务一样），这一事实似乎成为官方和非官方的一些美国观察家形成判断的基础。另一方面，共产党可能考虑，在联合中较之国民党他们在乡村会获得更广泛的支持。但是，无论如何，国民党和共产党的政策制定者都只是把联合看作是加强他们自身权力的权宜之计。因此，就如马歇尔将军和司徒雷登先生最近坦承失败所表明的，目前很难论述每一方准备把这场试验带往何方。哪一方能够在公开的权力斗争中获胜并不确定。中国出现了一个根本性的革命形势，看上去国民党目前无法获得实现指引和控制的领导力。正如观察家们所预见的，经历了三四个月的战争后，中国经济陷于崩溃的结局无可避免，而经济的崩溃只能导致混乱的局面，这会加速革命并使共产党从中获益。即使没有内战，中共在军事落后的情况下仍有望得势。已有证据显示，共产主义努力在城市重新获得广泛的支持。就如基特森先生在其最近关于中国形势发展的备忘录中所指出的："在接管占领区的过程中所展现出的十足无能和普遍腐败，造成许多地方经济与管理上的混乱，所引发的动荡与不满一定会为共产主义的种子提供肥沃的土壤，国民党目前的这些所作所为正使俄国人受益。"[①]

20. 有必要对联合政府结果的不同预测进行思考，要了解目前进行到了何种程度也并非易事。但不同的预测在美国有着与在俄国同样的重要性，（俄国）不仅经常公开承认致力于实现此目标，组建联合政府的想法是在1945 年 12 月的《莫斯科宣言》中确认并为国共双方共同批准的，而且似乎正朝着这个方向努力，尽管在积极性和强度上俄国的表现并不如美国。确实，苏联媒体在中国问题上对美国展开攻击的主旨在于指出美国的军事干涉意在加剧内战，延迟统一民主政府的组建。总体而言，目前美国阻断了俄国在战后初期实现其广泛目标的意图，苏联政策在中国闲置了起来，（苏联）出台了看上去体面的官方政策，静观事变。显然，它决定让美国去解决这个难题，打算从美国的失败中获益，或者如果美国成功了则从内部对联合政府进行渗透。同时它还在许多方面握有相当的筹码：在满洲及其他地区的影响力，强大的军事力量可以轻易对特别漫长的中苏边界进行施压。

21. 总体上，地理原因以及苏联的扩张主义导致俄国人敌视美国人，加上斯大林个人对伤痛的记忆，这些因素都促使俄国反对美国取代先前的远东敌国日本和英国，尚无法预测这种对立将采取怎样的形式；但除非两大国达成一个总体协定，这种对立会持续下去。

22. 与此产生鲜明对比的是东南亚，包括菲律宾和缅甸，由于俄国的扩张明确限定在临近的区域或者基本上就是邻国的领土，因而这个地区庆幸地处在俄国直接的扩张范围之外。另一方面，这些富饶的土地对西方大国

---

① 参见 19460523，YD00032，第 19 段。

的经济及战略部署有着重要的影响，它们目前的不满状态为破坏活动提供了极好的机会，其后果对西方可能是严重的。苏联的官方政策和宣传，以及全世界的共产党的目标在于使欧洲和美国的军队从所有这些地区撤离，随后在政治上、最终在经济上切断这些地区与"帝国主义剥削者"的所有联系。苏联能够在多大程度上寄希望于填补由此产生的真空只是一种推测。但无论如何，那里的混乱局面比起和平过渡到独立国家更符合它的喜好。苏联（和"乌克兰"）在安理会支持印度尼西亚的独立，尽管在短期内遭遇挫折，但可能会获得长远的利益。在表面的关联背后是莫斯科同各种极端主义者和不满分子的组织正进行勾结，这些组织许多以前是倾向于日本的。在这个消息中并未明确显示出这些关联，但苏联媒体处理印度尼西亚极端分子、菲律宾虎克党及类似组织的论调表明，这与为人所熟悉的"真正民主"和"反对帝国主义"的运动模式相似，而此前这些形式的运动是由克里姆林宫发起或鼓动的。这同样适用于共产主义者作为中坚力量的缅甸"反法西斯阵线"；然而出于某种原因，苏联媒体至今仍没有提及缅甸。马来亚也经历了同样的失语。印度支那由于可能会对法苏关系造成影响，是一个多少有些特殊的案例；但越南的某些地区以及胡志明本人，都被视为与莫斯科存在或者以前存在亲密的关系，出现在苏联媒体上关于印度支那的批评文章针对法国帝国主义时呈现出相近的方针。这是一个值得那些熟悉苏联手法的人仔细研究的主题。

23. 然而恰当地说，印度并不在苏联远东政策的考察范围之内，对苏联来说有其独特性，中印之间的边界值得考虑。南疆、喀什周边地区、叶尔羌与和田，一直以来是印度的利益范围，而且它倾向于对更北方的主流事件采取置身事外的态度。苏联的政策尚未寻求在该地区展开对决，因为或许莫斯科的机会主义者们默认这样做比之做法本身的价值会引起更大的麻烦。但在未来困难一定会出现，尤其如果共产党控制的政府设在了乌鲁木齐。西藏在苏联活动的区域之外，仍旧处于自己的世界。但相对于外蒙古，20 世纪初期它还没有在俄国人的帮助下获得"自由"之前，俄国人一定认为西藏是一个发展迟缓并受喇嘛控制的、具有相当战略重要性的地区。英国和印度人对西藏表现出的任何兴趣的消减，都可能引发苏联的进入。中共通常把西藏包括在他们的中华苏维埃共和国联盟的计划之中，并在某个适合的时候，恰当地提出要求。但目前这些地区在苏联重点事务名单上似乎还处于较低的位置。

24. 我认为，从以上评论可得出如下主要结论：

（a）历史的、地理的、经济的和战略的因素，甚至是意识形态的因素，全部结合起来激励着苏联在远东进一步的扩张。现在的迹象是，这将通过势力范围而不是通过直接的领土兼并来加以完成。

（b）这样的扩张看上去在长期内，甚至可能是在短期内，势必使苏联的利益越来越同美国的利益产生冲突。

（c）然而，苏联当局目前并不打算使严重的冲突发生，部分是因为它担忧美国的力量，部分可能是因为它还没有时间在中国和其他地方准备好再次行动。这种不情愿的例子是，从满洲撤出苏联军队；比起美国人向国民党提供装备来说，它至今在向中共提供积极的支持上比较克制，尽管对它而言美国的做法一定是一种巨大的挑衅。在日本，它似乎意识到了目前的虚弱无力；只在朝鲜，它维持了一支强有力的占领军，毫不妥协地对抗着美国人。

（d）要不是美苏关系的全面恶化以及它担忧美国的"帝国主义"和原子弹，俄国人可能更愿意袖手旁观，而让美国人在远东的游戏中犯错。实际上俄国的人力和物力不是无限的，无论如何，俄国人仍然十分关注欧洲和中东的问题，他们目前不会期望去做更多的事情，除了抵抗他们眼中的美国的进一步侵犯以及阻挠美国的行动。

（e）苏联绝不愿意放弃它在远东的抱负。它卷入远东的程度取决于：（i）美国对远东兴趣的强度和连贯性；（ii）尤其是中国和日本的内部发展；（iii）苏联在所有战线上同时实施积极政策的能力，或者是从它目前对欧洲和中东的专注中摆脱出来的能力。

（f）尽管苏联真正地也是策略上地同情东南亚"被压迫的殖民地人民"，但让俄国最直接感兴趣的远东地区不在英国重要利益范围之内。我们更直接关注的是东南亚地区，努力重建该地区被战争破坏的经济，根本改善苦力群体的社会状况（这些人通常是没有深厚根基的移民，政治生活迅速朝着与当地诉求相一致的方向发展），这将有助于消除苏联势力勃兴的条件，就像细菌如果没有病变组织就无法繁殖一样。

25. 自战争之前到现在，没有英国官员到过超出乌拉尔的地区，1945年初陪同议会代表团访问苏联中亚地区的新闻专员是唯一一个例外。因而我所提供的关于苏联远东地区的情报来源可能比之莫斯科更加不可靠。也没有什么机会能够根据英国官员的一手报告核实这封电报中的观点，而使英国官员能够直接处理苏联远东政策的事务。然而，由于那里正逐渐回到更加正常的状况，无论如何对于当地的英国代表是这样，对于只是以最宽泛扼要的方式做出概述的那些问题，我希望这份评论至少能推动思考和进一步的研究。因此，我希望在适当的时候，能收到英王陛下政府驻南京、东京、汉城和华盛顿的代表以及基勒恩勋爵的意见。

F. K. 罗伯茨

（耿志译，姚百慧校）

19460901，YD00033

外交部中国处关于国共内战形势的备忘录①
（1946 年 9 月 1 日）

（F 13295/384/10）

1. 8 月 10 日由马歇尔将军和司徒雷登博士发表的关于国共争端的联合声明的影响还不明显，但实际上它表明前者试图达成的这项解决安排未能成功，并将失败归咎于有关的两党。它的直接影响似乎是使国共双方再次继续美国大使支持下的谈判，但这些谈判能否取得成功，说起来还为时尚早。

2. 与此同时，有一些来自中国的报告称，共产党可能被鼓励将全部事务置于国际的层面。这些报告描述了共产党反对美国支持国民政府的激动情绪达到顶点。最近周恩来威胁说，如果美国"不改变帮助蒋介石进行反共战争的政策"，共产党将诉诸联合国和三大国。

3. 共产党为了这一目的将做何打算，他们是否正受到莫斯科的唆使还不清楚，但是有条道路看上去对他们是敞开的：

（a）呼吁英国、俄国和美国介入，目的是使三大国 1945 年 12 月签署的莫斯科协定得到执行。这预计将给俄国一个机会去证明，美国的在华行动和美国军队在那儿的存在是实现我们都赞同的联合的一个阻碍。无论我们是否以它只代表了一党观点的理由拒绝这样的呼吁，留给苏联制造不和的机会都是相当大的。

---

① 资料来源：*BDFA*，*Part Ⅳ*，*Series E*，*Volume 2*，pp. 88 – 90。

（b）说服莫斯科——如果说服是必要的——将问题提交联合国，理由是中国的局势对世界和平构成了威胁。

4. 在后一种情况中，如果控诉直接关系到中国内战的状况，安理会（或是联合国大会）不可避免地将遭遇国内管辖权的问题，毫无疑问会像西班牙的情况一样陷入同样的僵局。

5. 但是，如果苏联将它的呼吁建立在美国在华的行动及美国军队的存在基础上，那么将很难仅仅以国内管辖权的理由拒绝这一呼吁。实际上，可能性大到了如此程度以至于使人想到，这些策略对莫斯科和延安产生了吸引力。

6. 把讨论中国的局势列入安理会的议程将需要安理会中七个成员的简单多数票，如同中国一样，美国和联合王国预期将加以反对，所以事情很可能不会排入安理会议程。即便排上了，中国政府的一票否决当然也能阻止安理会做出任何建议。

7. 俄国人无疑意识到了这一点，如果他们决定将中国问题提交安理会，不会有达成任何决议的希望。他们的主要目的是使美国因介入中国问题而名誉扫地并削弱国民党的地位，没有理由去否认他们在这两个目的上可能会获得很大程度的成功。目前乌克兰针对英国军队在希腊的存在的控诉无疑有着相似的目的。

8. 第三段所设想的两种可能性对美国及我们都是令人讨厌的。问题是该做些什么。迄今我们关于国共争端的态度是，在我们的公开声明中对内战深表遗憾，希望马歇尔将军的调停努力能够取得成功。我们仍然希望能够达成一项和平的解决方案。但是，任何将问题提交国际裁决的做法大概都将使目前扮演调停者角色的美国政府难堪，并将证明是对这样的调停可能会有的任何成功机会的最后一击。

9. 现在的争端看上去有两个可能的结果。首先，从乐观的角度看，目前的谈判可能达成一项持久的解决方案：成立一个受所有党派拥戴的联合政府，并逐渐形成一个稳定统一的中国。对美国和我们而言，这将是最佳的解决办法。抛开蒋介石所有的缺点，他是在中国获得普遍尊敬和顺从的唯一可能的领袖。他赞同西方的民主观念。但是，他周围的保守势力正阻碍自由的力量进入政府，从而保持政府中的极权主义和极端民族主义倾向。问题是要克服这种阻碍，就要引进足够的共产党和其他民主党派的代表，形成一个受到普遍拥戴且有着广泛基础的民主政府，直到建立一个全面的宪政政府。

10. 另一种可能是，目前的谈判在持续一段成功希望越来越小的时期后，伴随着全面内战以失败告终。那种情况下的战斗可能波及英国和美国利益都比较集中的主要港口，随之而来的是一段无限期的混乱，我们的利益将不可避免地遭受损失，整个国家经济的恢复将无限期延迟。不论这一混乱时期的最终结果如何，它对我们在中国和远东地位的短期影响总体上是严重的。如果在混乱中形成一个敌视西方利益的、受莫斯科扶持的共产党政府，那么它的长期影响同样是严重的。

11. 还存在第三种可能，即在内战的混乱中形成一个由像毛泽东这样的人物所领导的共产党政府，比起在延安实行的土地改革和社会民主的本土思想，在意识形态上更少忠实于马克思列宁主义，给中国带来一个相对有效率且公正的政府。然而，在目前的情况下，除非在与莫斯科支持的共产党派别发生冲突，否则这样一个政府几乎不可能取得统治优势。在这一共产党内部的分裂中，土地改革者能够幸存并且变得足够强大从而统治中国的机会是十分渺茫的，以至于不能够认真指望。因此，从长远看，不能保证这样一个政府不会被证明是至少像国民党的极端民族主义者或莫斯科支持的政府一样敌视西方利益的。

12. 因此，按照第 9 段所设想的路线寻求一个解决方案符合英国的利益。这种解决方案恰好同 1945 年 12 月莫斯科会议所达成的决议相一致，当时的记录"三国外长一致同意，统一、民主的中国应在国民政府领导下，国民政府各部门应广泛吸纳民主力量参加，内部的纷争必须停止"。

13. 联合王国英王陛下政府在寻求形成一个团结、友善的中国方面的利益有三重。第一，中国持续的混乱只能阻碍世界的复兴，而我们及其他大国共同在其中拥有基本的利益。第二，目前英国是东南亚主要的稳定因素，那一地区的稳定势必受到任何中国破坏性作用的影响，由于在马来亚、缅甸和其他英国东南亚属地居住着几百万华人，情况更是如此，他们潜在的政治影响是重要的。香港，紧邻中国大陆，特别可能受到那里政治混乱状况的影响。

14. 英国利益的第三个方面是，过去百年来建立的与中国的广泛贸易关系，以及维持这种关系有赖于一个稳定与安宁的中国。在此状况下，中国提供了一个每个人都有机会的潜在的广阔市场，为世界繁荣做出普遍的贡献。

15. 依靠自身的影响力和资源，美国在推动中国两种势力之间达成一项解决方案方面承担着领导的角色。出于上述原因，美国在中国的所作所为对我们的未来是十分重要的。在我们可能无法在推动达成一项解决方案上做出有益的贡献时，重要的是要弄明白美国的政策将把我们引向何方。尤其重要的是，我们应当知晓美国在对华政策变化上的任何考虑，例如它涉及中断目前的调停努力以及从中国撤出美国的武装力量。

16. 在国际层面上，这个问题也涉及不但作为一个安理会常任理事国，而且作为一个上述所引莫斯科协定签字国的英国，这个协定证实我们坚持"不干涉中国内部事务的政策"。如果莫斯科或共产党提到了上述第 3 段可能性（a）的路线，我们期望自己应当尽可能地同美国保持一致，并且为此目的，进行必要的协商。

17. 因此，出于以上概括的各种原因，希望英王陛下政府能够持续获知任何有关美国对华政策未来发展的情况。

外交部中国处

1946 年 9 月 1 日

（耿志译，姚百慧校）

19461018，YD00003

邓宁致贝文备忘录①

（1946 年 10 月 18 日）

（F 15359/384/10）

外交部

几周前，你同意我们应该向美国询问它的对华政策，并且建议根据它的答复来考虑我们应采取何种对华政策。

我们询问了美国国务院，收到了答复（然而，从你和国务卿贝尔纳斯在巴黎会谈的情况来看，美国的对华政策是有些动摇不定的）。与此同时，美国想通过适当的途径知道我们的对华政策。部里考虑了此种情况，简要建议如下：

---

① 资料来源：*DBPO*，*Series I*，*Volume VIII*，*Britain and China*，*1945 - 1950*，pp. 56 - 64。

（ⅰ）在对华政策上，英国政府应与美国的步调一致，尽可能多地给国民政府以道义上的支持，以及最大程度鼓励在广泛民主基础上建立一个强大稳固的政府；

（ⅱ）对中国极端民族主义歧视英国商业利益的企图予以抵制，支持英国大使在利益受到威胁时坚决捍卫英国利益；

（ⅲ）只要情势许可，加强对华的文化联系。

里斯－威廉斯先生①向政务次官建议，在联大休会期间，他可能提出中国问题。盟军在非敌国领土上驻军的问题也已经提上了联大议事日程。因此似乎有必要确定我们的立场。

当一个友好的政权忙于内战时，形势总是令人尴尬。更让人尴尬的是，此时美国政府支持国民政府（尽管有不确定性），而苏联支持共产党。幸运的是，除了可能的言辞冲突，我们没有卷入其中。而且我们应该避免做那些显然会：

（a）削弱与我们有良好关系的国民政府的地位之事；

（b）批评美国政策，毕竟它在中国尽力而为之事也是我们正在东南亚努力而为之事②——也就是把冲突各方拉到一起。

如果我们针对对华政策所提的建议得到批准，那就意味着，除了那些必须在议会或联合国组织发表的声明外，这些政策应通过外交渠道来推行。一有机会就向中国驻伦敦大使或者通过我们驻南京大使提出建议，可能会有助于实现我们希望之目标。我们也应让美国国务院知道我们的观点。③

附件 英国对华政策

1. 这份文件建议英国政府应该：

（ⅰ）在对华政策上，与美国的步调一致，尽可能多地给国民政府以道义上的支持，以及最大程度鼓励在广泛民主基础上建立一个强大稳固的政府；

（ⅱ）对中国极端民族主义歧视英国商业利益的企图予以抵制，支持英国大使在利益受到威胁时坚决捍卫英国利益；

---

① 里斯－威廉斯先生是南克罗伊登的工党议员，1947年任缅甸边境地区调查委员会主席，1947～1950年任殖民地部副大臣（1950年被授予奥格摩尔爵士）。——原编者注
② 指印尼独立战争期间（1945～1949年）英国在共和民族主义者和荷兰殖民当局间的调停努力。——原编者注
③ 包括萨金特和贝文都写道："我同意备忘录的最后一点"。——原编者注

（iii）只要情势许可，加强对华的文化联系。

2. 在 8 月 29 日发往华盛顿的一份电报（编号为 8501）中，英国寻求查清美国的对华政策。9 月 4 日，国务院说明了美国的立场（华盛顿编号为 5482 的电报），泛泛地指出美国正采取伺机而动的策略，同时让蒋介石相信，全国范围的政治家倡导的农业减租和改革会使共产党同意达成一种解决方案。国务院已经暗示，如果能通过适当途径获知英国拟议中的对华政策，它将很感激。因此我们有义务答复美国政府。

3. 今日中国之情势不断变化，主要受以下因素影响：

（a）中国国内政治形势；

（b）美国政策；

（c）苏联政策。

4. 至于（a），国共两党斗争的基本事实是，它不仅是两个政治派别的争执，而且是自 1927 年以来临时中断的内战的继续。共产党最初推行纯正的共产主义理论，消灭资产阶级，分给农民田地，但是移师西北之后，他们实施了一个更为温和的政策，推行农业改革，至少名义上在政府底下团结广大群众。这种政策在纯粹的农村地区如陕北有作用，但是，一般来讲它在多大程度上能应用于大城市和工业地区，不免让人怀疑，因为大城市和工业区涵盖的问题千差万别，更为复杂。无论如何，中国共产党自己已清楚表明，目前的政策是短期的，等条件成熟，它还是要实行未经修改的共产主义政策的。在共产党统治地区实行的"三三制"中，虽然共产党在政权中只占 1/3，也不像它乍看起来的那么开明，因为当地人大部分是文盲，不熟悉管理，共产党当仁不让仍旧是主导力量。最终，在中国，中国共产党的政策正如其他国家的共产党一样，是保持方向与控制，直到建成无阶级的社会，因此，他们自然要向苏俄寻求建议与支持。另一方面，国民党的方案是渐进式的，在人民经教育已经可以实行地方自治的任务完成后，推行孙逸仙博士国家重建的第三阶段计划，即实施全面宪政。国民党会首先向美国接着再向英、法寻求援助，而不是向苏俄。1936 年，中国政府草拟了一部宪法，第二年就要提交国民大会，此时抗战爆发了。最终安排在 1945 年 11 月 12 日召开的第 12 届国民代表大会，因与共产党的分歧被推迟，先是推迟到 1946 年 5 月 5 日，后来是无限期推迟，但中央政府不顾中共的反对，现在正式决定于 1946 年 11 月 12 日召开大会。国民大会的任务就是要制定一部宪法，以此开始中国的宪政时代。然而，事实是中国广大百姓严重缺乏自治训练，因此，中共有理由坚持先成立联合政府以为（宪政的）基本预先步骤，国民党也有理由不愿交出它现在对政府的单独控制权。

5. 工商业方面，国民党根据孙中山"中国的国际发展"设想，坚持中国的工业重建应由国家执行。具体要求是，所有如钢铁工业、主干铁路、航空业、大型水利等垄断的或是民族的企业必须由国家经营，其他的企业，除了那些需要大量政府资本支持的或是官商合营的外，都由私人经营。尤其是石油的开采权要保留在国家手中，中央政府对纺织和商业航运也感兴趣，并且把活动范围扩展到日益增长的工业领域。中共近期的纲领里，在核心工业由国家经营同时，也允许私人资本的发展，但是毋庸置疑，最终的目标是走通常的共产主义道路。

6. 关于土地，中央政府近来公布的《土地法》，对居住、农业、工业用地的拥有量进行了严格限制，超过限量的剩余土地被卖给私人或者征为公用。对那些购买土地确实是自行耕种者，给予特别的保证。

7. 也许，目前中国最让人不安的形势是日益增长的严重的通货膨胀，官方公布的汇率是 1 美元兑换 3320 ~ 3370 元法币，货物在美国生产再运到中国，比在中国当地生产还要便宜。通货膨胀主要由大量非生产性军事支出引起，因为现在后者只能通过银行发行更多纸币来解决。

8. 中央军最近重新夺取北平西北的张家口，中央军进攻共产党根据地取得的一系列成功达到了顶峰。然而，共产党仍占有京汉线黄河以北地区和津浦线部分地区，大约 2/3 的山东，华北其他诸省之大部以及北满。共产党可能会重新开展游击战，任何彻底击败共产党的企图就像在地上追逐一个水银球般不可能实现。

美国的政策

9. 至于（b），1944 年末，美国致力于加速进攻日本，决定调动一切中国战争潜能使之更有效地参与共同事业。在美国坚持下而引入的中国军事、经济方面的改革，试图让国共走到一起。后来曾任驻华大使的赫尔利将军的努力终告失败。1945 年 12 月，马歇尔将军接替了他调停的任务。这里要提及的是 1945 年 12 月在莫斯科三国外长发表的声明，"三国外长一致同意，统一、民主的中国应在国民政府领导下，国民政府各部门应广泛吸纳民主力量参加，内部的纷争必须停止"。有了这份声明的支持，马歇尔将军能够把国共双方拉到一起，1946 年 1 月签订了一份重庆停战协定。然而战斗还是在东北爆发了，5 ~ 6 月中央军在东北获得了巨大成功，停火谈判在 6 月完全破裂，内战最终全面爆发。8 月 10 日，马歇尔将军和司徒雷登大使发表共同声明，实际承认调停失败，认为国共双方均应承担责任。① 事实上，美国努力劝说蒋介石与共产党妥协，吸收共产党和其他民主党派参加政府，但是两党之争不可调和的本质实际上注定了这些努力会失败。美国政府觉得有必要施加更大的压力，大约在 9 月初决定不再向中国出口武器装备，但还是同意把太平洋岛屿储存的价值 8 亿美元的非战争物资输送给中国。另外，它目前正考虑撤走驻华北的海军，这些海军为中央军成功控制该地区提供了极大的帮助，但无疑也是为了防止该地区完全失序。美舰队在青岛的存在也阻止了共产党完全控制重要的山东省，除了次要的烟台港，把他们主要限制在内陆地区。

苏联的政策

10. 直到现在，苏联在远东继续采取伺机而动的策略。它已经在新疆、外蒙古、东北获得了防御带，严格意义上讲中国仅仅是它的第二防线。中国政府被迫承认外蒙古独立。在新疆，由于高度怀疑俄国在背后支持它们，中国政府被迫承认各少数民族的要求。在东北，除了继续在旅顺和大连驻军外，1946 年 4 月末，苏军带着"战利品"——东北的主要机械设备撤退了。共产党随即占领了苏军撤退的地区，但是中央军在美国舰艇的帮助下成功占领了除朝鲜边界外的各主要城市和南满的交通线，只有北满和哈尔滨继续为共产党所控制。尽管苏联政府没有公开自己对中国政治情势的立场，最近数周，持续抨击美军在华的存在，他们至少强烈认为，美军一旦撤退，苏联就可以如同在伊朗一样，自由地对华施加压力。

11. 直到 1939 年欧战爆发，可以说英国一直在华占有优势地位。自那以后，情况发生了很大变化，目前，美国占据了我们的位置，中国认为与美国在文化、外交、经济、金融和军事领域具有相似性。1943 年 1 月 11 日中英签署条约，我们主动放弃了特权地位，放弃了治外法权和其他附加权益，现在我们在华的利益纯属商业和文化性质。作为战争的结果，美国代替英国成为西方国家里能对华施加主要影响的国家。我们对中国政治形势感兴趣，是因为不稳定的形势阻碍我们发展对华贸易和文化关系，如果中国为苏联所控制，肯定会危及我们在东南亚（当地有很多华人、华侨）、缅甸、印度的地位。目前没有理由认为苏联远东政策的动机不是防御性

---

① *FRUS*，*1946*，*Vol. 10*，p. 1.——原编者注

而是进攻性的。但是它的行动有待仔细观察。如果俄国积极介入中国，例如给中共以物质支持，我们就需要与美国政府协商，重新考虑我们的对华政策。

12. 虽然此刻我们无法和美国在中国竞争，但我们在诸如航运、银行、保险、物流和其他服务领域长久积累下来的大量经验是美国所不具备的，一旦我们更充分地参与世界贸易，这些经验就能给我们带来很多优势，使我们能重申我们的价值。同时，我们必须尽可能地利用一切机会保住和重建我们在华的商业地位。二战后，中国出现强烈的民族排外情绪，歧视英国利益，不利于恢复我们的利益。中国政府的军队在所有主要中心继续占有英国的资产，大使馆和各领馆的抗议正在稳步开展但收效甚慢。现在尤为艰难的是英航公司的船坞、码头以及船舶。例如，太古洋行还在等待部分或全部恢复它在广州、汉口、南京和上海的资产。中华航运报告还有30多处资产在中国政府手中。某些现在经营崇信纱厂的前中国业主还在侵占英国业主的合法权益，英国业主所做的申诉迄今未成功。英国公司如果想在华继续成功地开展贸易业务，就要对麻烦的沙文主义倾向予以抵制，应该支持驻华大使和领事坚定恢复英国权益和公正对待英国利益的要求。必要时议会应适当发表声明予以支持。

13. 来自中国的报告说，可能有势力支持中共把整个事态提交到国际层面解决。（我们）尚不清楚的是，共产党对此有何打算或者他们是否正在受到莫斯科鼓动。但是，苏联或者它的卫星国把中国问题提交联合国的可能性是存在的。还有迹象表明，议会也有可能辩论中国问题。如果公开辩论中国问题，这份备忘录第一段勾勒的政策应该成为答辩的基础。如果驻华美军问题提交联合国讨论，我们应坚决予以反对，因为驻华美军不存在威胁世界和平的问题，有关各国也没有预先协商。对于苏联关于在非敌国的领土驻军的提议，我们都希望它失败，我们要给美国恰当的支持。中国政府已经声明美国在华驻军是得到许可的，我们要澄清的是，我们仅仅单独考虑美国在华驻军问题。

14. 中国的情势处于不断变化之中，保持我们政策的宽泛和灵活，对英国此刻在远东承担任何进一步的义务是有必要的。这份备忘录第一段的建议代表了我们目前政策的限度，我们应在此意义上答复美国政府的询问。

（张华译，姚百慧校）

19461123，YD00004

施蒂文致艾德礼电①

（1946 年 11 月 23 日）

（F 17620/25/10）

极机密，南京（12 月 10 日收到）

首相：

1. 我怀着极大的兴趣阅读了 8 月 30 日罗伯茨先生关于全面考察苏联远东政策编号为 659 的电报②。关于该电报的最后一段，我的建议如下：

2. 目前可以对这里的形势做出判断，我赞同罗伯茨先生关于苏联政策的目标和范围的结论。但与罗伯茨先生电报中的详细考量相比，我认为来自南京的总体考察可以为您提供一个更为有用的借鉴。

3. 在调查和编写这份报告的过程中，我得到了沃林格先生及大使馆公使的鼎力相助。在这里，我试图推断出中国共产党的政策和意图，我确信这能准确反映出莫斯科的愿望、中国的对苏（联）政策、美国在远东的政策以及中国的对美政策，因为所有的这些都是相互联系、相互依存的。尽管大英帝国没有直接卷入其中，但从广义上而言，我们和美国有着相似的利益，也同样关注着苏联，由此中国政府在应对未来苏联压力时也希望得到来自我们的帮助——尽管基于现实的原因，在远东，来自我方的这些帮助不是必要的。所以美国对苏联现在和未来在其核心利益之所在的太平洋地区扩张的态度，理应需要我们重点关注。

背景

4. 罗伯茨先生电报中的第 5 到第 9 段已经对中苏关系的历史背景做出了详尽的描述，所以基于该报告的目的，我们没必要追溯 1945 年中苏条约之前的背景。从国民党的立场看，该条约有一个极大的好处：那就是自己作为中国唯一的、被认可的政府，得到了苏联的积极承认。尽管官方媒体把它奉为中苏合作新纪元的第一步，但它并不被多数中国人欣然接受。因

---

① 资料来源：*DBPO*, *Series I*, *Volume VIII*, *Britain and China*, *1945 - 1950*, pp. 64 - 74。此时贝文在纽约参加外长会议，商讨欧洲和平条约问题。——原编者注

② 参见 19460830，YD00034。

为该条约不仅使中国放弃了外蒙古，而且也忽略了大连、亚瑟港①以及铁路条款的未来发展，这些都是绝不应该被忽视的。在之后占领满洲里的时间里，马利诺夫斯基②军队的活动激起了更多公众（当然不是官方的）的公开批评。雅尔塔秘密议定书的公开不仅引发了民众的示威，要求苏联早日撤出满洲里，那些潜在的激进排外者和学生们的自由言论，并没有遭到政府当局的阻止。秘密议定书的泄露还导致了官员们的临阵退缩。近来，行政院秘书长蒋梦麟博士和我的一名工作人员谈起最终定都北京时，悲哀地说，政府曾经一度决定迁出重庆，但是"把亚瑟港出卖给苏联的消息让我们震惊，所以我们来到了南京"。我讲这件事并不是我对此深信不疑，而是因为在我看来，这表明了中国政府对苏联的担心里也有对西方民主的不确定。接下来美国和英国与苏联打交道时如果采取果断的措施，可能会减少中国政府对西方的这种忧虑；罗伯茨先生所谓的"盗窃癖"的情形也逐渐为人所知，即苏联军队掠夺了满洲里的工业，但官方似乎隐而不提；尽管国民党媒体不鼓励对苏联的批评，但《大公报》等独立媒体变得更加直言不讳，而总体趋势也是逐渐允许可以自由讨论中苏关系的一些问题。总之，我们大使馆的人发现中国外交部以及官员们一般都站在我们这一边。这种谨慎的双边合作在我来华工作期间达到了顶峰，那就是在王世杰博士③的请求下，日本战败后不久，关于苏联在满洲里掠夺的秘密报告被附在沃林格先生11月1日的第1349号信函中送交给了邓宁先生。

美国在中国的政策

5. 上面我已经提及中国政府对西方民主的不确定性。当然，事实上，南京以及莫斯科的政策需要放在大的背景下进行考虑：苏联和世界上其他地区之间的关系（这里我们没必要提及），尤其是美国在中国、朝鲜和日本的战后政策。因为这种政策产生于战时，那时，国民党的中国被武装和被训练，为使日本最终战败提供了基地。面对日本的突然崩溃，这种军事政策得以继续维系，原因一方面是源于政策自身发展的动力以及承诺的继续存在，另一方面是只要苏联军队继续留在满洲里，美国就不能冒险完全撤出中国。但这并不意味着华盛顿没有看到国民党政权的缺点，1945年末赫尔利的黯然离去的确引发了美国的政策制定者对中国政策的重新思考。1945

---

①　旅顺港在西方的称呼。

②　R. Y. 马利诺夫斯基元帅是苏联在满洲军队的指挥官。——原编者注

③　1948年曾担任中华民国外交部长。——原编者注

年 12 月杜鲁门关于中国政策的阐述，得到了在莫斯科召开的三国外长会议的进一步认可。接下来的一年里，肩负调停使命的马歇尔将军来到中国，他要为中国创造内部和平，在这之下使"统一、民主的中国"实际成为可能。尽管马歇尔先生近期同我的美国同僚表达了对其自身地位及共和党在投票中获胜的不确定，但在执行任务时，他会继续享有充分的权力和自由。不管上面提及的遗留下来的军事政策是否会帮助马歇尔将军，他显然并不认为完全逆转是可能的。那么目前是：（a）美国在中国的武装力量具有相当大的实力（力量也在减弱），通过运送军队、提供装备甚至（在北京和天津）直接占领从而确保有些地区不至于陷入不受欢迎者的控制，给予国民党直接的支持；（b）一个虽小但很重要的美国军事代表团，后来发展成为"中国军事顾问小组"，加入重组的国防部；（c）通过工程、农业和矿物学的调查（据我所知，限于非共产党控制的区域）给予中国额外的援助。另一方面，马歇尔将军也向共产党提供同样的条件试图给国民党施压，希望让共产党把军队加入国民军中，作为一个政党参与到政府的立法和行政管理中。这两种政策的矛盾很快就变得非常明显，但在该年的 1 月和 2 月，马歇尔将军还是得到了第一次回报，（国共之间）在政治和军事问题上达成了一系列协议，中国出现了妥协的希望。如果能避免内战，就没有任何政治理由来批评美国的援助以及其为足够民主政权的出现打下的基础，因为在西方人看来，这已可以软化针对美国人干涉中国政治构架的批评态度。

内战的开始和相伴而行的谈判

6. 然而不幸的是，伴随着日本的溃败，中国的两大党派开始通过军事占领来控制解放的领土，并且表现出继续推进这一进程的更大的兴趣。在我看来，现有的证据不足以确定是延安首先破坏了 1946 年 1 月达成的政治协商协定。而实际上的情况是，共产党人停止向南推进，以便占领满洲地理意义重要的更多地区。伴随着年初苏联军队撤退的时间安排和方式，这一占领行为变得更加便利。或多或少可以确定的是马利诺夫斯基在该地区留下了相当多日本的武器装备，这些成为中国共产党军队的主要军备。

7. 再看中国政府军，由于重新占领广东、广西和沿海省份及扬子江流域的任务繁重，直到 2 月份中国政府才有时间表现出对满洲里的严重关切。然而由于共产党军队占据着山东、江苏、安徽和湖南广阔的解放地区，所以只有通过海运和空运才能把国民党的军队运送到北方。但必须强调的是这是蒋介石处理满洲里问题的唯一机会，原因首先在于美国的海军已经为他占领了天津、北京、秦皇岛三角，其次是美国的运输工具可以为国民党的军队和设备所用。在这场军队相互蚕食的行动中，共产党和国民党军队之间的交战很少，只有在满洲里出现了"中国未宣战的内战"中第一次严重的冲突。由此追溯到去年4月中旬，中国便进入了战争和调停同时并存的奇怪时期。尽管，马歇尔将军及其在北京的复杂的三人小组，试图努力找到国民党和共产党军队之间"事件"的本土化解决方法，也的确继续提供这样的调停机制，但是国共双方都没有准备真诚地接受或者反对。国民党方面，由于相信美国训练和装备的军队的能力，倾向进行军事冒险，而延安的意图也令人怀疑。到去年1月底，共产党似乎已经从与马歇尔将军全心全意的合作中得到了一切，尽管合作将会使延安放弃这种不稳定的独立（共产党军队的重组显然是最大的阻碍），但他们能够从马歇尔将军确保的国民党的善意行为中获益，从而加入行政管理及其国民军，并从中开展工作。

8. 然而，任何一方都没有同马歇尔将军展开真正的合作。正如上面所强调的那样，共产党扩大了对满洲里的控制，而大元帅（指蒋介石）甚至发动进攻把军队最终带入了张家口和安东，江苏北部、湖北和湖南已经被共产党收入囊中。大元帅的进攻给了苏联及延安宣传的动力，他们标榜自己同美国在中国的"帝国主义侵略"展开了激烈的斗争。

9. 苏联撤出满洲里的大部分地区后，美国已进入了军事援助政策的调整阶段。在左翼的政治压力下，美国决定从9月开始停止进一步的军事供应。尽管结论有反常态，但我们都很清楚的是，在中国，如果没有马歇尔将军，蒋介石可能早已发动了对共产党的全面进攻。现在留给蒋介石的时间已经不多了，他已经被骗走了军事获胜的优势，与此同时，延安则沉迷于谈判桌上的拖延战术。一旦大元帅决定实行积极的政策，那么马歇尔的调停就离失败不远了。敌对双方的战术迫使两方陷入了这样一种境地，如果一方退出，在世界看来，备受指责的就是对方。事实上大元帅认为冒险让国民党接受马歇尔将军的指责是必须的，这也是共产党军队带来的有益教训。从4月到9月，国民党一方面迫使共产党离开了几个根据地，另一方面与其在南京进行着漫长的讨价还价的谈判。但共产党似乎在这一阶段再次抓住机会接受了提议，该党本应该获利，但是他们没有把握住这个机会，大元帅的博弈获得了胜利。

10. 完成这个场景还需要提及另外两个因素：该时期整个氛围受到双方暴力宣传的影响，使双方对彼此的怨恨增加；由于政府决定用军事的手段解决与延安的分歧，致使备受战争蹂躏的财政、贸易、工业以及交通的复兴和重建受到影响。

11. 在国民党看来，大元帅的手腕似乎略胜一筹。从 7 月中旬到 9 月 26 日，大元帅在牯牛岭的度假本可以使调停者能够远离南京的炎热，但 8 月中旬司徒雷登博士和马歇尔先生措辞犀利的联合声明使其震惊，坚守政策的蒋介石到那时（10 月 11 日张家口陷落前）才给了共产党人合理的提议，这也阻止了原本慎重考虑把在中国调停失败的原因大部分归结到国民党身上的马歇尔将军采取这一行为。但共产党拒绝了这一提议，之后一系列满足其迫切要求的提议，共产党也继续拒绝。与此同时，国民党军队控制了越来越多的地区。11 月 9 日达成的停火协议以及接下来的国民大会的召开，成为军事和政治上的娴熟运作的高潮。在这种情况下，周恩来拒绝了非常合理的提议，这一事实不会再为大元帅忽略，即使马歇尔将军仍然决定离开。

中国共产党的政策

12. 这份关于目前状况的分析还需要加上中国共产党目前的地位。我能得出的最主要的推论是该党目前没有与国民党达成任何妥协协议的兴趣。私下里，我一直认为中国共产党在各方面更中国化而不是更共产化，更像农民革命者而不是误入歧途的共产主义者。我也准备接受共产党的支持者对他们更为公正的描述。然而我深信，像其他地方一样，该党的领导人是坚定不移的共产主义者。他们不仅会在任何情况下遵从"党的路线"，而且也会自动地为苏联的最大利益服务。乍看上去延安错过了"通过民主的联合'渗入'进政府"的机会，似乎令人费解，但罗伯茨先生电报中的第 17 段却把这看作是共产党战术的"典范"。难道这么做单纯只是为了中国的利益？我不这么想，原因是被共产党领导人视为自身事业最大利益之所在的决定，却像其他地区一样，如此巧合地符合了苏联的利益。共产党及他们拥护的民主同盟在现在能容纳它们的民主联合政府中毕竟是少数，而共产党的领导人通常希望在加入的任何同盟中都占据相对公正的主宰地位；加之国民党竭力出卖共产党的事实，所以在目前这种敌对和仇恨的状态下，联盟也就变成了令人尴尬、华而不实的摆设了。从中国和中国人的立场来看，没有足够的证据来评判这种政策的合理性，但该政策毫无疑问会延长中国的内战和无序状态，也会相应地延缓国家的重建和复兴。基于战术的考虑，周恩来在大多数情况下都提到合法和"程序"问题。因此在我看来，真正的理由是，目前延安和莫斯科的政党以及那些可以从目前持续的政治经济混乱状态中获益的人认为保持在中国的渗透优势，以及维系中国共产党独立的武装力量更为重要，他们的根基在便于驻守的中苏之间广阔的边界地带。在我看来，采取消极政策更大的可能是基于以下考虑：（a）中国现在的联合政府要在美国的援助下才能得以实现；（b）只有马歇尔将军使用美国的经济援助迫使专制的国民党当局进行民主实践时，联合政府才有可能得以维系；（c）联合政府的建立能够加强美国在该地区的影响，但这种影响是莫斯科所不欢迎的。我相信，这些才是共产党采取当前政策的真正原因，这里没有更为合理的"中国理由"。

美国在除中国之外的远东的政策

13. 之前已经提及，南京及苏联的政策不仅要考虑美国在中国的政策，也要考虑美国在朝鲜、日本的政策。在这里，我没有资格去评述朝鲜国内的形势，也不是挑战罗伯茨先生在电报第 12 段中的表述，但我相信，对于朝鲜不可避免地受到苏联的控制，南京政府也担心着这种可能性。但是对于苏联在朝鲜的政策可能成为苏联远东政策到来的前兆这一看法，我有些质疑。

14. 麦克阿瑟将军在日本的政策的确引发了中国人的不安，也明显再次降低了中国政府对美国政策连续性的信任。这种倾向已经在《大公报》等媒体中有所揭示，它们认为盟军最高司令试图把日本建成远东反苏维埃的主要基地。如果日本再次发展成强大的经济实体，那么中国经济又从这场漫长的战争中得到了什么？由于中国内部的动乱，日本仍会威胁复兴之路渺茫的中国，而盟军最高司令却已经对日本进行了重建。事实就是一旦获知这些争论（在盟国对日管制委员会审议事项的过程中，中国经常发现自己和苏联同事们［以及大英帝国］一起反对艾奇逊先生），必定会影响中国乃至苏联的政策。

中国政府的对苏政策

15. 罗伯茨先生认为，目前苏联对中国的政策是"静观，使自己的政策变得受人尊重，等待结果"。我想，南京基本赞同这一立场，中国政府的对苏政策也基本相似，可以用"友好"替代"受人尊重"。罗伯茨先生认为是美国不能成功解决中国问题的失误给了苏联机会，这也是南京政府所担心的。在我看来，这也是为什么在最近的提议中大元帅能如此广泛地满足共产党需求的一个理由。中国政府渴望美国在中国取得胜利，或者希望至少美国能无条件地支持它反对延安的"反政府武装"，但这只有在延安公开敌视美国时才会成为可能。与此同时，苏联政策的不确定也导致南京政府缺乏相应明确的路线，除新疆外（某种程度上还有满洲里，尤其是在协商苏联撤军问题时），中国政府也没有与邻邦苏联在其制造的一系列令人不快的问题上发生冲突的必要。

16. 大元帅已经任命强权人物之一的张治中将军处理新疆的形势，在那里，苏联的阴谋诡计或多或少是致使部落分子永不满足的一个刺激因素。从迪化（乌鲁木齐旧称）省长府最近传出的报告表明，张治中的介入已经成功处理了这个不安分地区的问题。这一举动在我看来也表明了蒋介石有意利用有限的资源恢复秩序，来应对苏联结束静观政策那天的来临。当前，即使在新疆该政策也不具挑衅性，但中央政府必定会极力阻止其对该省新成立的权力部门产生过大的影响。

17. 关于中国的其他政策也需要谨慎对待。与北方邻居相比，中国是如此软弱，不能推行任何可行的积极政策，莫斯科掌握着中苏关系的发展进程。所以即使头脑发热的国民党也如履薄冰，只能在香港问题上时不时地拽一把狮子的尾巴，但不能过问关于旅顺港和大连等令人不快的问题。中国政府对于目前没有形成关于漫长边境线上和苏联未来关系的模式多半是高兴的，它更倾向于参加联合国和一些外长会议。这些会议现在解决的是远东之外的事务，老练的中国外交官炫耀自己明智的观点，强调关心的是"独立自主的人民"而不是不恰当的自我承诺；但是他们也意识到审判即将到来，与日本的和平条约及其"战利品"的一些棘手问题，尤其是满洲里的机制问题，都近在眼前。现在，关注其他地区的发展状况对南京来说是明智的，他们可以根据美国和英国能多大程度上经得住苏联的压力来决定自己的政策。

18. 在我看来，中国目前的形势如下：

（a）中国共产党以及苏联政府认为由于中国变化多端的形势，维持边境地区独立的共产党的武装部队比美国影响下的统一中国更为有利。

（b）中国政府对苏联的政策是静观其变。该政策建立在抱有期望的担忧之上，希望则是美国以及不太直接的大英帝国能够在自我利益的驱使下支持中国反对苏联的压力。

（c）虽然中国政府不太相信美国在整个远东地区的政策，但是它急切地渴望能得到美国无条件的援助，而这种情形只有在中国共产党能够向美国公众表明对美国马歇尔将军建立"强大、统一、民主的中国"的失败负责时才会出现。

（d）美国对中国的政策还没有完全成型。遭受两面性的折磨是不可避免的，这源于美国急切渴望中国人能达成合理的交易，也源于建立一个足够强大和统一的中国来应对苏联的扩张是美国的利益所在。

拉尔夫·施蒂文爵士

（王玉玉译，姚百慧校）

19461209，YD00035

施蒂文致艾德礼电①

（1946 年 12 月 9 日）

第 1581 号（F 18247/384/10）

极机密，南京（12 月 23 日收）

武官与郑介民会谈备忘录

先生：

这里我荣幸地发送给您一份最近我们的武官与郑介民将军——中国国防部负责中共和苏联政策方面的情报厅厅长，一次值得关注的会谈记录的复本。

2. 菲尔德准将清楚地谈道，郑将军认为延安最终将按照莫斯科的指示行动是理所当然的。我并不完全信服将军的看法，即由于苏联未能在联合王国和美国之间打进一个楔子，就下中共不会"进入政府并从内部运作"的结论。我认为，我在 11 月 23 日编号为 1494 的急件②中，给出了支持他所提到的这一问题的更有力的论据。

拉尔夫·斯克林·施蒂文

附件　会谈记录

12 月 4 日，我会见了保密局局长郑介民将军。虽然会谈并没有带来什么新事物，但我认为值得向阁下汇报会谈的要点，因为它至少表明了一名国防部高级官员的观点，而且以他的地位，一定可以很大程度上影响政府

---

① 资料来源：*BDFA*，*Part Ⅳ*，*Series E*，*Volume 2*，pp. 308–310。

② 参见 19461123，YD00004。

人员的想法。

郑将军亲自审讯了一名最近投靠政府的共产党旅长，他在会谈的最开始将审讯结果告诉了我。这名军官在日本投降后一个月被派往了热河，成行之前，毛泽东向他布置了简要的任务。除此之外，毛还告诉他，俄国人告知延安政府，至少五年内，中共不能指望从俄国获得直接的军事援助。因此，他们必须准备在那段时期依靠自己的资源继续活动下去。

就在这时，郑将军说，他向共产党军官指出，包括俄国在内的其他国家可能都有五年计划，在任何特定时期终了之时，俄国人（同其他国家一样）打算做什么呢？

回答是，俄国人希望通过当地共产党的活动拖延其他国家的重建，这些共产党已经接到了命令到企业里煽动罢工，那些企业持续的动乱状态最有利于妨碍重建。美国作为一个特定的目标被提及。另外的消息是，在两次大战经验的基础之上，俄国人估计美国人为战争需要花二十个月的时间去动员他们的工业能力。美国共产党的任务是务必做到使这个时间花费更长。俄国人判断，战争爆发后，由于美国相对规模较小的介入需要二十个月，他们能够使自己在远东进入一个令人满意的军事状态。

就在这时，我询问郑将军关于拖延战略如何在中国运用的见解。对我来说，中国共产党似乎有两种可能的行动路线：

（a）加入政府并从内部运作；或者（b）置身政府之外，试图通过破坏和游击活动，结合企业中的煽动——这是目前他们正在做的，去妨碍重建。

郑将军认为将来共产党会采取哪一条路线呢？

他回答，共产党策略的历史分为两个不同的时期。第一个时期同俄国政策旨在在美国人和英国人之间打进一个楔子的时期相吻合。在这个时期，共产党遵循俄国人的指示，做出一些假象，表面赞成美国寻求一个中国联合政府的想法（因为俄国人希望我们反对这些想法）。因此，共产党奉命假装愿意同国民政府合作。郑将军指出，正是在这一时期，持续到今年初，签订了那些包括重组军队和恢复交往的主要协议。

然而，俄国人在外长会议上表明他们无意在我们与美国人之间打进楔子之后，他们指示共产党改变策略，转而采用我提到的第二种替代路线。郑将军提醒我，这种变化同反美运动的开始是相一致的，因为它的开始，共产党不愿意签订任何政府提交给他们的协议。

但是，我们不应该忽略一条次要的策略。虽然他确信共产党不会放弃他们当前的游击活动，并且他们不会参与到达成一项政治和解的尝试中来，但如果那样的事实太有目共睹，将成为他们的不利之处。美国人放弃他们试图达成一项和解的政策，并将他们全部的支持力量放到政府一边，那将是令人不快的结果。为了避免出现这种情况，以及能够继续目前"比起对任何其他人，更令共产党满意的"形势，共产党做出了在南京和北平各留下联络官员的姿态。

将军接着向我提供了一些他所知晓的关于控制远东共产党的俄国机构的细节。其中的大部分与眼下这份报告无关，所以我在这里仅谈及以下内容：与战争期间俄国人似乎对位于延安并由中国人管理的但包括日本人和朝鲜人的机构感到满意相反，他们目前创立了一个新的远东理事会——他认为位于齐齐哈尔或是佳木斯——在其中，中国人仅是与日本人和朝鲜人在地位上相等的成员。

他认为，这是延安有一些不满的原因所在。他本人觉得，这表示俄国人认为，在日本和朝鲜这样所采取的策略不同于中国的国家，他们比起中国人是更好的行家。

在探询到了想得到的说明后，会见以郑将军最受人喜爱的关于中国军事主题的观点结束，即俄国人如果不是唯一的也是主要的敌人。但是，在离开之前，我问他是否认为人所共知的俄国人的"缓冲国"战略思想同样适用于远东。在中国人和满洲共产党的帮助之下，俄国人希望在他们远东地区的前沿创建这样一个国家吗？如果是，它的边界将划到哪里？

他回答道，在日本人投降之后，俄国人立即就有了以宏大的规模创建一个缓冲国的念头。从北朝鲜开始，往西包括满洲全部、内蒙古和新疆。中国政府占领满洲部分地区的速度以及接着在热河和内蒙古的行动，阻止了这一计划的完全实现。他认为，俄国人想要的边界目前已经重新划定了，沿着松花江，接着往西占得尽可能多的内蒙古地区，再包括新疆。

如果不是我十分了解他并因此熟悉他的思路，我不会如此自信我向阁下准确汇报了郑将军讲话的要旨。我也享受了唯一一位在场的郑将军的工作人员的服务，他能理解和口译他的海南方言（对听不惯方言的人来说，没有比这更难以忍受的了）。

由于这两方面的优势，我认为任何一个人一定能够从这次会见中得出结论，保密局局长也坚信，延安政府的策略直接听命于莫斯科。当然，这一结论没有什么惊人的新东西，中国政府的许多成员，包括较重要的成员都接受该结论。

郑将军关于共产党世界策略的其他话语同任何情报观察员自己所能收集的是如此的一致，以至于他不需要引述特别的情报来源去支持他的观点。然而，我没理由相信，他为了得到我的帮助会捏造出一个共产党的旅长，以及后者所说的俄国人对延安的指示，只是他为了讨好所投靠政府的一个纯粹的谎言。我认为中国人的审讯方式，就如最近那场战争期间由盖世太保式的热心研究者、已故的戴笠将军所完善的那样，向我们保证了不会出现这种可能性。

俄国人的五年内不能指望从他们那获得直接军事援助的声明——一直假想直接援助意味着不只是提供那些日本人投降交出来的军火——同我们所知道的五年计划以及俄国全力以赴于国内恢复的迫切需要是相当一致的。

最后，我个人一直认为，俄国人将在他们远东地区的前沿致力于创建一个缓冲国，松花江一线是目前所能达到的最南端。目前共产党在满洲的部署似乎表明了防御远东的意图。

武官 L. F. 菲尔德准将

（耿志译，姚百慧校）

19470123，YD00046

上议院关于中国局势的辩论（摘录）①

（1947 年 1 月 23 日）

（F 1038/76/10）

大法官（乔伊特子爵）：阁下们，如果我可以这么说，我认为在这场本该非常有趣的关于中国问题的讨论接近尾声时，很不幸，我们牵扯进了关于全球范围内的对外政策的问题之中，尤其是谈到一项被描述为——相当不确切地——放任不管的逃避政策。如果我将要或者试图应对任何类似的指控，对我要着手讨论他所提及的几个国家——印度、缅甸，还有苏伊士运河，刚刚做过发言的尊贵的子爵肯定相当清楚。由于上述任何一个议题都

---

① 资料来源：*BDFA*，*Part Ⅳ*，*Series E*，*Volume 3*，pp. 168 – 172。

需要花上十几二十分钟来处理，我要试图处理其中任何一个都是不可能的。

然而，我可以告诉尊敬的阁下如下这点。当然，如今我们这个国家是遇到了一些困难，但我可以肯定这些困难都是暂时的。我们处于一个不再可以借款给外国的境地。我们不再能把煤送给那些迫切需要它的国家，可一旦我们努力妥善处理了国内问题，我们便又可以恢复以往在此问题上的态度。我略过这些议题，只是为了表明我对所有的建议都不接受。我觉得，在此时此境提出这样的建议是叫人感到遗憾的。

格兰伯恩爵：高贵而博学的子爵，大法官阁下当然完全有权觉得我提及的话题有点偏离今日的讨论主题，但是他显然无权断言我的评论与今日论题的实质之间毫无关联。我强烈地感到我国同外国的关系正因为我所提及的原因而不断恶化。

大法官：一个政府的声誉会影响其在各地的外交政策是一个相当明显的事实。尽管如此，就像我刚才说的那样，这些问题被牵扯进了一场我觉得本应该很有意思的讨论，对此我表示遗憾。

我完全赞同尊敬的阁下关于我国同中国关系的言论。我相信在内心深处，每个英国人都对中国和中国人深怀敬意；都承认与中国文化相比我们的文化有所欠缺，而当我们想起相比于我们的文明，中华文明的延续时间长达人类文明一半之久时，我们感到羞愧。这个国家渴望再度见到一个繁荣、幸福和统一的中国。对于上议院各位议员展示出来的渊博学识，我本人，也像刚刚那位发言的阁下一样，印象深刻。但是，和他一样，我对真理的印象就如同旧谚所说，"真理是多面的"。我并非试图深入这些我力所不能及的议题，确实，考虑到这些声明据称所拥有的争议性，我想如同旧谚所言，最好更加谨慎地行事。这才是我试图去做的事。

然而，1945年12月三位外长在莫斯科所发表的联合声明并未被提及，这一点颇为奇怪。因为我们毕竟遵守该声明，并受其约束。请允许我提醒阁下们那份声明的内容，阁下们注意到它分为四个部分了吗？声明陈述道，三国外交部长已就建立一个由国民政府统治、各民主力量广泛参与政府各部门事务、停止内战、统一民主的中国这一需求达成共识。他们重申坚持不干涉中国内政的政策，这四项主张约束了我们，而我们也希望受到约束。请允许我提出第一点——统一民主的中国应在国民政府领导下。这显然意味着我们对由蒋介石大元帅领导的中国国民政府合法性的一贯认同，以及对该政府为实现统一和民主所做出的努力的支持。这点过去和现在都是我国的政策。尽管今天没有听到，但我有所耳闻，即有人说我们乐于看到一个分裂的中国，这么说是不对的。我们的愿望恰恰相反，是想看到一个强大、统一和民主的中国，作为引领整个世界的国家之一，发挥它应有的作用。但是如果我们想看见一个真正民主的中国，那么它绝不能处于由任何集团或政党强加的极权主义统治之下。因此，我们乐意看到《莫斯科宣言》中吸纳广泛的民主力量参加国民政府各部门这一条的最终实现。

在过去的一年里，各方已经做出了巨大的努力去建立一个基础广泛的政府。在此我谨代表不列颠王国政府向美国马歇尔上将充满耐心和坚持不懈的努力致以敬意。他努力调解而一无所获并非他的错误。阁下们将会从他业已发表的声明中了解到他的任务是何其艰巨。他已经做了他力所能及的一切去让中国的这两个党派达成一些共识。不列颠王国政府真切希望这些共识或许仍然是可以达成的，并且将不遗余力地促进其达成。

鉴于今天辩论中已经出现的针锋相对的陈述，我不想再继续谈关于去年的谈判，也无意论功抑或归咎，然而我和马歇尔上将一样要谴责的，是在国共两党之间根植已久的互相猜忌和不信任。正如马歇尔上将所言，这已被证明是实现和平的最大阻碍。我恐怕一直都是不相信"标签论"的。人们总是倾向于给某人贴上一个特定的标签并且认为这样就结束了，而事实远非如此。在我的政治生涯中，我已经尽最大努力避免贴标签。我热切地感到——除两党的极端主义者之外，因为双方都存在极端主义者——通晓事理的中立人士可能会找到一条双方携手共进的道路。

《莫斯科宣言》的第三个方面是要求中国停止内战。非常不幸的是，不久之前马歇尔上将安排之下的停火被证明是短命的，而且，正如我们所知的一样，在中国北部一些地区不时仍有零星的战事发生，并且或许大有蔓延之势。令人万分遗憾且痛心的是，中国遭受了如此多的惨痛经历，面对1937 年日本的入侵英勇反击，比其他国家更盼望和平的眷顾，这样的国家却仍要忍受内战的分裂之苦。可以肯定的是，会有人向内战双方发出呼吁，向各党派所有心怀善意的人士呼吁，呼吁他们携起手来，尽其所能以维护他们伟大祖国的利益。

在会议的某一段中有人建议，由于美国政府的支持，不列颠王国政府也应该支持中国内战持久化。我必须要强调的是不列颠王国政府从不盲从任何外国政府的政策，而是从我们自己的观点审视每一个问题对我们自己起到何种影响。诚然，在中国我们碰巧和美国政府拥有一样的总目标，即与一个基于广泛民主的、履行其义务的、坚强稳定的政府进行商务往来及建立外交关系。除此之外，我们还没有做出任何承诺。不应该由我们来解释或评判美国政府的对华政策，因为该政策已在杜鲁门总统 12 月 18 日发表的声明中得到了权威性的阐述。他提及关于美国对中国内战的态度时，这样说道："我们保证不去干涉中国的内政。然而在避免卷入中国内战的同时，我们将会坚持我们的政策去帮助中国人民实现国内和平及经济的恢复。"

以上的政策，由美方权威发布，而且这也正是不列颠王国政府希望推行的政策。

论及向中国提供军火这一问题，到目前为止可以肯定地说，我们从未运送过一枪一炮，并且我得知在过去的几个月中美国政府并未向中国运送战争物资。我们在《莫斯科宣言》框架下承诺不会干涉中国内政，并且我们会坚持将其履行下去。正如刚才最后发言的尊敬的子爵所言，我们必须避免给这个伟大民族造成以恩人自居的印象。而同时，我们也欢迎在蒋介石领导下的国民政府为终结一党专政、实行宪政而采取的改革步骤。一部沿袭 1946 年 1 月多党派政治协商会议中提出的路线的宪法于 1947 年 1 月 1 日颁布，并且将于明年圣诞节当天生效。

与此同时，一个临时政府将会被组建，并依照政治协商会议的建议进行扩大，使其包含自由民主的元素，并且我明白其中会有许多席位是留给共产党的。共产党接受了政治协商会议的决议，但至今仍然拒绝赞同贯彻该决议的政改成果，我认为这是令人遗憾的。我由衷希望他们从国家利益出发，不要再次拒绝加入一个代表制的、民主的中国政府，从而为这个国家和它的人民带来统一与和平的机会。对于其他党派，我亦由衷希望它们能为共产党的加入提供便捷与可能。

在描述马歇尔上将任务的艰巨性时，杜鲁门总统中肯地表示，停止内战、扩大中国政府的基础和建立一个统一民主的中国，这都是中国人民自己的任务。我希望美国政府为调解做出的努力可以持续下去。为实现这个目的，不列颠王国政府将为美国政府及蒋介石的国民政府提供一切可能的道义支持。也许精神支持听起来在解决当下正困扰中国的令人不快的争端上并非十分有效的武器，但是我们在华的威望很高，因此请容我这么认为：中国长久以来对民主的拥护，我们在远东地区乃至全球的历史地位，尤其是长期以来我们对于中国和中国人民的经验和同情，这些结合起来使我们对中国政府和人民产生影响，若加以利用，将有利于帮助中国走出困境。

现在请允许我转向英国在华地位的问题。正如艾尔温阁下所言，1943年的条约涉及且不可避免地涉及放弃我们曾经享有的治外法权。正如议员所言，情况确实如此，且无可避免。顺着这一思路，我们的商人现在正在中国的管辖下经营，受到中国法律的制约，而之前是在外国管辖的定居区和租界内。他们不得不重新适应，调整生活方式以融入新的环境。很不幸地，他们需要面对许多与当前动荡的国家局势分不开的困难。通货膨胀极为严重，经济形势严峻，贸易因此受到阻碍。在内战停火前能够得到充分恢复几乎是无望的，而正是这场战争，极大地损耗了中国的经济资源，由于通信中断，作为中国经济命脉的商品自由流通也遭到阻碍。除非这个问题能够得到解决，否则在华贸易必将举步维艰。

英联邦财产的恢复，还需要推迟一些时间。我们已经尝试并将继续尝试使得转移的过程能够加速进行。为了实现全球经济的复苏，英联邦王国政府将不遗余力地给英国贸易以支持来重建其在中国的地位和满足中国的需要。最近一个贸易代表团刚刚访问过中国，我们正在等待它做的汇报。当它发表时，我们就能更好地评估未来的种种可能性，并为贸易领域的发展制订必要的计划，在这一领域中，我们的贸易活动无疑会让两国彼此间都能获得巨大的利益。

与此同时，如阁下所知，中英政府现正就一项商贸协定展开谈判。我们递交草案之后，中方的反对案也已出台，我们目前正在考虑这一问题。尊贵的子爵，作为在野党的领袖，可能会乐于得知我们的草案是在1946年6月提出的，然而直到这个月我们才收到中国政府的反对草案。所以中间可能是有一定的延误，当下我也不想再追究这个责任。我们应该在条约的框架内，竭尽所能地保障我们的商人获得满意的权利。

在一次演讲中，艾尔温阁下非常明确地表现出对中国的友好，下面我来回答其中他提出的几个问题。当然我必须要说，对我们的贸易来说最重要的是英国船只能在各个港口靠岸以及拥有在长江巡航的自由。正如议员阁下所说，一般意义上的英国贸易商，特别是英国船运公司，都有着相当光荣的业绩，因此修复贸易关系对中国和英国都有极大的好处。我们将尽力确保能得到阁下之前所提到的航运权。

接着他又问及英国财产的归还问题。正如我之前所说，我们将竭尽所能推进这一过程。议员艾尔温问我，我们是否应该坚持把英国财产物归原主作为签订协议的先决条件。然而请阁下务必记住，协议是由双方签订的，任何一方若坚持对先决条件的要求，恐怕对方不会同意，这是极不明智的。然而，我们必将尽力保证他所要求的条款，我认为它们都是公平的。

接下来他向我询问由租界带来的义务问题。根据 1943 年放弃治外法权条约中的第四条，中国政府将做好准备解除在华租界的官方责任和义务，并取而代之。我们认为这些义务和责任，保证了那些任期结束的市政委员会前雇员可以获得公正的待遇，英国政府也将在目前与中国政府的谈判过程中，尽力确保取得这一公正待遇。

至于如何对待债券持有人，显然他提出的想法是很有分量的，政府会予以考虑，并将竭力保证债券持有人得到公正的待遇，不仅在纸面上，而且在精神上。

以上就是我要说的全部。面对这样一个棘手而微妙的问题，我认为明智之举是比平时更加坚定地说出我决意要说的话。我将用我已表述过的观点来进行总结。只要世界上还有这样一个大国深陷国内战争与冲突的泥潭，我认为你们就不可能取得繁荣。只有中国的各个党派领悟到了宽容的好处，我认为折磨中国已久的伤口才有可能在你们手中开始愈合。谨代表英国政府，我只能如前所述，在坚持不干涉中国人自己的内政这一决策的同时，我们由衷希望困扰中国的问题能尽快出现曙光，并且我们将为任何能达成这一目的的人提供一切力所能及的帮助。

（罗盘译，姚百慧校）

19470125，YD00036

施蒂文就马歇尔中国调停结果致贝文电①
（1947 年 1 月 25 日）

第 109 号（F 2357/76/10）
极机密，南京（2 月 22 日收）

先生：

中美关系

在我 1 月 9 日编号为 60 的急件中，我对马歇尔将军关于他在这个国家

---

① 资料来源：*BDFA*，*Part Ⅳ*，*Series E*，*Volume 3*，pp. 198 – 203。

的使命的报告（发表在他被召回接替贝尔纳斯先生担任国务卿之际），做了简要分析。他的离去和他报告的公布为我提供了一个合适的时机尝试对他一年来调停的结果做出一些盘点——杜鲁门总统在去年 12 月 18 日发表的关于中国的声明中给出了一份美方的账单——以及对中美关系目前的状况进行思考。然而，以概括如今美国在中国所拥有的特殊地位的起源这种方式作为这一考察的引言，看上去是可取的。

2. 在太平洋战争的后半期，中国人和美国人在军事组织领域逐渐形成了相当程度的整合。这一发展是美国人出于战略上的直接考虑，虽有相当大的保留，但中国人还是接受了，因为他们把它看作是收复国土最佳和最迅速的方式，这不可避免地导致政治和经济层面更加密切的联系。在这一整合过程的初期，美国的计划制订者发现他们要面对许多中国特色的问题。尽管理论上整个自由中国处于蒋介石主席的统治之下，并且所有的力量，理论上并一定程度在实践中，共同抗击日本人，但是中国相当大比例的人力资源（这一点以及它的领土面积构成了它在军事上的主要有利条件）被一场政治上和军事上的捉迷藏游戏所占用。史迪威将军和高思先生没能找到一个解决谜题的办法，连敌人日本人也没能成功地使国民党和共产党达成和解。在随后的一段时间里，在魏德迈将军和赫尔利将军作为美方倡导者的情况下，美国人的坚持不懈取得了一些成果。随着东南亚部队在缅甸的推进以及麦克阿瑟将军的太平洋攻势提前获得成功，中国人同美国人的合作变得更加积极。滇缅公路的打通和运输机在阿萨姆邦到云南的驼峰航线上取得的卓越成就，使美国人能够以真正的美国规模大量供应物资。在日本占领期间，一些中国师由美国军队提供装备和进行训练，有超过 20 万名美国军事人员在中国的国土上。在马歇尔将军抵达之前，魏德迈将军实际上已经开始撤离这支庞大的美国武装力量。在日本投降后的日子里，他们的存在以及他们军舰和飞机的存在，使得委员长在中美力量的共同努力之下重新占领了包括长江流域在内的整个长江以南地区，以及北平－天津－秦皇岛这一重要的三角地带。美国在中国突出的军事地位成为一个既成事实。

3. 政治发展也沿着类似的路线进行。美国为国家政治联合打下基础的所有努力，那时出于战略目标的直接考虑，都归于彻底的失败，直到委员长和他的顾问们确信日本人事实上正被盟国打败，美国的援助对于国家的重建以及未来长期的经济恢复将是必要的。1945 年 1 月好浮夸的赫尔利将军被任命为美国大使，标志着美国政府开始认真努力地将一项政治解决方案强行塞给依旧顽固的国民党和它的共产党对头。我认为，将军的方式不适合中国人的性情并不影响他调停的重要性，1945 年晚些时候他辞职的举动，很可能促成那年 12 月 15 日杜鲁门总统发表一项重要的声明决定阐明美国在中国问题上的立场。我同样猜想，赫尔利将军离开中国舞台的吵闹宣传，促使总统恳请马歇尔将军（他一直称他接受任命只是出于责任）作为他贯彻这一刚宣布的政策的工具接替赫尔利将军。简要地说，这一政策可能在理论上确定的是不干涉原则，但现实是：军事协助日本军队撤离；军事上和政治上协助消除日本的影响，因为"一项停止敌对的即时安排是重要的"；视美国政府对中国政治解放进展的满意度而定的经济援助。因此，带着已经向公众解释过的其使命的主要目标，马歇尔将军于 1945 年 12 月 23 日抵达中国。我不认为他会被他的任务简介中的那些诸如 1945 年 12 月 27 日关于中国的莫斯科声明所规定的限制弄得过于不安，这份声明在明确提到统一民主的中国应在国民政府领导下的同时，重申坚持不干涉中国内部事务的政策。美国在中国突出的政治地位是显而易见的。

4. 在经济方面，美国也确实充分地奠定了优势地位的根基。战争期间——有必要回想起 1943 年英、美签署的关于取消治外法权的条约——各种各样支持中国经济的措施显示出美国对中国的战略关注，例如，增加数量可观的美元贷款；临时借调顾问人员，如帮助中国创建战时生产局的小组以及各种机构中前往中国协助它战后重建的专家；战争结束后，继续涌入的专家以及分派给中国政府大量的美国剩余物资。

5. 以上粗略的概述足以表明，马歇尔将军抵达之时，美国在中国的地位相当强大。而且，对美国来说，在商业上和战略上都有强大的理由去努力维持未来的这种地位。尚待做出一些简要分析的是，马歇尔将军被征召去处理的中国内部的形势。

6. 在军事方面，日本投降后，国民党和中国共产党的力量陷入了一场仓促忙乱的收复之前处于日本人手中的领土的争抢。国民党成功地获得了更大部分的战利品，如以上所提及的，这主要由于：它有多个师是由美械装备的；美国动用了自己的部队；某种程度上，中国国土上大量的美国运输资源任由委员长支配。然而，由于在日本人的战线后方有效地组织了他们的游击队伍，在实际控制（并且附带地获得大量日本人的武器弹药）从河南和安徽北部到山东和江苏北部的广大华北和中原地区方面，中共取得了相当大的成功。毫无疑问，如果没有魏德迈将军派遣 5 万名海军陆战队为委员长收复北平－天津－秦皇岛地区，这一地区也将落入共产党之手。

7. 为了思考促使美国政府命令美国部队占领这一地区的原因，似乎有必要在这里略微地离题一下。当然，帮助收复主要是因为中国缺乏海运能力，它的军队完全被重新控制上海以及其他南方的重要地区所占用，需要承担那些地区日本军队的受降任务。但是，我猜想，苏联军队那时完全占领满洲并处于向长城以南推进的态势这样的次要原因，也在美国人的考虑之中。

8. 在政治方面，当马歇尔将军抵达时，国民党和中国共产党之间一年多时断时续的谈判看上去已经到了比较乐观的程度。毛泽东主席最近对重庆进行了一次私人访问，共产党在首都的总办事处由于周恩来将军——一位负责任的、最有能力的高级代表——常驻而再次得到加强。的确没有理由认为，两党中的任何一方将在它们长期确立的立场上有所退却，但是独立的观察者倾向于认为，可能由于 1945 年 8 月中苏条约的签署，目前共产党方面有一种在参加联合政府之前设法从政府手中获得最有利条件的趋势。无疑，这背后的想法就如在一些欧洲国家那样，有利于共产党人从内部运作。然而，正如情况一直表明的那样，进展受阻并不完全是因为政治问题（如双方难以找到把共产党军队整编到国家军队中的可接受的办法）。

9. 在转到马歇尔将军抵达时的内部政治形势的话题之前，有必要补充一点，在日本人投降后的四个月里，已经很明显，国民党在被收复的领土上建立的政府是极端腐败和无能的，国民党解放力量最初得到的支持正迅速地衰减。

10. 这一说法的实情尤其可见于经济方面。被派往光复省份建立政府的官员们的投机取巧习性很快就臭名昭著，以至于到 1945 年底一些地方商人后悔让日本人离开的故事已经流传开来。在被切断与外部世界正常联系的重庆，尽管中国重新向世界开放，持续的通货膨胀到了成为生活中的一个特色的地步，并扩展至上海和广州。如果有的话，它的趋势得到了加强。国民党的经济和金融政策，就如它们新的政府管理者的所作所为一样，遭到了光复地区人民的严厉指责。但是，几乎每一个中国人都认为，除了联合国善后救济总署的临时例外（任何情况下，它几乎都被认为完全是一个美国机构），经济上拯救中国的唯一希望在于独自向它提供财政援助与重建复兴所需设备和商品的美国。

11. 上述段落描述的情况使得马歇尔将军最初的地位非常有利。虽然国民党和共产党对杜鲁门总统的声明有一些批评，但是这么杰出的一名代表抵达中国还是受到了所有政党和派系的欢迎，由此产生的缓和事实上第一次促使国民党和共产党达成了众多的一致。1946 年 1 月 10 日，双方宣布了一系列政治协商会议协议；六周后，由会议任命的三人军事小组就重组中国军队以及将共产党军队整合其中达成协议。美国在中国的影响力达到了顶点。随后中国政治形势的恶化，大使馆定期的报告对此做出了描述，无情地导致了美国在中国人心目中的威望下降。这个过程需要研究。

12. 就共产党控制的中国地区而言，几个月来，贬损美国成为官方宣传政策的主要内容，所采取的声调逐渐变为谩骂。一开始，马歇尔将军和司徒雷登先生还免受时事评论者的责骂，他们为中国的真诚努力被描绘成遭到华盛顿顽固派的破坏，但是前几个月，他们也遭到猛烈的抨击。这个完全地方性的运动与苏联及其卫星国对美国的大规模抨击和诽谤之间的相似性太显而易见了，以至于很难不引起注意。延安的运动比莫斯科开始得晚，很可能是由于苏联在世界其他地区需要针对美国采取进攻性宣传政策的时候，还没有做出在中国尝试采取从内部运作的决定。然而，苏联的影响力在中国政治天平上的确切位置超出了这份报告涉及的范围，事实上，在我 1946 年 11 月 23 日编号为 1494 的急件中已对此进行了讨论。

13. 分析美国在国民党中国威望下降的原因更加困难。最近针对美国军队的示威（见我 1 月 13 日编号为 82 的急件），无疑部分是因为他们持续存在这一事实而引起的，但是不论其背后有什么组织的授意，它们表明存在对美国人强烈的厌恶感；反对中美商约、航空协定以及类似陈纳德将军创办的章鱼般的公司这样的事情，表明也存在一个对"美国经济奴役"并非完全不合理的担忧。但是，对我来说，在如这里所出现那样的特殊关系的形势中，这些或多或少都属于正常的发展。这些发展包含更大的意义，由于中国人作为一个整体在主权独立问题上的过分敏感性——可以再次指明，是一种对于"不平等条约"及类似事物多年刻意宣传的过分敏感。也许，它对于有着前瞻性思维的中国人更根本的影响是，对麦克阿瑟将军的对日政策进行日益广泛的批评，其政策的最终结果是重新形成日本在远东的竞争，这引起了真实且严重的忧虑。但是，整体上我认为，国民党本身不受欢迎是造成美国在国民党中国越来越不受欢迎的主要原因；目前中国人沉溺于广泛批评美国的政策主要是因为他们把美国看作是国民党的靠山。要意识到，在这种情况下，共产党的反美宣传在许多远非同情者的人群中能够轻易地得到受关注的机会。

14. 在我看来，去年 7 月司徒雷登博士被任命为美国大使时，他们意欲指责国民党从而激起中国人抨击美国的事实已经显露。司徒雷登长期在中国工作的经历为所有见多识广的中国人所熟知，作为美国的一种诚挚善意，他的任命无疑是受到欢迎的。但是，即使他的履历也无法长期阻止批评的发生，批评的声量不断地增高。

15. 任命司徒雷登博士担任这一对美国来说比较重要的职位之事，可以当作衡量美国政府当时难堪程度的一个标尺。情况是，尽管马歇尔将军以自己特有的给人印象深刻的正直与直率尽了全部的努力，他还是未能取得进展。确实，由于两党未能忠实履行政治协商会议所达成的协议以及接下来政府军队与共产党军队之间战争的扩大，中国的局势正在恶化，伴随着公开的和无限制的内战，美国可能要承认具有破坏性影响的失败。马歇尔将军关于他使命的报告表明，他认为调停初期缺乏进展的大部分责任主要在于国民党。因此，当时要求对委员长进一步施压，而出于这个目的，司徒雷登博士是一个理想的任命。除了他在中国和中国人之中的长期经历外，十分碰巧的是，他还会说宁波方言。不可避免，这是唯一"被允许"以委员长为嘲笑对象的玩笑。马歇尔将军和司徒雷登博士的结合是所能找到的最佳组合。我也认为，事实将证明这两人的共同努力对委员长的思想，会产生真正的且持久的影响。

16. 一直有这么一种说法，委员长的优点之一就是他具备传统中国人许多最好的优点，但是他无疑也拥有那种品质带来的缺陷。细读《中国之命运》一定可以证实这种观点，即当他给那本有害的书署名的时候，他内心里是一个旧式的中国帝国主义者。对于委员长相信一个变革的方法和一项通过政治手段解决的办法是中国统一唯一可能的途径，以及他追求的目标不是赢得内战而是建立一个团结民主的中国，司徒雷登博士感到满意。而且，委员长最近在与马歇尔将军和司徒雷登博士的谈话中承认，如果真的确信任何做法是必要的，他实际上能够得到国民党的支持，因为迄今他一直以做不到这点作为逃避或拖延美国调停者所建议行动的主要借口，就他而言，这一承认是特别令人关注的。我相信，委员长个人的威望将继续处于高位，他声称能够得到追随者的支持，至少一定程度上，是由于他能够通过国民大会强行推行一部新宪法，尽管国民党的大多数试图做出约束性的修改。另一方面，随后的事情，例如当时过早地公布委员长派两名谈判人员前往延安劝说共产党回到谈判桌的计划，十分清楚地表明了国民党顽固派破坏与延安达成妥协的任何有效行动的意图和能力。因此，我们看到，国民党内原有的矛盾依然在继续。然而，毫无疑问，马歇尔将军和司徒雷登博士目前一起给委员长以及相当一部分他的亲密追随者（我被告知，包括一名叫陈诚的重要的军事将领）带去了更加开明的思想状态。我认为，现在委员长和他们正真诚地寻求一项不但为他们的富有教父美国，而且为所有中国的自由派领导人都能接受的解决办法。这是一个确实的、可贵的成果。你将注意到，马歇尔将军在他的报告中提出，解决中国政治僵局的唯一办法是，各种自由力量，无论来自何种政治派别，在蒋介石领导下合作。

17. 在最近同我的谈话中，司徒雷登博士说，尽管马歇尔将军离开了，但他看不到美国将结束在中国的调停。但是，似乎可能的是，重点将发生变化，过去军事和政治相结合的调停将让位于将来单纯的政治行动。在这一方面进行推测几乎没什么用，但是我认为，随着马歇尔将军就任国务卿，我们能够猜想美国国务院对于中国的形势将有所认识，但不会故作多情。马歇尔将军十分清楚，在和平出现之前，中国的经济不可能稳定；在找到一个政治解决办法之前，不会有和平。我设想，他也确信在中国独自求索不会找到政治解决的办法。

18. 最后，如果我能简要概括马歇尔将军使命的结果，我将指出：

（1）最初他在达成协议方面犹豫不决主要是由于国民党的蓄意阻挠，唯一的次要原因是共产党的野心；

（2）当他成功说服委员长政治解决需要相互妥协的时候，共产党的不妥协加上随后国民党的反应有力地阻止了一致的达成；

（3）在最后的分析中，要从美苏在世界的对抗中以及从中国本身的形势中去找寻他在中国明显失败的主要原因。鉴于作为国务卿的马歇尔将军最终将会在更大的平台之上着手处理美苏关系问题（同样也会处理小问题），情况将会是那样，历史将表明他的中国使命并不是一个失败。

拉尔夫·斯克林·施蒂文

（耿志译，姚百慧校）

19470205，YD00047

贝文就美国对华政策致英弗查普尔电①
（1947 年 2 月 5 日）

第 1104 号（F 1209/756/10）
外交部

您第 586 号的电报和您第 587 号〔1 月 29 日〕的电报：美国放弃在中国的调处。

对于这一决定，美国报刊评论几乎一致间接地表示这并不意味着美国正撤出中国。评论的一致性暗示了官方的授意。

2. 美国对华政策的任何重大修改当然都将对我们在那儿的利益产生潜在的严重影响，为此，预知任何这样的变化将是有益的，所以请尽快竭力获得美国放弃调处真正含义的官方指示以及这是否可能导致美国对华政策发生根本性的变化。

（耿志译，姚百慧校）

19470210，YD00048

施蒂文致贝文电②
（1947 年 2 月 10 日）

第 133 号（F 1807/37/G）
南京（2 月 10 日收）

蒋介石对于中国经济状况的关注

经济状况

昨天和贝祖诒陪同宋子文又一次与蒋介石商谈之后，罗杰斯先生昨晚

---

① 资料来源：*BDFA*，*Part Ⅳ*，*Series E*，*Volume 3*，p. 187。
② 资料来源：*BDFA*，*Part Ⅳ*，*Series E*，*Volume 3*，p. 189。

再次打电话给我，他对新的出口增长计划在抑制财政状况滑坡方面目前能发挥很大的作用并不抱希望。

2. 眼下蒋介石正对经济状况给予直接的关注，在他所公开宣布的维持军队战斗力、政府机构正常运转以及劳工安心工作的目标被听够了的同时，他却首先不愿意允许他的财政顾问们采取像旨在"购买〔词组省略〕"，即削减预算和增加他们在黄金市场的干预这样仍然可能的措施。总统的理由是，只要军队得到供给和装备并且全国民众站在他这边（在这一点上并非如此），上海就没事，进一步削减支出和增加出售给投机者的黄金在政治上是不明智的。他只是在大量争论之后才被说服允许他的财政专家们拥有罗杰斯先生所描述的"行动的自由"。

3. 在2月8日会谈中，宋向我指出，由于山东南部的共产党军队的溃散，他对重振舆论抱有希望。但是，罗杰斯先生从他昨天与蒋介石的谈话中得出的印象是，共产党军队可能再次逃出罗网，蒋介石对经济事务不同寻常的关注很可能是他对于他的军事处境缺乏信心的结果（这诚然是罗杰斯先生的推断）。

4. 我将你的正被用来参考的电报的要义告诉了罗杰斯先生，他赞成必须以绝对坦诚的方式同华盛顿进行磋商，但是建议我去会见宋先生并取得他的意见；麻烦是美国人反而对英国在华的干预太易于心生疑虑。

5. 我今天上午去见了宋先生，我在前一封电报中报告了结果。宋先生解释，对中国而言，这是一个"战略"问题；他认为出于对目前情况的考虑，事情最好留待于中美两国政府之间单独解决。他明显对你尽可能帮助中国的热情有了深刻的印象。

6. 他确信，蒋介石意识到目前形势的严重性，并给予他的经济和财政顾问们他们所要求的自由空间。宋先生本人认为形势是"极端严峻的"，在他可能以经济或财政的手段做一些延缓灾难日到来的事情的同时，他承认他的主要期望是足以带来让军队缩减开支的军事上的胜利。

（耿志译，姚百慧校）

19470211，YD00049

德鲁姆赖特致国务卿电①
（1947 年 2 月 11 日）

第 3718 号（893.00/2 - 1147）

伦敦（2 月 19 日收）

主题：英国外交大臣贝文希望同国务卿马歇尔讨论中国事务

先生：

1. 我荣幸地附上一份 1947 年 2 月 7 日我与外交部中国处主管 G. V. 基特森先生就上述所引话题进行会谈的不释自明的备忘录。

2. 在提到上述的话题时，基特森先生一点也没有表示外交大臣正提议请求马歇尔国务卿在前往莫斯科的途中经停伦敦。基特森先生似乎更愿意指出，如果马歇尔国务卿恰巧路过伦敦，那么外交大臣希望同他讨论中国的形势。

谨启

临时代办

埃弗里特·F. 德鲁姆赖特

附件　会谈备忘录，驻英国大使馆一秘（德鲁姆赖特）

伦敦，1947 年 2 月 7 日

今天下午在外交部与基特森先生的一次非正式的一般性会谈中，他说他认为，如果可能的话，贝文先生急于在莫斯科会议之前同马歇尔国务卿就中国形势进行一次会谈。基特森先生接着询问大使馆是否被告知马歇尔国务卿有没有确定他的行程，如果确定了，他是否考虑在前往莫斯科的途中经过伦敦。我答复，就我获知的而言，大使馆没有接到来自国务院关于此事的通知，但是，附带提到，我看到了新闻报道的大意，马歇尔国务卿计划在莫斯科之外赴德国和奥地利进行访问。

我继续表达我个人的观点，马歇尔国务卿无疑乐意同贝文先生就中国问题交换意见，但我怀疑马歇尔国务卿是否会为了这个目的来到伦敦，并指出国务卿在这种关头的伦敦之行将给苏联人进一步提供指责美国和英国

---

① 资料来源：*FRUS, 1947, Vol. 7, The Far East：China*, pp. 35 - 36。

"联合起来"对付苏联的机会。接着，我建议如果贝文先生希望同马歇尔国务卿讨论中国问题——设想伦敦不包括在国务卿的行程中——在莫斯科找一个机会这样做最为方便。

E. F. 德鲁姆赖特

（耿志译，姚百慧校）

19470214，YD00038

施蒂文就中共中央声明致贝文电①

（1947 年 2 月 14 日）

第 126 号 （F 2850/76/10）

南京（3 月 3 日收）

先生：

这里我很荣幸地送交一份由周恩来将军——中国共产党中央委员会书记（虽然原件盖有他的印章，但他本人在三个月之前返回了延安），写给我的一封书信译文的复本②，并且附上一份共产党中央委员会发表的声明。

2. 就如你所看到的，在这份声明中，共产党拒绝中央政府在 1946 年 1 月 10 日（国共停战的日子）之后做出的正式和非正式的承诺和保证，理由是它们违背了中国人民的意志，同时，未来中央政府做出的任何承诺，如果没有得到共产党以及参与政治协商会议的其他党派的同意，他们将拒绝予以承认。

3. 在目前这种关头发表这一声明肯定不是偶然的，无疑是受到了国民党的日子已经屈指可数了这种想法的激励。声明本身是令人关注的，因为这种拒绝委员长签署的协定的做法，同 1943 年底铁托元帅及其南斯拉夫拥护者发表拒绝承认流亡的南斯拉夫政府签署的协定的声明十分相似。相似性是重要的，因为它清楚地表明中国共产党忠实地仿效共产党"标准型"的传统做法。在那种情况下，共产党预计自己处于一个即将接管政权的地位。

---

① 资料来源：*BDFA*, *Part* Ⅳ, *Series E*, *Volume 3*, pp. 216 – 217。

② 原档未收录该信。

4. 我正把这份急件的副本发给英王陛下在华盛顿和莫斯科的大使。

拉尔夫·斯克林·施蒂文

附 件

英文副本

中国共产党中央委员会声明①，1947 年 2 月 1 日

1946 年 1 月 10 日，根据 1945 年 10 月 10 日国共两党会谈纪要的规定而召开的，由中国各主要党派与社会人士所组成的中国政治协商会议，是全国人民与世界列强所一致承认的中国最高政治机构。在中国未有真正民主国会期间，凡在其他民主国家须经国会通过的各种重要内政、外交事项，自应经过这一会议或其中各主要党派的同意，方能认为有效。但自 1946 年 1 月 10 日迄今，中国国民党政府不但在内政方面作了许多专擅的措施，并且在外交方面也单独与若干外国政府进行了多次性质严重的外交谈判，并在这类谈判中成立了各种书面的或口头的、公开的或秘密的协定和谅解，而未曾经过政治协商会议的通过，亦未曾征询过本党和其他参加政治协商会议各党派的意见。这些外交谈判，包括向外国政府借款、继续租借物资、购买和承受军火和战时剩余物资，缔结关于通商、航海、航空及其他经济、法律特权的条约，要求或允许外国海陆空军驻扎和活动于本国领海、领土、领空，进入或占领，共同建设或共同使用本国国防要塞和军事基地，要求或允许外国军事人员或其他人员，参与本国海、陆、空军事力量的组织、装备、训练、运输与军事行动，洞悉本国的军事秘密和其他国家秘密，允许外国干涉本国内政等严重事项。中国国民党政府的这些措施，完全违背中国人民的意志，已经使并将继续使中国陷于内战、反动、丧权辱国、殖民地化、混乱与崩溃的危机之中。本党为了挽救祖国的危机，维护国家权益和政治协商会议的尊严，兹特郑重声明：对于 1946 年 1 月 10 日以后，由国民党政府单独成立的一切对外借款，一切丧权辱国条约及一切其他上述的协定谅解，与今后未经政治协商会议通过或未经征得本党和其他参加政治协商会议各党派同意的一切同类外交谈判，本党

---

① 即《中共中央关于不承认国民党政府一切卖国协定的声明》，本译文参考中共中央文献研究室、中央档案馆编《建党以来重要文献选编（1921～1949）》第 24 册，中央文献出版社，2011，第 75 页。

在现在和将来均不承认，并绝不担负任何义务。

（耿志译，姚百慧校）

19470215，YD00050

英弗查普尔致贝文电①
（1947 年 2 月 15 日）

第 1016 号（F 2089/76/10）
华盛顿，重要（2 月 16 日上午 12：56 收）

副本送至南京和莫斯科。
你的第 1104 号电报。②
美国放弃在中国的调处。

国务院中国事务的首席顾问范宣德，短暂离开华盛顿后已经返回，我的一名职员昨天和他谈到了与你电报第二段非常相似的内容。

2. 范宣德说，他对已经发表的官方声明没有任何补充：调处已经被放弃，因为继续一场没有结果的谈判毫无意义。到 1946 年 3 月，马歇尔取得了一些成功——实际上是相当的成功——但是此后任何一方都不愿意合作到能带来和平与团结所需的程度。

3. 然而，放弃调处并不表示美国对华政策的变化。该政策依旧，就如去年12 月在总统的声明中所描述的那样——"当中国的状况改善时，我们准备在实施其他支持中国的经济重建和改革的计划时考虑给予援助，而与国内

---

① 资料来源：*DBPO*，*Series Ⅰ*，*Volume Ⅷ*，*Britain and China*，*1945 - 1950*，pp. 87 - 89；*BD-FA*，*Part Ⅳ*，*Series E*，*Volume 3*，pp. 194 - 195。

② 参见 19470205，YD00047。1946 年 12 月 8 日，杜鲁门总统发表了一份评价马歇尔访华历程的声明。该声明透露，美国在华的军队人数从 1946 年高峰时的 11.3 万人减少至 1.6 万名海军陆战队官兵，他们留在华北给行政总部提供补给，并守卫总部通往大海的交通线。声明还解释道，美国继续承认国民政府，视中国为一个主权国家。依据总统的看法，中国的政治问题必须从内部解决，美国不会将自身卷入到中国国内的纷争当中去，"但是我们将继续关注促进和平、团结和经济恢复的问题……我们不打算在这些问题上'金盆洗手'"。（*FRUS*，*1946*，*Vol. 10*，pp. 610 - 617）12 月 28 日，马歇尔将军被从中国召回（同上，pp. 661 - 665），在 1947 年 1 月 8 日发表的一份声明中，新任国务卿宣布两个相互争斗的政党中的极端主义者——"政府中居主导的反动集团与难以调和的共产党人"——是和平的主要障碍。——原编者注

的纷争毫无关联，这样做将促进普遍恢复美中两国商人之间的商贸关系"。范宣德说，这不是一项毫无结果的政策。司徒雷登将寻求特殊的方案，如果他发现了能把国民党人和共产党人以一个经济方案——例如一个黄河开发方案①——拉拢在一起的机会，他将尽全力使其成功。实际上进出口银行有大笔的资金仍然指定用于这样的投资，肯定没有采取一种"让他们自作自受"姿态的意图。另一方面，马歇尔将军不可能朝全力以赴支持蒋介石的政策转变。

4. 当问及国务院是否有关于苏联增加活动的任何迹象的情报，范宣德答复，他认为俄国人很满意目前中国的状况：混乱的状态是他们所想要的。根据他的观点，俄国人不可能重新扮演 1920 年代的行动角色，而是更愿意全神贯注于将北满的农业系统同东西伯利亚的工业地带联系起来。由于日本的威胁已经解除，他判断俄国人将认为没必要做超出在北满和华北鼓励维持一个共产党集团之外的事情。

5. 最后，范宣德说，当然有一些有权势的支持者。理论上，目前是通过直接使用进出口银行指定专款支持中国经济重建和改革的时候。不过纽约对这项行动存在强烈的反对，他认为美国政府现在没有可替代的选择，只能是关注，并且不论机会何时出现，依照援助的准则通过一揽子计划继续走下去。

（耿志译，姚百慧校）

19470301，YD00037

贝文就中国形势致施蒂文电②
（1947 年 3 月 1 日）

第 232 号（F 2996/76/10）
外交部

　　下面是 2 月 27 日外交大臣在议会关于外交事务的发言中有关中国的选段：

---

①　即一项使黄河改至原先河道的计划，涉及 25 万人的重新安置，修建有望能使百万人受益的新灌溉沟渠。将投资 500 万美元，但这项计划受到了中国政治僵局的困扰，每一方似乎都对从该计划中获取军事上的好处更感兴趣。沃林格先生以"一种令人讨厌的中国式风格"来描述该计划可能成为"争斗的政党之间政治战略交易"的计划（letter to Mr. Kitson of 25 January 1947，F 2646/2646/10）。——原编者注

②　资料来源：*BDFA*，*Part* Ⅳ，*Series E*，*Volume 3*，p. 216。

"在中国，经济和金融形势已经极端恶化。这些动荡主要是由内战造成的，我只能希望一些解决之道能够迅速地发挥作用，以使这个伟大的国家、英国的老朋友，在通往复兴与繁荣的道路上启程。心理战的方法和内战，以及所有诸如此类之事，能轻易地被证明是促成全面战争危险的重要因素。军事力量得到释放，大国则各自支持不同的一方，从世界和平的角度说，这是在摆弄一件最危险的武器。我认为，每一个人都应该尽其所能避免这种情况发生，而不要去煽动它，不但为了他们国家自身，而且为了世界和平，努力使之结束。"

2. 接着，R. A. 巴特勒先生说了以下部分的内容："我们站在委员会的这一边，所有的证据都证实了他（外交大臣）所说的。我们愿意表达同样的观点，毫无疑问正在中国进行的内战以及此种不和谐，不但对于中国，而且对于整个世界的和平，都是极端有害的。"

（耿志译，姚百慧校）

19470307，YD00005

施蒂文致邓宁的信①
（1947 年 3 月 7 日）

（F 4120/76/10）
极秘密，严防外泄，南京

我亲爱的邓宁：

就由华盛顿发出致外交部的编号为 1160 的电报中所陈述的范宣德关于中国局势的看法②，我们在此思考了很多。

---

① 资料来源：*DBPO, Series I, Volume Ⅷ, Britain and China, 1945 – 1950*, pp. 89 – 92。

② 参见 19470215，YD00050。范宣德个人认为美国无法以某种方式提供帮助，而且认为想在 60% ~80% 的政府开支用于军队的情况下实现预算平衡也是没有希望的。当被问及财政崩溃是否就意味着蒋介石政府的垮台时，范宣德回答道，一个已经躺在地上的木板是不可能再被击倒的，但是它可能会腐烂。在没有政府的情况下，中国不太可能找到自己的出路，但是现政权或许会垮台。在中国，地方上总有些活跃的脱离中央的倾向，政府的软弱可能会导致其丧失对偏远地区的控制。除了国民政府已经失去的地区以外，范宣德并不觉得国民政府的软弱，会给共产党扩大地盘以可乘之机。更可能是地方军阀接管这些偏远的地区并顽强抵制中央政府的控制。在会谈最后，范宣德提道，目前的危机几乎没有影响到"绝大多数"中国人；他认为中国将会摆脱这次危机，"正如它曾经渡过许多其他危机"（F 2459/37/10）。——原编者注

我们的看法与他的观点有一两点不同。其中主要的一点是他关于目前危机形势并没有影响到大多数中国人的这一观点。这一看法绝非事实。中国农民（占总人口的 85%）可以实现自给自足已经是一个不复存在的事情。必需品的缺乏、交通系统的毁坏、通货膨胀、物价飞涨〔原文如此〕以及来自双方的军事征用，使得中国农民的生活达到无法忍受的艰难地步。此外，一个全新因素即共产党的农业政策出现在历史的舞台上，此政策毫无疑问满足了数千万农民对土地的渴望。因此，不仅在经济上而且在政治上对农民产生了一个不断增强的直接影响。所以，范宣德的上述观点很容易让我们觉得是对〔美国的〕放任政策及减轻良心谴责做出的辩解。

另一个我们无法赞同之处就是他对于"政府的软弱会导致丧失对偏远地区的控制"的预测。我们认为这一估计极大低估了事情的可能性。在我们看来，分离主义可能从更接近中心的地区开始作乱，极有可能是与广东军阀集团（广东、广西、贵州）有关。值得注意且与此相关的是，在最近的金融和经济危机的早些时候，不仅广东，还有北京、昆明、重庆和其他一些省级城市都独立于中央政府提前采取了严格的措施来管控外汇、金条投机等行为。而在福摩萨发生的事情则明显表现出了地方对中央政府统治的严重不满，尽管我们还没有从驻台湾的领事馆得到直接的消息，但是十分明显，最近的骚乱性质相当严重。在正常情况下，一个国家政治上解体成一个个半自治地区是不会太妨碍英国和其他国家利益的。但是，伴随经济和财政上的全面崩溃以及意识形态上的斗争，各个地方政府将会和现在的中央政府一样处在一个不利的境地，很明显，这样一个分崩离析的局面将不会给除苏联外世界上任何一个其他国家以好处。

即使共产党人或许没有足够的能力马上充分利用目前的混乱局面，显而易见，他们会着手尽可能地扩大自己的势力，而且最终有可能获得成功，这或多或少与国民党在中华民国早年间所面临的局面类似。当然这要相当长的时间，与此同时，中国老百姓所受的苦难将会无限期和可怕地持续下去。到最后，留存在中国的外国势力也将面临一个要与作为苏联附庸的共产党政府打交道的不幸前景，而同时，太平洋地区的整体局势将会从根本上变成一个对英国和美国极其不利的局面。另一方面，维持国民党在中国无可争议的统治当然也不会使局面对我们有利。从根本上说，国民党就像共产党敌视西方民主制度一样反感外国势力。同样有可能的是，国民党取得全面胜利的可能性是十分渺茫的。①

　　在任何情况下，对我们而言，既从中国人民的角度，也从我们利益的立场出发，我们所能希望最好的局面就是在中国的共产党势力和非共产党势力之间保证一个平衡，这一平衡和我们所希望在世界其他地方所保持的是一样的，即一个武装和平——如果无法实现什么更好的局面——任何一方都不会扩张势力。

　　显然达成此目标的第一步就是要停止内战。唯一有能力向中国内战双方施加压力并扭转局势，使之按我们的要求保持某种形式的平衡的国家就是美国。到目前为止，国民党方面所面临的压力是经济领域的，而共产党方面的压力则包括担心美国可能给予国民党以物质支持的威胁。很明显，无法公开施加这种压力，只能导致施压失败，针对共产党更是如此。确实，去年夏天马歇尔将军居然在和共产党领导人会谈时指出，共产党继续不妥协将会促使美国全力支持中央政府。共产党方面即刻做出反应，如果这样的话，他们除了战斗到底，别无他法。然而，如果共产党看到美国人签署的协议，即美国政府准备好了将会在特定条件下积极支持国民党中央政府，共产党人恐怕会认真考虑他们拒绝谈判的这一举动。

　　另一方面，要美国政府去支持国民党中央政府或许也是不太可能的，除非美国人满意于蒋介石政府已尽全力去使自己的内部在政治和行政上秩序井然。诚然，蒋介石会不得不彻底推行他的改革，以便能够让美国政府和美国公众舆论对他表示信任。对蒋介石有很清楚了解的司徒雷登博士在最近几个月一直坚持认为，蒋介石会对美国政府在此方面提出的任何要求竭尽所能予以满足。

　　为了说明问题，假定蒋介石在其改革上的力度足够大，使得美国政府或许会通过一份公开声明来表达支持与赞许，同时声明还附带一份呼吁，希望双方：（a）停止战事；（b）合作恢复铁路交通，可能是在美国监督下，同时保证铁路交通不会用于运送军队；（c）双方撤回所有条件，在1946年1月政治协商会议达成的决议的基础上重开谈判。假如共产党知道他们拒

---

①　（3月27日）A. L. 斯科特先生对此段话做出如下评论："……虽然我们得承认国民党和共产党同样对外国势力怀有敌意，但是在中国维持一个不受苏俄单方面影响的政府，并且该政府在'民主'一词的概念上至少与我们的在一定程度上有相似之处，这于我们比较有利"。——原编者注

绝同意这份呼吁可能会使美国承担帮助中央政府恢复铁路交通的责任，诸如重新提供美式装备的 39 个师的军需补给，他们或许会认为接受谈判更为有利。

当然这一切都可能无法实现预期的停战效果，而且我怀疑莫斯科的党的方针路线会使得这一失败不可避免。尽管如此，还是会获得一些东西，宣传得到澄清，共产党的真正目的也会为众人知晓，甚至蒋介石的局部内部改革也会受益。

我知道司徒雷登博士一直在全面思考这些事情，因为我和他就此有过多次长谈，谈话中我们讨论了所有这些想法和可行性，尽管我怀疑他是否就此向华盛顿提出什么具体建议。附带的，关于给美式装备的中国军队提供补给问题，不久前他告诉我，马歇尔将军完全意识到，停止补给会影响这些部队的军事能力，实际上已经是对共产党的直接帮助，此事使他十分忧虑。我知道此处的美国公使沃尔顿·巴特沃斯也倾向于认为美国政府或许应该在特定条件下做好准备去发表一个态度积极的声明。

为这么一封过分的信增添了您的负担，我要道歉，但是我们在此认为范宣德的观点是目光短浅和毫无益处的。当然，如果说他并不了解美国能如何帮忙，只是在谈目前情况下挽救动荡不安的中国经济，在这一点上他完全正确。如果军事开支得不到削减，如果内战还持续下去，这一情况将不会有什么改变的可能。因此，在目前的状况下，要美国政府去花钱填补这个无底洞是不切实际的。唯一可以减轻中国苦难的希望就是停止内战，而美国是唯一令人相信有能力帮助阻止中国内战的国家。我认为，任何我们能做到的、去鼓励他们不要放弃希望的事情，都值得我们去做。

我将把此信的一份副本送达华盛顿的桑塞姆①处。

你永远的朋友，
拉尔夫·斯克林·施蒂文
（罗盘译，姚百慧校）

---

① 乔治·桑塞姆爵士，系英王陛下政府驻华盛顿大使的顾问。——原编者注

19470505，YD00039

施蒂文就河北南部共产党控制区的状况致贝文电①
（1947 年 5 月 5 日）

第 281 号

（5 月 21 日收）

英王陛下驻南京的大使向英王陛下的外交大臣表达他的敬意，并荣幸地向他递送了一份来自英王陛下总领事（天津）3 月 26 日编号为 105 的急件，其中包含一份有关河北南部共产党控制区状况的报告。

南京　1947 年 5 月 5 日

附件　总领事惠特斯莫尔致施蒂文爵士电（南京）
（1947 年 3 月 26 日）

第 105 号

先生：

我荣幸地查询了我 1946 年 11 月 5 日编号为 176（A）的急件，并在此递送一份关于河北南部共产党控制区状况的进一步报告，报告以联合国善后救济总署同一名雇员提供的情报为基础，他在 1946 年 12 月到 1947 年 3 月中旬这段时间再次巡访了这一地区，并刚刚返回。

C. E. 惠特斯莫尔

附件的附件②
关于河北南部共产党占领区状况的报告

共产党控制区最重要的特征是，过去两三个月间，人们对美国人和外国人产生的敌意大大增加。现在走进共产党控制区的任何地方都会看到，墙上贴满了反美和排外的标语，反美游行则司空见惯。中国的新年是一个持续多

---

① 资料来源：*BDFA*，*Part Ⅳ*，*Series E*，*Volume 3*，pp. 266 - 269。

② 附件的附件为编者所拟。

天的节日，所有的庆祝活动，共产党认可的戏剧和民间舞蹈，有着明显的反美色彩。美国对国民党的支持，尤其使用武器和飞机对付共产党控制区的人民，助长了这种反美情绪，现在已经发展成了普遍的排外主义，甚至波及联合国善后救济总署的官员。甚至以前对外国人友好的共产党干部，现在对所有外国人都表现出很大的敌意。通过高度组织化的共产党宣传机构，外国人在民众中被描绘成中国的剥削者，他们通过盘剥中国人致富，接着卷走他们掠夺来的财富。

2. 这种不断增长的排外主义导致民众对新教和天主教传教士越来越充满敌意，并且公开地敌视基督教。对天主教徒的主要控诉是，他们乘人之危，收购农民的土地，并因后者的劳作而使自己致富。当然，由教会提供给民众的所有医疗和教育服务不在清算之列。他们还遭到其他更加荒诞的罪名的指控，比如为国民党刺探情报，败坏社会公德。位于平汉线上邯郸以北大约 30 英里的邢台的天主教教会已经关闭，教会的负责人和几名神父（都是荷兰人），已经被关押了近两个月。一些新教的教堂和医院被政府接管当作办公室、礼堂等，而其他场所则遭到大肆抢劫。任何人针对逃跑的地主或者教会主张权利，都可以由"人民法院"进行核查，如果证明是有根有据的，他将被允许在其主张的范围内随意拿回地主或者教会占有的财产。民众以这种方式洗劫了许多教堂以及所有富有地主的住所。一些地方，在大街上看见售卖医疗器械是司空见惯的事，农民们不在乎价格地出售大量的旧陶器、青铜器和刺绣制品。然而，大部分地主和教会的实用的财产，例如家具，由政府分发给民众，而不允许任何人抢夺。通过威胁他们的家人其财产将被没收，一些商人和其他逃往国统区的人被劝说返回。

3. 生活条件是十分艰苦的，虽然民众没有公开批评政府或表达回到国民党统治下的愿望，但是一些人居然抱怨日子不如以前过得好。在河北南部地区，大部分食物的供给是充足的，尤其是谷物和蔬菜。除了西部一些山区外，没有明显的衣物短缺现象，其原因是生产土布衣服得到充分鼓励，出口棉花被禁止，棉花的种植有所增加。在这一地区的某些地方有很多露天煤矿，但是木柴短缺。农民最需要的是用木柴作为秸秆的补充燃料，而烧秸秆是他们取暖和做饭的最佳方式。为了获得木柴，共产党毁掉了很多的地产。货车或役畜并不短缺，但是无论何时只要政府需要，农民必须将这些置于政府的处置之下，这是十分常见的事情。除了运输工作外，农民必须为政府承担许多其他繁重的任务，特别是开垦土地。他们还必须为所有的政府干部提供食宿，甚至包括充当苦力，他们中的一些人毁掉自己房子中的数间，以此表明他们没有房子容留这些不受欢迎的客人，这通常表明他们已经到了黔驴技穷的地步。另一方面，赋税比起国统区要低很多，食品以及除燃料外的日用必需品的价格，在大部分地区都比较低。12月份大运河地区和1月份平汉线地区许多商品的价格与天津同类商品的价格比较见附件①。国民党货币对共产党货币的贬值造成一种印象，当兑换成法币时，1月份河北西南部的物价指数比实际情况要高。共产党冀南币的官方兑换率是，12月份1冀南币兑5法币，1月份6.67法币，3月份8法币。因此，以低于三年前的13元兑1法币的比率兑换的共产党货币，由于建立在一个更加稳固的农村经济的基础上，并未随着国民党的货币一同贬值，仍然维持在1500元兑1美元的水平上。

4. 自报告人上次造访这一地区以来，冀南平汉线一带的破坏活动已发展到更进一步的程度。现在所有的桥梁看上去都已经遭到完全的损毁，每一座桥塔都被毁坏到只剩下地基。所有的铁轨都被拆走并锯成小段，然后驮在骡子背上运进山里熔化，做成手榴弹或地雷。在许多地方，路基也被挖掉，所有的枕木早已不翼而飞。

5. 在方家营（威县附近，共产党控制的河北省省会），报告者在1月份遇到了许多来自晋冀鲁豫边区不同地方的"县"干部。方家营成了一个巨大的政府干部培训中心，"县"一级干部显然被从各个地区召集于此，进行为期三周的强化培训，以使他们适宜接手预期在2月份就能拿下的北平、天津及这一地区其他城镇的管理工作。报告者从一些共产党干部的口中得知，他们即将发起一场大规模的攻势，很快就能身处天津。2~3月，在天津能够感受到非常不安的氛围，这里目前在夜晚11点实行严格的宵禁。据报道，天津市长也表达了对共产党人试图进入天津的担忧。然而，目前共产党的攻势只限于对平津铁路的零星进攻、切断公路和2月10日对通县的进攻。难以确定攻势是终止还是会立刻重新开始。

6. 除了以上进攻准备，共产党也采取了所有必要的防御措施。他们意识到，在缺乏足够装备的情况下，抵挡国民党的任何协同推进或者继续控制交通干线上的大城市，是毫无希望的。因此，他们从这一地区的首府邯郸撤离了全部的政府办事机构，把发电厂转移到山里，把工厂分散到乡村。所有的医院也都撤出了城镇并分散到山间和乡村地区，远离主要的公路或铁路。因此，如果国民党试图从任何方向进攻这一地区，共产党都打算撤出国民党希

---

① 原档未收录。

望占领的任何中心，接着用他们常见的袭扰战术破坏后者的交通线。但是，在沧县南部，他们构建了几英里纵深的战壕工事，并在公路上埋设了地雷。

7. 最近，在河北南部的大名，共产党使用了这些战术。大名在 12 月被国民党占领，但是共产党随后占领了南乐，切断了他们通往南面的交通线。因此，国民党被迫在 2 月撤退。作为一般性的规则，如果遭到包围，共产党的战略是放弃城镇，于是部分城墙被拆除，老百姓被允许使用这些石料建造房屋。当国民党占领城市时，他们要老百姓毁掉这些房屋，重新修建城墙，这样在民众中引起了相当大的怨恨。据报道，他们还活埋了 1200 名留在城市的共产党的支持者。共产党重新占领大名后，报告者拍下了挖掘遗体的照片。活埋也是共产党中一种常见的做法，当某人被全体一致地认为对人民犯下了某项严重的罪行，他通常是被埋住身体的半截，每个农民则被迫向他扔一块石头，直到他最终被砸死。

8. 最近，针对河北南部的空袭行动有所增加。如同这一地区其他许多较大的城镇一样，邯郸遭到了多次轰炸。在前两三周内，国民党也对河间进行了几次破坏性的空袭。没有证据表明，共产党在这一地区拥有飞机。

1947 年 3 月 21 日

（耿志译，姚百慧校）

19470703，YD00040

施蒂文致贝文电[①]

（1947 年 7 月 3 日）

第 263 号（F 9797/86/10）

南京（7 月 21 日收）

满洲的局势：中国对外援的呼吁

先生：

　　我在 6 月 28 日编号为 636 的电文的第二段中，提到了中华民国国民政

---

① 资料来源：*BDFA, Part Ⅳ, Series E, Volume* 3，pp. 321 - 323。

府副主席、现立法院院长孙科博士三次会见媒体，其间，对于苏联就满洲局势所特别采取的政策，他毫无保留地发表了挑衅性的观点。如果与1945年8月14日《中苏友好同盟条约》宣布之际中国领导人（包括孙科自己）所发表的和解性的声明（当年9月8日编号为971的薛穆爵士的急件对此做了汇报）相比，孙科博士的言论所代表的中国政策的倒转，暗示了美国和联合王国对于中国东北省份事务的关注，这不亚于是向苏联挑战。我附上6月23日中央通讯社散发的有关这些会见纪要的复本。①

2. 如同中央通讯社已评论的那样，目前孙博士观点中令人关注的地方因这样的事实而提升了，即他享有"中苏谅解倡导者"的声誉，并且几年来他是将两国友好关系当作远东和平与和谐赖以建立的基石的提倡者。这一事实不能不给他目前的声明——与中国依据1945年条约中的这一目标做出巨大牺牲相反，通过违反条约，苏联政府事实上窃取了中国在大连和旅顺港的主权——以额外的力量。因此，在付出代价的同时，中国被剥夺了从加强对苏友好关系中获取回报的希望，苏联在满洲的行动被证明同日本的所作所为没有多大差别，除了后者事实上把许多工业设备安置在这一地区，前者则是拿走它们。

3. 当孙博士提到外蒙古人袭击新疆东北部的北塔山，提到苏联人援助满洲的中国共产党人，提到在中国政府几次不成功地尝试行使它们的权利去接管大连和旅顺港行政管理权并将中国军队和警察驻扎在这些地区的过程中，遭遇苏联地方当局的蓄意阻挠，这种挑衅的声调一直持续着。

4. 在描绘了苏联不守信用、对满洲怀有邪恶计划这一无情的画面之后，孙博士接着明白无误地呼吁外来的干预，完全不顾之前中国政治家曾反对列强对中国内部事务积极干涉的声明。关于这一点，使人回想起马歇尔将军因他的调停使命失败而离开后不久，一场反对美国"抛弃中国"的激烈争论，在所谓的"自由"圈中和在国民党中获得了一样多的支持，争论得到了充分的发挥。现在，孙博士令人印象深刻地断言，满洲的局势是一个国际问题，所以以美国和联合王国为首的西方或民主阵营应当重申它们对于远东的政策。为支持这一观点，他提到，共产党人在苏联的支持下，目前控制了满洲85%的地区，而满洲是朝鲜、中国和日本的门户，如果满洲变成了苏联的一个傀儡国，那么不但这三个国家，而且印度和其他东南亚

---

① 原档未收录。

地区，也将步其后尘。这一向美国国内反共潮流的呼吁恰好伴随如果要挽救满洲则迫切需要来自美国的军火援助的呼吁。有趣的是，不到一周之后，中国的媒体通过美联社发布消息，美国出售一亿三千万发轻武器弹药供中央政府军使用。

5. 与孙博士所表达的观点几乎一样重要的是，一下子冒出来许多杰出人士和组织赞成他观点的消息，这表明官方通常的宣传机构得到了充分的运用。因此，第一个解释自然是由政府新闻局局长董显光博士在 6 月 25 日做出的，恰巧这也是外交部长沿着同样路线发表公报的日子（我 6 月 30 日编号为 250 的急件中附上了公报的复本）。虽然没有增添什么值得特别关注的地方，但董博士尽力强调，由于苏联政府长期不履行它在 1945 年条约中的义务，所以即使像孙科博士这样的苏联亲密朋友表达对此严重后果的担忧也是顺理成章的。董博士趁此机会向在场的外国记者吐露，中国政府从俘虏口中得知，在满洲有大量的日本人和朝鲜人站在共产党一边参加作战。

6. 在共同支持孙博士的几位知名人士当中，王宠惠博士和罗马天主教主教于斌的作用可能最为明显，两人都强调这样的观点，即列强承担它们在满洲问题上的责任的时机已经到来。据中央通讯社的消息，王博士实际上甚至宣称，由于苏联政府没能恪守的中苏条约源自雅尔塔协定的秘密部分，所以美国和联合王国此时应当完全意识到它们在条约中的道义责任，不应该对中国的局势袖手旁观。实际上，中国应当公然地要求美国和联合王国共同致力于为中苏之间的所有问题找到一个合理、公正的解决办法。王博士接着阐述道，美国应当像它在欧洲的政策一样，在远东采取一项更加有力的政策，并且给予中国持续不断的援助。美国和联合王国应当认识到，为了维护远东持久和平的唯一目标，中国在签署中苏条约中做出了巨大的牺牲。

7. 于斌主教采用了相似的理由，以警告开始了他的发言，中国的内部争斗，不是一场内战，而是一场国际战争，如果得不到立刻制止，它将可能成为第三次世界大战的序幕。他声称，实际上当 1931 年沈阳事件发生时，中国人不把它看作是一场中日之间的冲突，而是一场世界大战的开端。不幸的是，美国直到珍珠港事件爆发才意识到局势的严重性，此时要阻止人类的大屠杀已为时太晚。目前中国的局势同沈阳事件时候的局势相类似，因此必须采取某些行动阻止其发展成一场第三次世界大战。当中国正为文明和民主作战时，美国却可能容许它的显赫声望下降，他对此可能性表示遗憾。中国正处于战火之中，中国呼吁它的邻国帮助其扑灭这场大火，以免波及它们的国土。因此，主教问道，为什么美国不给予中国援助。而且，除俄国以外的任何地方，没有像中国这样有着如此强大的共产党武装力量，中国的局势十分危急。他表达了他的信念，鉴于传统的中美友谊，美国绝不应抛弃中国，并补充道，援助中国就是帮助美国。最后，他坚决认为，中国是远东和亚洲的稳定因素，一旦它的内部和外部状况得以稳定，它将在维护世界安全方面扮演一个重要的角色。

8. 从这些例子中可以明显看出，中国政府运用了它所有的手段去大声呼吁外来的援助。当主要发言人们提到联合王国时，十分明显的是，他们的目光被期待转向东方，越过太平洋而落在美国，它对中国人慷慨的援助已有点被认为是理所当然的了。

拉尔夫·斯克林·施蒂文

（耿志译，姚百慧校）

19470829，YD00041

施蒂文就魏德迈访问中国的报告致贝文电①
（1947 年 8 月 29 日）

第 467 号 （F 12620/76/10）
南京（9 月 15 日收）

先生：

我荣幸地在这里附上一份魏德迈将军在离开南京时发表的声明的复本，其离开南京之事可参考我 8 月 21 日编号为 821 的电文的第一段。在这一声明中，将军以几乎难以接受的直率概述了目前中国存在的缺陷和弱点，虽然其中大部分以前被美国大使在他与委员长的会谈中以及被外国媒体和团体协会在它们的公开声明中以更加微妙和婉转的方式指出过。尤其是作为美国总统的"事实调查员"，他对许多地方见到的冷漠和懒散的评论，一点

---

① 资料来源：BDFA，Part Ⅳ，Series E，Volume 3，pp. 345 - 347。

也不少于对为中国的错误寻找借口并责怪他人，而不是试图通过个人的积极努力去解决它们的普遍倾向所做出的评论。中国人令人沮丧的可鄙的失败主义需要"有鼓舞力量的领导人以及道德上与精神上的复苏，而这只能来自中国内部"。除非政府能够消除官场的无能和腐败，并实行——而不是说说而已——彻底的政治与经济改革，否则不能期望它可以赢得人民的信任与支持。将军总结道，单凭军事力量不能消灭共产主义，如果中国共产党人能够自愿在他们强加意识形态的全部努力中停止使用武力，反而能够促进其国家获得福祉。

2. 这种直言谴责的影响因这样的事实而被充分地放大了，在一封前一天公布的给一群中国战时译员关于要求将军说服他们的政府派遣他们到国外继续学习的回信中，将军同样直率地且理由充分地揭露了中国的民族弱点。就如通过媒体报道和所附复本看到的一样（附件2①），将军煞费苦心地提醒这些年轻人珍惜在享有教育方面的好运，以及作为学生比起构成中国绝大多数战斗部队的农民来所拥有的巨大优势，像他们这样的人组建的师得到了更好的食物和装备；将军尖刻地评述道，如此优待是不公平且必定不民主的；对于受过教育的人和未受过教育的人，对于富人的儿子和穷人的儿子，在承担战争的责任和分享胜利的果实上应一视同仁。关于学生向他提出学校生活条件艰苦的一些抱怨，将军在他的答复中试图强调，（与中国的传统相反）教育带来的是责任而不是特权，这是令人不快的伦理。

3. 在将军对他调查的意图和进展自始至终保持不明确，甚至是难以理解的态度之后，一些实例记录在7月份的月度总结中（8月4日编号为369的急件），这些公开的不受拘束的观点表达不能不引起特别的惊奇。它们在展现批评方面是如此的势不可挡，必定会在一些持有一厢情愿想法的国民党圈子里造成绝望，他们期望将军不辜负他的声望成为一名委员长的衷心仰慕者，像他的前任史迪威将军被认为是共产党的仰慕者一样。国民政府期望中的数百万美国援助明显取决于魏德迈将军的帮助和主张，对于这样一位重要人物尖刻地揭露他们的短处，甚至是罪恶，政府发言人和国民党的评论员很难表达他们的看法。因此，最初的解释是用有些迫不得已的做法去自我保护，承认批评是应该的且有益的，并且以这种西方人的视角把

① 原档未收录。

局面如此清晰地呈现给中国人民，也是很好的。例如8月25日当地的《申报》采用了这样的腔调，感谢将军在这个或其他场合坦诚的忠告，不应当忽视中国经历了八年艰苦抗战的事实，不能期望一夜之间实现变革。归纳起来，报纸评论道，"有一些人对于中国的观点是建立在他个人兴趣基础之上的，而另外一些人看中国根本没有考虑到它的社会结构和传统与西方国家存在相当大的不同。因此，希望美国总统杜鲁门不会因这些有害的、存有偏见的看法而抱有成见，应对中国的形势做出公正的、无偏见的判断"。但是，不久以前，"面子"盖过了现实，真实的自私和预计的反应找到了应有的表达，下面来自8月26日《上海新报》的摘要可当作典型的例子：

"魏德迈将军的告别声明是中国一百多年来对外关系中一份令人惊奇的文件。无论声明中提及的论据事实如何，中国仍然是一个为维护国际正义奋战了八年的独立国家。中国不是一个作恶的人，中国人民在内心里是纯洁的和善良的。正像西方国家注重国家荣誉一样，东方人民尤其珍惜他们的国家尊严。关于魏德迈将军中国的复兴亟待有鼓舞力量的领导人和道德上与精神上的复苏的言辞，这是一个有着悠久历史和文明的国家几乎不需要由一名外来的尊敬客人去提醒的事情。中国的国家重建不再仰仗其他人。将军的声明是对整个国家的声明，将唤醒人民的自尊意识。挺过了世纪之交列强瓜分的威胁，非凡成功地抵御了日本人的侵略，中国人民应该对他们找到自己的出路的能力充满信心。"

4. 尽管他对国民党中国的状况明显不满，但将军的使命受到了来自共产党宣传，甚至来自一些"自由"圈子极端敌视的压力。8月1日"中华学生全国联合会"在总统特使抵达时散发了一份以常见的过分挑衅的反美口吻表达的传单，系由这次访问引起并明显来自共产党或半共产党鼓动的各种情感迸发表现之一。这份传单的结尾段落足以说明它的性质："为了恢复和重塑中国人民的信心并建立两国之间的友好关系和正常贸易，美国当局必须彻底地忏悔它过去两年间犯下的错误和失败，完全改变它针对中国人民伪装起来的侵略和干涉主义政策，否则它将再次遭到这个国家全体国民的唾弃。"发表在8月9日上海《大公报》上的一篇以"致能为自己自豪的美国"为蓄意挖苦标题的长文中，作者问自己，魏德迈是否将步马歇尔将军的后尘，马歇尔失败是因为在使命期间他从美国返回的时候忘记了他应当是一名调停者，却开始承担大使的职责（即待在首都，没有尝试去访问共产党控制区）。他对于自己的问题的回答是，他确信这取决于魏德迈能否吸取过去几年中国政治历史的教训，他是否正尝试与共产党取得联系并达成谅解，此时情况似乎还不是这样；然而，如果他未能得到共产党的赞同，他只能回到美国并建议采取"剿匪"政策，除此之外，他什么也做不了，结果他发现付出如此多汗水与辛劳将是一场徒劳。

5. 事实上，将军没有访问共产党控制区，据悉也没有同他们取得联系。在他访问期间所处的混乱环境中，这大概是难以避免的，但是根据一名他的使团成员的消息，负责他前往其他中心地区的中央政府官员竭力阻止他会见可能泄露有损声誉的事实或表露不满想法的中国社会人士。例如，在他短暂访问台湾期间，使团被精心地阻止会见任何台湾人，事实上只有在满洲访问期间，此时国民党一分为二，才出现一个真正的机会与普通民众交谈，而不是一帮挑选出来的中央政府的"唯命是从的人"。另一方面，很明显将军全面听取了上海、天津和其他商业中心的美国社团成员的发言，据报告，他们对于遭到针对外国商业竞争者的歧视以及担心中国贸易政策限制性的趋势，以及为了经营中央托拉斯这样的各种政府垄断企业的利益而不公平地对待个体商人，表达了他们的不满。

6. 在魏德迈将军访问期间或之前不久，国民政府颁布了一系列旨在坚决扫除中国经济和行政领域腐败现象的措施，这不可能是一种巧合。同样的解释也适用于总理张群（行政院院长），他声称，在做某些保留的情况下，中国愿意鼓励外国在中国的经济和工业发展中进行投资；另外，财政部长俞鸿钧博士声称，中国打算继续承担它的对外义务。中国的公众和外国的投资者以前也听到过类似的保证，但他们对中国信誉的信心看不到有任何的回归，因此仍保持怀疑和无动于衷。当然，中国认真打算或是被迫履行这些保证的程度，主要取决于以美国政策为基础的魏德迈将军的报告和决定，事实上几乎中国的每一件事情都如此。然而，除了必须接着或以更快的节奏和更大的规模向中国提供经济的、金融的以及不可避免的军事援助之外，很难看到美国还能得出其他任何结论。但是，如果这样，同样明显的是，美国政府将要求某些确实的监督条件，甚至是控制资金的花费和物资的使用，尽管中国政府宣称打算在没有外援的情况下实行独立自主，但它将别无选择，只能接受。这种预防性的安排最终也将使英国受益，它不但恢复了更加有序的常规，而且可能重建国家的金融体系和诚实的德行，由此可能发展到重新开始偿还贷款。虽然鉴于美德的动机一旦失去，中国人积习难改的重犯习性，必须当心过于乐观，无论如何，事实是在将军访问期间中国政府在讨论各种重要问题上明显表现出更加理性和包容的精神。

拉尔夫·斯克林·施蒂文

（耿志译，姚百慧校）

19470909，YD00042

富兰克林致施蒂文电①

（1947 年 9 月 9 日）

第 302 号（F 13510/2753/10）

天津（副本送外交部，9 月 9 日第 93 号，10 月 6 日收）

关于 1947 年 8 月间天津领事区的状况和大事的报告

先生：

　　这里我荣幸地递送一份关于 1947 年 8 月间我的领事区的状况和大事的报告。

A. A. E. 富兰克林

附件　关于 1947 年 8 月间天津领事区的状况和大事的报告

〔节选〕

　　这个领事区的大部分处于共产党控制区内，对身处这些地区的外国人所得印象的一些简要概括可能是值得关注的。这些地区遭到了非常有效的封锁，没有几个外国人可以进出。很难获得正在发生之事的消息，即便获知，也很难做出评估。太多的东西取决于消息提供者个人的门路，他们经常时隔很久才有消息。但是，像从联合国善后救济总署英方雇员、医疗志士、中国的基督徒以及外国公司的中方雇员那里得到的描述，都有相当的数量。河北南部、河南和山东边区通常是非常富庶的。这里农地肥沃，出产大量的棉花，少有贫困，没有饥馑。虽然数量可能不是很大，但据说猪

---

① 资料来源：*BDFA*, *Part* Ⅳ, *Series E*, *Volume 3*, pp. 360 - 361。

鬃、羊毛、兽皮、亚麻籽油、棉花和小麦有多余的储备。然而，就如所预计的，外国商品十分少见。对药品、染料、纸张、金属制品、机床、汽油和卡车的需求非常大。从经济角度看，形势并不是很严重。

2. 一场唤醒人民——工人、农民、商人特别是年轻人政治意识的广泛运动是建立起来的小型自治政权的一个固有特征。原有的地域界线被抹掉了，地方自治受到了鼓励，但是总的指示来自上面，显然不能受到挑战。地方性的新闻小报得以发行，不同的地区则拥有它们自己的货币，但是货币兑换在这些地区相对并不重要，因为许多服务，包括干部们的，是以实物支付的。大概不可避免的是，真正的权力常常掌握在强有力的少数人手里，而不是有着大学教育背景的知识分子。他们看上去通常兼备相当的干练、正直与同样程度的冷酷。最近返回的一名英国公民特别对他们的"自信、自负和愚蠢"作了评论。几乎所有的报告都证实，干部和政治上的积极分子真诚地相信共产党最终将取得成功。身处这些共产党控制区的不少外国人也认为，干部们受到如此彻底的思想灌输，以至于没有留下多少独立思考的空间。他们知道的全部都是答案而已。

3. 大部分报告也都相当一致地描述了正规部队良好的纪律——同样的情况不适用于流动的非正规部队。然而，同时似乎有一个并不是一直持续运用的清洗暴民的暴力行为、抢劫和随意逮捕的政策。据报，最近在天津以南约80英里的沧县，大约有17人被处决，700人遭到逮捕。据说一个人在被处决前被挖掉眼睛。另外，据报沧县人民在摆脱他们对当众谴责本地老百姓的剥削者的冷漠之前，需要政府不断地激励。这份特别报告的准确性很难判断，但是许多独立的外国人的消息来源都证实，残暴的行为经常发生。当众坦白和人民审判的方式也针对精挑细选的牺牲者推广开来——重点始终都是宣传，而不是正义。

4. 农村改革和重新分配土地的做法，结合以实物征收的单一税特征，总的来说广受欢迎。一个消息来源声称，80%的民众仅为这个原因而支持政府。但是，其他消息来源坚持认为，存在一种恐惧和难以预料的气氛。那些拥有自己土地的人担心他们将失去土地；那些最近获得土地的人担心如果出错土地会再被拿走。另外，据说一些更加保守的农民怨恨组织活动和无休止的政治集会、鼓舞人心的讲话以及动辄干预他们惯常的事务。有组织的活动肯定会侵蚀个人通常的自由。由于消息来源少，很难判断这里的确切状况，如果要判断的话，外国人可以不受陪伴地自由旅行，但是几乎都称，普通的中国人害怕与他们自由地交谈。然而，几乎所有的外国人都对中国人绝对的诚实印象深刻——一辆装满货物的卡车能不用看守地放置一夜（对于这是政治训练的结果，还是出于担心后果——惩罚明显是十分严厉的，有一些不同的看法）。

5. 不论如何，毫无疑问的是，有组织的反美情绪大大地增强了，加之大量总体上的反西方情绪。打倒蒋介石和打倒马歇尔或美国资本家是常见的口号。与之形成对比的是，毛泽东和斯大林两人的画像经常装饰在公共场合的墙上。此外，毫无疑问的是，运动不怎么用得着宗教培训——一些人把这描述成积极的反宗教，只有非常少的外国基督教传教会能够开展他们的活动。

6. 得出的一个总的结论是，越来越明显，共产党控制区与国统区的差别不只是政治组织上的差别——整体的价值观是不同的，不管这些差别总体上被认为是好的还是坏的。去猜想双方可能达成任何妥协常常是更加困难的。

天津

1947 年 9 月 8 日

（耿志译，姚百慧校）

19471215，YD00006

英国下院友好访华团的报告（节译）①

（1947 年 12 月 15 日）

（F 1517/361/10）

......②

（d）中国共产党

代表团获邀访问中共控制地区，但由于我们同时也是国民政府邀请来的客人，既然中国政府明显不同意，我们不便接受中共的邀请。

---

① 资料来源：*DBPO*, *Series* I, *Volume* Ⅷ, *Britain and China, 1945 – 1950*, pp. 114 – 117.

② 此处部分内容未译。

虽然多有证据表明生活在中共控制地区的人们并非自愿而为之，中共的力量和影响到底涉及哪些方面依然难以界定。例如，在南京期间内蒙古人民向我们提供的备忘录显示，他们既不同情共产主义，更不是共产党的自愿支持者，只不过身处的地理位置特殊，无力选择罢了。

其实所谓的共产主义不过是流氓无赖主义，据人们估计，仅在关东地区就有不少于 4 万个有组织的流氓地痞；而我们访问佛山时，没有任何原因，只是稍稍偏离了大路，就需要有武装人员护送了。

我们从几名逃往南方的难民口中得知，共产党破坏庄稼，洗劫人民财产，强行拉壮丁，令农民生活苦楚不堪。被迫入伍的士兵在共产党军队中占有多大比例，我们不得而知，但我们可以推断出来的是，他们绝非自愿参军，农民无法脱离土地生存，因而他们为了土地站到了共产党一边。

（e）中国政府和中国人民对我国的态度

中国政府与人民均对英国十分友好，无论我们走到哪里，都有各种各样的人向我们致以最热烈的欢迎——包括政府官员、大学生、福利机构成员，这就是我们所见、人们口中所说的主流民意，但值得注意的是，这种民意明显不包括在中国随处可见的赤贫人口的意见，他们所想所做，不过是为了能够继续活下去。

我们也感受到了大学中的紧张气氛。今年夏天的大规模示威游行之后，学生中间的冲突接连不断，其中很多活动还得到了大学和各地政府官员的支持。不过学生们对我们还是报以热情接待的，他们对我国也十分友好，而迄今为止我们也在竭尽所能地维护他们对我国的良好印象。

在华的英国人向我们表示，中国人很少有反英情绪。虽然在这里也有普遍的仇外情绪存在，但其主要的发泄目标是美国人而非英国人，部分中国人认为美国的干涉使战争旷日持久，而共产主义的同情者也对美国政策不满。

另外我们也深深地被在华英商的乐观态度感染。虽然时局艰难，但他们中的很多人都对中国人报以理解与同情。我们不久之后了解到，很多英国人都在日本集中营中度过了大半战争时光，也许有过此种经历的人，会以乐观的哲学态度看待眼下的一切困难。

（f）从长远来看，我们面临美国的竞争与中国民族主义的挑战

最近中国人刚刚找回的民族自信心有一点让他们头脑发热，但我们有理由相信英国对华贸易的前景是好的；在华英商也坚信，一个拥有四万万人口的大国，不可能永远与世界贸易隔绝，但他们同时认为，直到内战画

上句号、全国经济重新稳定之前，英中贸易是难以有起色的。

我们还在召开新闻发布会时卷入争论之中，当时人们在讨论中国水域的英国货运一事，他们怀疑代表团向中国提出港对港贸易，再次辟南京、汉口为远洋航行开放口岸等要求。在我们的访华行程接近一半时，媒体对此的评论尚形形色色，而至我们离华归国一刻，无论是媒体评论还是街头巷尾的议论已于我们有利。下面两段文字便是引自中国媒体：

第一篇（11月6日，上海）标题为"我们支持阿蒙的建议"，正文主要部分写道："一直以来担任长江货运主要角色的英国货运公司得利自显而易见，但中华经济或得益更甚，此举与国家主权断无关联。"

另一篇文章则评论认为："许外国船只航行中华水域，不仅于国民经济复苏有利，更于交通事业发展有利。此事于中国利益并无损害。"

摆在重振英中贸易大业面前的困难也是显而易见的。中国人一方面要从我们这里买东西，一方面又期望我方提出大量优惠条款；经济不景气在继续，美元不断贬值，经济发展面临的瓶颈越来越多。但是，中国对特定商品执行的进口管制却不是不可逾越的障碍，比如，我们在中国访问期间，鱼翅作为餐桌上的奢侈品被禁止销售，进口也因而中断，但不出两周政府便宣布国内现存鱼翅仍可销售，我想我们可以推断，鱼翅进口还会源源不断地到来。

中国如今亟需出口产业的发展，而如今国民政府却代表着进口商人而非出口商人的利益，这或许也是削弱国民政府经济地位的众多因素之一。

不再有治外法权的保护，也失去了商业活动所依赖的租借地，今天英国商人在中国的状况已与当初大不相同。

话虽如此，考虑到中国媒体关于英中间水路贸易的上述评论，我国对华贸易的前景也并非十分惨淡，还是有着复苏的能力的。

最后，我们希望以个人名义向热情款待我们的中国朋友以及所有让我们的访华之旅充满激情与收获的人们致以最诚挚的感谢，当然也包括大使馆和盟军部分的工作人员，还有工作生活在中国的英国侨胞朋友们。

阿蒙

弗兰克·麦克利维

马丁·林赛

阿穆尔里

（胡明岚译，刘旭、姚百慧校）

19471222，YD00007

贝文致艾德礼的备忘录①
（1947 年 12 月 22 日）

（FO 800/462）
外交部，绝密

首相：

1. 为了执行同美国就远东问题开展正式会谈的计划，我一直在考虑应该采取怎样的步骤。

2. 尽管马歇尔先生同意让加拿大和澳大利亚加入会谈，但经再三考虑，我仍然怀疑，出于安全原因，在会谈之初就有这么多国家参与是否明智。我们的中东会谈已经表明，英、美官员在不引人注意的情况下一起商谈是有可能的。但是如果我们增加与会成员，那么会谈内容被泄露的危险就会增加。联邦关系事务大臣认为无论如何都要让加拿大和澳大利亚加入，对此我非常理解，但我认为我们应该力求让最初的会谈在双边基础上进行。当然，我们应该把谈话的进展情况告诉这些英联邦自治领，并且争取在达成任何最终协议前的合适阶段让它们加入会谈。

3. 我认为这些会谈的内容应该包括从阿富汗到太平洋整个地区的政治、经济和战略领域的问题，并就此向美国建议。我的理由是：从阿富汗到马来亚，延至婆罗洲和香港，英国目前在这些地区的影响超过美国。另一方面，虽然我们在中国、日本和朝鲜的声望还比较高，但我们的经济和金融地位却不能让我们承担任何物质义务。因此，英国在我已指明的那些西部地区的影响可当作美国在东部地区影响的某种平衡器。到目前为止，美国很明显已经表现出不愿坦率交换它们对中国、日本和朝鲜的政策，我认为这些谈话可以为将来有一个更好的谅解铺平道路。

4. 当然，我明白，要囊括这一地区，就意味着印度和巴基斯坦也要参与会谈，但是我认为（它们参与）讨论范围应该仅限于英国对这些联邦自治领的政策。

---

① 资料来源：*DBPO*，*Series* I，*Volume* VIII，*Britain and China*，*1945 - 1950*，pp. 117 - 118。

5. 为了给您提供一些具体的建议，我会同国防大臣和联邦关系事务大臣（正准备复制这份备忘录发给他们）交流意见。

（李海琼译，姚百慧校）

19480202，YD00008

施蒂文致贝文电①
（1948 年 2 月 2 日）

第 83 号（F 2535/33/10）
机密，南京

阁下：

1. 我很荣幸能随函附上蒋介石总统的新年寄语和毛泽东在圣诞节致中国共产党中央委员会的报告②。

2. 蒋介石总统的谈话没有涉及新的内容，也并不十分自信。他谈到了国民党军队已经实现的两个重要的战略目标，但是其中之一（对延安的占领）对现在而言徒劳无益，另外一个（政府对山东的进攻）多半也只是暂时的成功而已，他还承认，为此付出的代价实在是太大了。颇有意思的是，蒋介石总统批评了大城市里的居民，因为他们使原本就糟糕的经济情况变得更糟，他们缺乏爱国主义和对政局的普遍漠然多次使外国人震惊。

3. 另一方面，毛泽东的报告充满了对中国共产党即将胜利的坚定信念。该报告的内容后面还会简要评估（参见下述第 5 段和第 6 段），但为了理解它所倡导的联合阵线，有必要暂时离题一下先谈论中国国民党革命委员会最近在香港发表的政策声明（请参阅大使馆公文处 1 月 27 日的 S/O 51 号文件）和此政策的历史背景，稍后再简单评价一下毛泽东的报告。这个由国民党左翼人士以及一名民盟创始成员和其他一些人组成的委员会，赞同重新宣扬 1924 年 1 月在广州召开的国民党一大阐述的那些原则。那次大会赞

---

① 资料来源：*DBPO*, *Series* Ⅰ, *Volume* Ⅷ, *Britain and China*, *1945 – 1950*, pp. 121 – 125。
② 应指毛泽东在中共中央 1947 年 12 月在陕北米脂县杨家沟召集的会议上所做的报告，参见《目前形势和我们的任务》（1947 年 12 月 25 日），《毛泽东选集》第 4 卷，人民出版社，1991，第 1243 ~ 1263 页。

同联俄容共的政策（孙中山已和苏联特使越飞详细讨论过，并为共产主义的优点深深打动；然而，必须要补充说明的是，虽然把孙中山和列宁进行比较很有意思，但他们两人是不同的，因为前者同时还是很多西方政治思想的推崇者，这可以从他制定的大杂烩式的宪法中看出来）。事实上，如果孙中山投入俄国的怀抱，这也不全是他有意为之的结果。因为他要求英国、美国和德国政府训练广州军队的举措都失败了，而他和俄国政府的接洽就不一样。鲍罗廷提供的帮助是实际可获得的，并且他允诺从俄国获得的不仅仅是武器和军火，还有政府和军事方面的专家。

4. 在国民党的改组过程中俄国起到了巨大的作用；通过高效的宣传，俄国在保证 1926 年北伐的成功上也起到了同样的作用。这项工作做得如此彻底以至于几乎可以肯定湖南（也很有可能在江西）的共产主义基层组织可以发展至今。苏联和国民党结盟之后的事情众所周知。蒋介石和其他一部分人强烈反共，而俄国顾问处事缺乏技巧无疑是火上浇油。经过多年努力的中国共产党，最终被蒋介石赶出了江西而向西北挺进，开始了具有伟大历史意义的长征。

5. 毛泽东的报告中一些最有意思的段落提到了共产党在江西的短暂岁月（1931~1934）。他批评了在这段时期内进行土地改革和处理"上层小资产阶级和中等资产阶级经济成分"过程中采取的"过左的错误的政策"。就我们所知，这是中国共产党领导人首次坦率地公开承认以前的错误。现在，损害富农和地主的严厉政策，不再被认为是正确的了。相反，他们和大多数农民一样受到同等的对待。考虑到中农数量甚多，把他们团结到党的身边有重要意义，因此还应该注意中农的意见并在必要时向他们做出一些让步。小工商业者之前曾受到苛刻的对待，但是现在很清楚，在毛泽东所设想的未来中国中，"独立小工商业者的经济和小的、中等的私人资本经济"将发挥重要作用（人们可以回忆，东南欧的共产党——尤其是南斯拉夫——在建立稳固的统治前，采取了策略性让步和后退，从而稀释了共产主义教条的纯牛奶）。从报告的第 E 部分[①]我们能看出，中共声称拥有的党员人数不少于270 万，使之成为俄国之外最大的共产党组织，但并不是所有党员都值得信任，因此党内发生清洗的可能性还是存在的。

6. 他强调，为了推进"中国新民主主义的革命"，有必要建立"最广

---

① 即报告的第 5 部分。

泛的统一战线"。不可避免地，任何统一战线（甚至是中国国民党革命委员会所设想的），用毛的话说，都必须处于"中国共产党的坚强领导"之下。最后，在阐述欧洲已建立"情报局"后，他说"东方各国一切反帝国主义的力量，也应当团结起来，反对帝国主义和各国内部反动派的压迫"。某些人可能认为，他的话印证了在哈尔滨建立远东地区的共产党情报局的谣传。可我认为这种推断还不成熟。毫无疑问，作为远东地区最大的共产党组织的领袖，毛泽东随时都可以建立远东地区的共产党情报局，如果莫斯科也希望如此的话。但是，目前还没有迹象能够表明毛泽东已实施了这个步骤。

7. 在估计对统一战线的支持或顺从程度时，请一定不要忘了这一点，即中国国民党革命委员会绝没有包括赞成与共产党和解的所有力量。首先，大量的自由言论虽然或多或少有点含糊不清，但是均认为不能用军事手段解决国共之间的冲突。其次，在遭受内战和当前贪婪无能的中国政府统治双重痛苦的华北地区，有些重要人物有可能与当地的共产党达成协定，比方说让出满洲地区。民盟的主要目标依然是通过和平谈判终结内战，它虽被查禁但仍有一些追随者。最后，还有一些很有影响的人不支持统一战线，比如国民参政会秘书长邵力子赞同让蒋委员长退位，让他侨居国外，由副总统来倡导谈判，而副总统这一职位，他们希望选举当时掌管委员长北方司令部的李宗仁担任。

8. 许多有卓越见识的观察家确信，尽管中国的现政府有美国的支持，但共产党在某种程度上建立领导中国部分地区（如果不是全部的话）的政权只是时间问题。不管这个情况是否确定，猜测一下共产党将在中国实施的体制和它将对外国资产产生的影响是很有意思的事情。乐观主义者倾向于希望中俄社会之间的众多差异迫使中国共产党对共产主义做出一些调整，从而减少西方国家的抵触情绪。中国国民党革命委员会已批评过军统，这个部门是国民党版的苏联的内务部，如果它成为苏联式的政府部门，那它将会受到所有进步团体的普遍憎恶，这对中国人民来说是不幸的。相对军统而言，苏联内务部的历史要久远得多，且为诸多人所接受，或者至少看起来是这样；一个由共产党领导的政权没有政治警察部门是一件难以想象的事情，即使确有可能如此；人民也会认为就对付"反革命"而言，需要有这种组织，这是理所当然的。

9. 中俄在文化方面有显著的差异。俄国从来没有类似于知识分子集团的阶层，而知识分子在将中国塑造成现时模样的过程中发挥了巨大的作用。

俄国目前还没有对应像中央研究院一样的机构，总之，中国对文化的态度太缺乏自我意识了。在中国，学生历来都是公共舆论的领袖。目前，在如果没有"中间道路"，他们被迫要在国民党和共产党之间做出选择的情况下，许多最优秀的学生选择了共产党。就像涓涓细流一样，在几个月的时间里学生源源不断地从北京去往共产党控制的地区，一开始只有几十，之后逐渐增加到成百上千甚至更多。然而，如果"中间道路"能够保留，学生更愿意它能被采用，这种一般的态度有可能在一个共产党控制的中国里继续存在。

10. 还需说明一下两个最明显的方面。第一，中国不可能通过铁幕手段驱除外国人士，因为它本身也有很多生活在异国的国民。它还依赖这些人的汇款，也需要继续吸收他们的思想。因而，中国成为正统的共产主义国家的过程，如果事实上有可能的话，也会是极其缓慢的。第二，华南（和华北一样）必须要改变农业模式；但是，即使是最彻底的苏联教条主义者也会同意，稻米种植地区是绝对不可能实行集体化的。因此，除了要重新分配土地以外，合作、肥料（目前仅台湾地区普遍使用）和对债务问题的谴责等问题是共产党控制下的政权的工作重点。

11. 无法判断这样一个政权将会给英国的利益带来何种影响。没有理由认为，相较其他国家，中国共产党对英国更具敌意，更不要说和美国相比了。也没有什么特殊理由认为，毛泽东在报告里只批判了美国是为了在香港得到认可（当然，尽管这不是不可能的），因为香港的共产党出版物从来都不把对我们温和一点放在心上。目前，能够确切知道的是，对英国资产的处理纯粹是出于权宜之计。共产党确已多次做出暗示，将继续鼓励外国商人继续他们的经济活动，但是一切无疑还得视形势的发展而定。就像我们持有股份的其他煤矿一样，开滦矿务局将很有可能被收归国有。英国的船务公司所要遭受的损失就没那么多了，因为它们已不再享有内河航行权，它们似乎也不太可能受到比现在更差的对待。

12. 关于苏联，尽管有这么多政策合乎它的心意，但是有一点看起来似乎仍有可能，即苏联将会发现它旨在吞并新疆部分地区的政策和与其类似的针对大连的政策，会像1924年它对外蒙古的政策一样遭遇某种尴尬。

13. 在所有的外国资产中，美国的资产最有可能遭受损失。不过它们渗入中国经济的深度不及我们，当然广度也不及我们。看起来它们似乎不可能坚持经受住这次风暴的考验。但是，共产党政权上台之后带来的最大影响自然是使美国的政治和战略利益发生改变，这很可能导致美国政府致力于建造以日本为基地的大范围防御圈。

14. 最后，除了那些对当地居民有直接实际利益的设施，比如医院和诊所，所有外国传教士的工作都会被严厉削减，宗教活动肯定会被禁止，教育机构则将由政府接管。

15. 我将把这份公函的复件和一些附件寄给英王陛下政府驻莫斯科和华盛顿的大使。

施蒂文

（沙芳洲、姚百慧译，姚百慧校）

19480319，YD00009

邓宁关于英国驻中国代表问题的备忘录①

（1948 年 3 月 19 日）

（FO 4392/33/10）

外交部

3 月 12 日，中国协会邀请国务大臣②和我前往萨伏依与他们共进午餐，并就中国形势进行了非正式的会谈。此次会谈由 W.J. 凯斯维克先生③主持。在场的除了米切尔先生，还有壳牌集团、帝国化学工业集团、联合利华集团以及英美烟草集团的诸位代表。

凯斯维克先生代表协会做了发言。他说，他们深切关注中国形势。由于中国共产党似乎会取得巨大成功，英国在华投资高达 3 亿英镑（相比之下，美国为 8700 万英镑），他们不得不考虑英国商业的前景以及英国政府可能采取的措施。鉴于中国共产党很有可能获胜，凯斯维克先生想知道，在保留我们驻中华民国使馆的同时，能否向中国共产党派驻一些非正式代表。

这样，凯斯维克先生转向了派驻代表问题。出于他们自身的担心，中国协会希望英王陛下政府能充分意识到在中国拥有足够代表的必要性。国

---

① 资料来源：*DBPO，Series Ⅰ，Volume Ⅷ，Britain and China，1945 - 1950*，pp. 131 - 133。

② 即 H. 麦克尼尔先生——原编者注

③ 中国协会的秘书长。——原编者注

务大臣在回应这些问题时说道，英王陛下政府非常清楚中国的形势，并时刻进行密切关注。关于代表问题（提到的城市包括上海和广州），国务大臣解释道，奥格登先生①即将离开；我们充分意识到任命一名合格接班人的必要性，但我们也许只有在那些以前未曾在中国任职的人中才能找到人选。凯斯维克先生代表本人做了发言，但显然是经过在场其他人的同意的，他说道，他倾向于认为从那些未曾在中国任职的人中挑选奥格登先生的接班人是件好事。他还强调派一个合适的人选去广州的必要性。国务大臣说，若干计划已经在酝酿之中，我们希望，在不远的将来，这些计划能增强在中国的代表的实力。

关于向中国共产党派驻代表的问题，国务大臣明确表示，在当前形势下，我们不能考虑采取这一措施。如果中国共产党取得巨大成功，以至于不得不考虑英国商人是否要与之进行贸易往来，这由英国商人们自己做决定，如果他们发现与中国共产党进行贸易往来是可能的，那我们就不应该有任何异议。但是，说到英王陛下政府与中国共产党接触的问题，又完全是另外一回事了。

我们的主人提出这样一个问题：如果共产党成功控制了更大的城市，尤其是英国资本投资最多的上海，结果会怎么样？我们是否应该像当初日本占领上海那样，在上海保留一个使馆办公室，把主要使馆迁至广州或南方的其他地方？国务大臣表示，一旦形势发展至此，我们必须加以考虑。但对于我们是否一定要在上海保留使馆办公室这一点，他并未提前表明意见。

会谈还间接提道，我们在广州的总领事馆及其附近的建筑物都遭到了破坏，但还未获得赔偿。通过《关务协定》，我们给予中国人在香港的治外法权，但似乎还未获得相应的补偿。凯斯维克先生的观点是，如果不能得到回报，给予中国任何东西都是一个错误。当被问到对广州问题有何提议时，他建议，中国人要求对军队征用的铁路物资进行赔偿，对此他有异议，认为这可与我们在广州的损失相抵消。他估计后者的数额高达 10 万英镑，但至于该数字从何得出，他并未透露。中国提出的索赔要求有两个，他认为其中一个是比较合理的，而另一个可能是不合理的。一个是针对日本袭击香港之前英国军事机构征用的物资而言的，他认为我们应该满足这个要

---

① 英国驻上海总领事。

求；而另一个则大概是针对日本占领香港期间掠夺的物资而言的，而这一要求的合理性值得怀疑。

在会谈即将结束之时，国务大臣建议，如果中国协会希望能够使其成员确信英王陛下政府将一直关注中国问题以及向中国派驻代表问题，他们可以致信外交大臣说明这些问题。那样的话，麦克尼尔先生确信，外交大臣将愿意按照他已表明的意思给予回复。

M. E. 邓宁

（雷满妹译，姚百慧校）

19480401，YD00010

外交部中国处关于中共态势的备忘录（节译）①

（1948 年 4 月 1 日）

（F 10028/33/10）

绝密

……②

那些同情中国共产党的人一直认为，中共仅仅是土地改革者，更多的是"中国人而不是共产主义者"，他们掌权并不必然意味着中国会成为苏联的附庸国。对于这些主张，英王陛下政府的驻中国大使于 1946 年 11 月提出，他相信"无论这个党的普通成员如何，它的领导人都会是坚定的共产党员。因而他们不仅在任何情况下都会跟随'党的路线'而且会自动服务于苏联的最高利益"。他对中国共产党没有抓住民主联合这个机

---

① 资料来源：*DBPO*, *Series I*, *Volume VIII*, *Britain and China*, *1945 - 1950*, pp. 133 - 136。这份文件是按照邓宁先生的吩咐起草的，供俄国委员会使用。在最近的议会辩论中，出现了对中国政府和美国对其支持的批评；认为中共更多的是"中国人而非共产主义者"；国民党政府是腐败的，它的日子已经屈指可数了；因为中共必然会赢，因而需要与中共搞好关系以便形成"双保险"。批评者不限于左翼知识分子，一些英国在华商人也在考虑是否和中共取得联系。根据邓宁先生的意思，这份备忘录的目的是："从恰当的角度来看待这些事态。"——原编者注

② 此处部分内容未译。

会渗透到政府中感到吃惊。接着，他指出这一做法和纯粹的中国利益不相调和。最后，他总结认为："这个原因……必须从中共领导人认为什么是他们马列主义信条的最高利益同时又恰好如此适宜地符合苏联的利益中寻找。"①

……②

然而，随着取得越来越多的胜利，很明显的是，中共变得越发冷酷无情。有理由这样推测，既然中共领导人是坚定的马克思主义者，土地就不会被允许无限期地保存在私人手中，而会被集体化；除了无产阶级外，所有的阶级都会被消灭。诚然，斯拉夫人强调放弃个人利益的思想同中国人强调个人主义形成了强烈对比。同样的事实是，国民党在 1927 年摆脱了苏联的监护，驱逐了共产主义者。另一方面，今天中国共产主义的力量远比 1927 年强大得多。事实上，中共已经在它所控制的地区用一种直接的方式来改造中国人的生活和性格，这种方式，如果不马上改变，可能会长久地存在下去。中共主要的领导人如在哈尔滨的李立三，在华北的毛泽东都受到莫斯科培养，并且经常与莫斯科保持无线电通信。无疑，起初中共在一定范围内允许私有企业的存在，但是毛泽东清楚地阐明中国共产主义是世界革命的一部分，所以，中国共产主义的最大目标是在中国实现马克思的共产主义设想。在这方面，我们有趣地发现，毛泽东在 1947 年 12 月 25 日给中共中央委员会的一份报告中清楚地写道：中国共产党要依靠"苏联社会主义力量"，依靠"马列主义科学思想"。在这份报告中，有如下段落："美帝国主义及其在不同国家的走狗，已经……组织了反动阵营，来反对苏联和欧洲新民主国家，反对社会主义国家的工人运动，反对中国人民的解放……东方国家的所有反帝国主义力量应该联合起来反对各国帝国主义和反动派的压迫。"

因此，如果共产党掌握了政权，就有可能执行符合苏联利益的政策。确定没有证据表明中国的共产主义是自成一格的，其他地方的模式，因通常的变化用以适应当地的特殊情况，也不能应用到中国。

（姚百慧译、校）

---

① 参见 19461123，YD00004。

② 此处部分内容未译。

19480407，YD00043

施蒂文致贝文电①

(1948 年 4 月 7 日)

第 283 号（F 6117/33/10）

机密，南京（4 月 27 日收）

国民党统治崩溃情况下的华北形势

先生：

这里我荣幸地递送给您一份由英王陛下驻天津总领事转呈给英王陛下公使的信件复本，该信件是由 A. E. 富兰克林先生起草的关于国民党统治崩溃情况下华北形势的评估。

2. 您会注意到，伯德特先生与富兰克林先生的观点，必然带有很大的猜测性，在对以下问题的评价上出现了分歧，即那种共产党的控制将带来一场共产党的胜利，也就是说，不论怎样共产党都能够把这个国家非常有个性的居民塑造成那种通常与莫斯科控制之下的国家相类似的样子。

3. 但是，这个问题似乎是纯理论的，因为共产党的理论与实践有着足够的弹性，可以确保使用不同的方式处理不同的问题，所以，如果中国看上去需要比保加利亚更轻的手段，我认为我们可以确定这种情况即将到来。

4. 但是，如果认为长期来讲这不会导致听命于莫斯科，认为当这种听命情况发生时随着共产主义发展邪恶和压制不会增长，无疑都是错误的。

5. 我正向新加坡和天津发送这份急件的副本。

拉尔夫·斯克林·施蒂文

---

① 资料来源：*BDFA*，*Part Ⅳ*，*Series E*，*Volume 5*，pp. 53 - 56。

附件 1 伯德特致英王公使的信

（1948 年 3 月 19 日）

第 98 号

天津（10），秘密

我亲爱的兰姆：

我附上一份由富兰克林先生起草的备忘录，它评价了在不久的将来如果国民党统治崩溃华北可能出现的政治形势和事态发展。

2. 虽然我大部分同意富兰克林先生表达的观点，但是我认为，共产党对满洲的控制远未完成，在沈阳沦陷之前，我们都无法对共产党或国民党有关华北未来的意图做出任何明确的判断。就如共产党此刻表明的态度，他们将继承包括大片商业区在内的城市地区的管理事务，在天津的中国人和外国人当中存在应当"等着瞧"的普遍反应是可原谅的。

3. 危急关头漠视意识形态问题似乎也是中国人特有的反应，他们很少对理念问题表现出较大的热情。鉴于过去两年在青岛和沈阳的经历，我所得出的印象是，中国人将通过来自共产党控制区的各阶层逃难者得到的结果去判断共产主义，并且相当多的共产党控制区提供了某些迹象，即一些人认为迄今得到的结果是无法忍受的。

4. 在尝试评价共产党扩大对华北控制的可能后果时，我们不能忽视由莫斯科灌输的共产党意识形态发展的历史背景。自老俄罗斯帝国农奴解放以来，时间过去了快一个世纪，她的居民习惯了一个专制的、通常是残暴型的政府。东欧，波兰、匈牙利和波希米亚的人民，虽然比起他们的俄罗斯近邻少了一些愚昧和温顺，但依然臣服于主要是外来人的专制政权，而他们很少有机会参与政府；在巴尔干，可能有的自由几个世纪以来也被土耳其人剥夺了。另一方面，在中国，迄今由连续几个王朝和政府施加的控制是松散的和区域性的，人们顽固的个人主义常常使他们感到处于被压迫的时代。因此，如果要对整个华北实行强硬的、高度集权化的控制，那么共产党大概会发现这是困难的，于是，共产党的意识形态在中国的发展路线将大大不同于其在欧洲所采取的路线。

5. 除了这些思想上的保留意见之外，我与富兰克林先生都对未来持悲观的看法。我认为，附上的备忘录是一份对目前华北盛行的混乱形势有用的评估。富兰克林先生和我都意识到了，那儿有许多无法预见的事情，但是我们都觉得，在仔细思索基础之上的评估可能是有些用处的。

S. L. 伯德特

附件2　对国民党统治崩溃情况下华北形势的评估

从政治角度看，华北就是处于一个熔炉中。上个月，华北没有紧急、骇人的事态发展，表面维持了正常状态，甚至出现了更为罕见的繁荣，但潜在趋势仍暗示了形势在继续恶化。通货膨胀的物价体系比起以前来更加失去平衡，战争的阴影越来越浓、越来越近。能足够意识到危险局势的征兆并评判其严重性的那部分中国民众的焦虑不安似乎很快变成了一种彻底失败主义的无动于衷。大部分的民众——虽然可能更少思考命运——无可否认地打算坐视事情的发生。看上去他们不动声色的乐观主义的根由，部分是因为对危急关头意识形态问题的淡漠，部分是因为无知，以及有点诡诈的猜想，即事情要么不会变得更糟，要么只是慢慢地变得如此。无论如何，很少有人觉得能够做些什么，只能让事情顺其自然。形势大半已经失控，因此，为什么要担心？一些事会好转，如果不是这样，那确实是太糟糕了。

2. 奇怪的是，如果国民党在华北的整个体系崩溃，至今似乎很少有就可能发展的态势进行评估的尝试。因为只有北平－天津走廊的铁路交通和一些驻防的城镇完全牢牢地控制在国民党手中，所以这样的崩溃肯定已经不只是一种可能性了，何时发生则多半仍然靠推测。这里甚至可以认为，支持共产党事业的武装力量可能不是不愿意看到斗争被延长，以及正在瓦解的武装力量被给予更长时间的自由喘息。但是，缺乏国民政府有效的和积极有益的措施，以及美国直接大规模的外部介入，这样的崩溃出现在未来某个时刻无法避免且时间不会遥远，似乎这是难以回避的结论。

3. 诚然，成熟的过程，或者更确切地说是"腐烂"，比其他地方预计的要来得缓慢一些。但是，如果当它到来时，变化将会是非常的突然。

4. 神经战足以削弱抵抗共产主义的意志，一种绝大多数人绝不会特别强的意志。一定要记住，国民党从未对民众做过任何有效或鼓舞人心的呼吁。他们的信息如此有限，以至于愤世嫉俗者甚至能够断言，国民党本身就是共产党的第五纵队，因此共产党不需要地下网络或是抵抗网络。主张不惜任何代价的和平的观点并不罕见。那些持这种观点的人认为，不管他们自己多么偏爱政治自由，但没有比目前的内战和流血过程对中国更有害的事情了；中国不可能出现某种"第三力量"，自由主义者、态度骑墙的教授、国民党控制下的萌芽状态的工人组织，都缺乏足以勇挑重任的优良传统；与其因坚守某种半心半意和一开始就注定要失败的事业而摧毁人们的生活，更好的方法是采取现实的和失败主义的观点。

5. 除了可能挽救华北使之不完全落入共产党控制之下的办法外，设想了两种可能性如下：

（1）国民政府采取有效的和积极有益的措施补救形势。然而，看上去政府的财政赢弱、军事和行政上的无能，已经到了排除这种可能性的地步。

（2）直接和大规模的外来介入。看上去美国提供的财政甚至是军事援助，在规模上不足以满足国民政府的需求，尤其是鉴于美国在其他地方的义务。这样的援助，被解释为直接介入内战，可能会导致以下后果：

（a）苏联间接或更加公开地增加对共产党的援助。

（b）加重可能不能利用被给予如此喘息时机进行改革的国民政府的无能和低效，事实上，这样存在的要求改革和改组的压力，可能同财政和军事援助的直接结果一样，产生不了多大的效果。

（c）使美国在中国舆论中更加不得人心，因为它被看作是正给内战"火上浇油"。

6. 就支持国民党政权而言，美国地面部队的直接介入可能被证明会更加有效。从青岛或日本到北平和天津的距离不是难以克服的，在朝鲜"站稳脚跟"和在华北做同样的事情之间的根本差异并不很大，但是存在一些困难：

（a）美国舆论几乎不会赞成这一新的和不确定的义务。

（b）中国共产党将会利用——可能非常成功——这样的"帝国主义侵略"或"杜鲁门主义"的延伸。

（c）将严重地触犯到对主权小心谨慎的国民政府（至少可以说，在1946 年和 1947 年，美国海军陆战队十分不受欢迎）。

（d）这样一支占领部队楔入南面共产党和满洲之间的北平 - 天津的狭长走廊，战略上是很容易受到攻击的。虽然一支象征性的部队可以"吃力地把问题对付过去"，就如美国和英国的占领部队在柏林（德国苏占区内的国际孤岛）那样。当然，这是假定"对手"不愿意或者不打算挑起一场公开的冲突。

7. 如果上述提到的两种可能性都被排除，或者最多被当成拖延的手段，那么华北在将来某个时刻，大概要不了多久，将完全被共产党控制。作为军事上兼士气上突然崩塌的结果，这样一种事态发展会不经历战斗而到来，或者如果战斗到底，可能来得会慢一些（傅作义本人可能会战斗到底，但是其他满洲和华北的部队更可能会停止抵抗，低落的士气众所周知是会蔓延开的）。

8. 如果华北完全落入共产党控制之下，那么一些直接的后果如下：

他们大概会尽所有的努力沿着积极的路线去创造一个新的面貌和实现的方法，也可能创造一系列新的地缘政治观念，例如或多或少像北朝鲜、满洲、华北、内外蒙古这样广泛相连的自治政治实体的联盟。华北连同伟大的文化都城北平，能成为一块磁石去吸引或者无论如何转移严格意义上的中国的残余力量。柏林和德国苏占区的相似情况再次浮现在脑海（在满洲和德国苏占区的赔偿和最初的拆除政策——不管多么不符合逻辑——看上去一样都要适应控制者的模式）。东欧最近的历史也表明，如此广阔的地区都能用相同的共产主义意识形态作为纽带联合起来。

9. 华北的任何共产党政权几乎都会继续致力于将农村改革和土地分配作为其存在的基础。在城市中心，将不得不第一次面对大量新问题。广泛的政治再教育大概将被优先考虑，警察、士兵、学生、工人、妇女组织可能位于接受再教育的前列，他们中的所有人都必须被教育成"政治斗士"。报刊和电台将从消息来源开始就受到控制，一些政治自由主义者和一定程度的政治宽容的氛围，在最初可能被证明是有用的。经过适当教化，民众审判和人民法院会与专制警察体制结合起来，从而可以预见到一个短期的、在一开始或许深入的清除危险分子运动。像货币改革过程中冻结银行账户这样的金融措施，大概有助于对付通货膨胀问题，以及清除城镇中那些无论如何在政治上属于不可靠因素的较富有的中国人的利益。取消目前对城镇的部分封锁意味着更容易从农村地区获得食物供应，固定价格的配给和并行但规模较小的自由市场，能够确保最低水平的供应以及鼓励农民去出售他们的粮食。这里不会出现对外部和外国市场的直接依赖。

10. 就数量减少的外国——英国、美国或第三国——人士而论，很难判断——实际上等于是猜测——共产党对他们的直接态度是什么。他们可能受到限制，但被允许继续活动一段时间。然而，很难想象能够指望任何长远的未来。在某些情况下，他们直接的存在可能是一个有利的条件，甚至为了世界舆论一开始可能给予一些商业贿赂以讨好他们，而同化的过程正在进行当中。

11. 德国苏占区为在共产党完全控制下华北可能发生的情况提供了最好的参照物，在运用相似的步骤去适应中国人的特点和性格方面出现的差异，毫无疑问是值得注意的，中国共产党大概能够担负更直接的信任去组织他们自己的新民主。尽管中国共产党与俄国或西方的共产主义侧重点通常不同，但他们的特征几乎是相同的。虽然发牌的手完全不同，但是在用同样的牌玩同样的游戏。

1948 年 3 月 19 日

（耿志译，姚百慧校）

19480525，YD00011

施蒂文为答复质疑并为自己辩护致邓宁电①

（1948 年 5 月 25 日）

（F 8023/33/10）

机密，南京

尊敬的邓宁：

根据你 4 月 8 日的来信（尤其是第 3 段和第 4 段，F 2535/33/10），我希望我们是错误的，在关于中国共产党的报告中，我们的建议模糊，前后不一致，缺乏客观性。如果是这样的话，你要相信，我们两人都没有意识到这种问题。

2. 在我们关于这个重要主题的报告中，任何明显的差异甚至矛盾都是对整体状况中显著的发展变化的自然反映，这些变化已修改了我们对事态发展迹象的解读。例如，我们在第 83 号信函中所强调的重点内容，就是介绍毛泽东圣诞节电文中所体现的中国共产党政策的新因素，共产党的领导人用多种表述不断地阐释这项内容，即承诺在共产主义制度下，把保证人民生活的范围扩大到中农阶级和小资产阶级。这是寻求除了无地农民以外

---

① 资料来源：*DBPO*, *Series* I, *Volume* VIII, *Britain and China*, *1945 - 1950*, pp. 149 - 155。

的中产阶级和城市人口的支持——无可否认它仅仅是一种通常的共产主义程序的变换形式——但它毫无疑问也是一项引人注意的措施，这项措施引起中央政府的重视，中央政府随后颁布一系列相应的对策，承诺实施"耕者有其田"的纲领。另一方面，蒋介石的新年讲话无非是重复过去七年内演讲过无数遍的东西，其内容只不过是谴责共产党是造成中国目前祸乱的原因，其他原因还包括官僚腐败和通货膨胀。因此，它好像没有毛所公开的新纲领引人注目，也没有引起我们更多的关注。

3. 我希望我们的报告可以清楚地表明，对于共产党的声明和蒋介石与国民党的政策，我们对它们的表面价值予以同等重视。我们对两者都不必公开赞扬他们的诚意。然而，我们对两者的分析必然存在差异，因为我们数年来一直生活在中央政府统治下的地区，我们对国民党行为的报告和批评首先基于我们的所见所闻，这些见闻恰巧都不是值得赞许的好事。实际上拒绝承担 1943 年条约义务、最近的广州事件等诸如此类的事情，还有各种针对英国利益的歧视性限制或破坏性行为，在我们看来，这些事件很明显构成一种持续恶化的态势。至于对共产党的行为分析，我们显然缺乏足够的事实依据，以致我们的观点只能是推测性的，也可能正是这个原因，我们的结论易于产生较大幅度的偏差。从对当地甚至是战场产生影响的角度，分析共产主义扩展到整个中国的前景，我们主要依靠的是二手信息，我们必须仔细衡量这些信息，以免受到叙述者政治上或情感上偏见的影响。然而，共产主义毫无疑问已经犯了众多的罪行（就此而言，中央政府在这场更残酷的报复战争中也犯下暴行），尤其是通过人民法院。民众普遍以厌恶和恐惧的情绪对待国共双方，因此，双方在向各自的阶级进行积极宣传的同时，需要自然地拉拢其他阵营。公众已经怀疑国民党关于改革的承诺，尤其是当他们重提"耕者有其田"的政策时，这项政策无非是一种经常被遗弃的陈词滥调。另一方面，共产党比较精明，注重实效，他们总有可能实施一部分其所宣称的公平待遇和改善生活条件的内容。毕竟，收买对国民党效忠的中间阶层符合共产党的自身利益，这些中间阶层都是可靠的中小地主阶级。因此，关于共产党的政治行为的报告更倾向于反映出即使不是痴心妄想也是一种迫切的愿望，这种愿望至少表明在华北地区，任何政权统治下的局势都不会比国民党统治下的更坏。

4. 这对于我们当然是一个重要而棘手的问题，即中国共产党可能在多大程度上摆脱或避免苏联的影响（中共之豹在何种程度上可以脱去或避免长出苏联之斑）。或者，如果可能的话，从另一个角度和更具体的方式来阐述这个命题，即根深蒂固的中国的风俗习惯和民族特性将在何种程度上抵制苏联式的共产主义的冲击。这个问题与中国式的共产主义是否会自成一体不是一回事。当然，这完全取决于人们如何去解释这个术语的含义。无论如何，我们的结论是，在某些方面的观点有变化，虽然共产主义只能是共产主义——一个邪恶和破坏性的魔鬼——无论是在肥沃的土壤还是在贫瘠的土地上生根开花，但是它都不可能克服根植于中国人民和土地上的某些力量。在这种情况下，作为开发者的应急之策，莫斯科的头脑们也会考虑到这种潜在的阻碍而相应地修改他们的指示。例如，自古以来，中国农民就渴望拥有土地以保障家庭和自身的安全，我们不相信，集体主义理论从长远来看能克服这种古老的愿望。我们认为，在毛泽东的宣言和中国共产党的其他公告中，都有意承认中国人的这种基本特征（中国人还表现出类似的特征，即对个体企业的情有独钟）。在这方面，一位中国专家所写的一篇关于中国农业改革史的文章可以为这个论题提供证明材料，兰姆在 5 月 3 日写给邓宁的半官方的信件（编号 256，F 24/840/48）中，第 3 段曾引述过这篇文章。因此我们认为，把中国转变到共产主义正统的道路去，至少将是一个相当缓慢的过程。

然而面对一种危险的说法——中国的保守主义将会吸收然后扼杀掉共产主义，没有谁会鲁莽地否定。忽视中国的天才们将中国的本土文化和生活方式植入或强加给外国侵略者并使其接受的做法是愚蠢的，因为这些外国侵略者随着时间的流逝已经丧失了主动权和他们的男子气概。中国的惰性和腐败是非常有效的，而且惰性与腐败不同，它会使如同共产主义那般坚定的力量都变得柔弱无力。

5. 在任何情况下，我们都必须考虑共产主义的进步作用对英国利益的影响，不管它是来自于正统的苏联模式，还是已经被修改过的中国模式。而且我们还要考虑应该采取什么样的措施来解决或者预防由此产生的效应。根据你信中第 11 段的建议，这方面的情况已经在起草的急件中得到了处理。一般来说尽管最近的种种迹象已经表明对外国人包括传教士的态度已经没有之前那么敌对，但是共产党在其所占领的区域，不会过多考虑英国或者其他外国的利益。正如你信中第 7 段所说的，任何改善在最开始的阶段不大有可能持久，我们没有感觉到那是一个蜜月期，如果有的话，它也是稍纵即逝的。可以大胆假设，这样的蜜月，只是为了方便而不是爱。事实上，它不会在一个国家中（比如说在中国）存在，因为在中国仇外心理已经成为这个地方所特有的一种心理，因此它不会受来自莫斯科的影响。毕竟，排外主义在国民党政治哲学中是一项基本要素，《中国之命运》已经非常清楚地表明了这一点。因此从短期来看，在中国共产党主宰的政体下，对英国利益的处理有可能会得到改善，但是从长远来看，如果共产主义要与非共产主义国家对抗的话，将不可避免地会对我们造成损害。

6. 在我们的头脑中，我们的面包在共产党人的那一面是不会被涂上黄油的，所以毋庸置疑它会变酸然后腐臭。我们必须拥护国民党，不能向共产党人抛出橄榄枝。事实上，此举在对抗美国人观念的同时有额外的缺陷——在中国以及其他任何地方英美团结都无比重要。我方的任何行动都可以解释为正努力"收回"现今在中国共产党的圈子里美国的不得人心。因为他们主动去帮助蒋介石的反动力量，并强调我们不主动地去支持蒋介石，这是一个非常愚蠢的政治错误。而就在我们冒着我们的人民在共产党的区域内遭到报复的风险，以一种信念和共产主义搏斗的时候（在1948年5月12日编号为383的急件中可以看到），我们必须要小心谨慎，不能让中国共产党人对我们产生敌意和怨恨。这也是为了我们的利益着想，是为了一些区域被共产党占领后，使我们的领事可以继续留在他原有位置上这件事情不会变得太难。

7. 尽管不必向共产党人示好，但是我们必须承认处理目前或是将来由他们控制的地区，与他们打交道是现实需要。不管我们在阻止中国共产党人推进上的行动是多么无力（谁也不知道军事顾问团和其他国家对中国的帮助是否能提供必要的阻力），为了保护英国的利益我们都不能放弃斗争。如果有促进英国贸易之类的机会出现，我们一定不能因其在红色政权掌握之中就过于谨慎地错过。事实上，这可能有助于我们反共产主义。如果能够通过英国的非官方渠道与共产党地区进行贸易，强调在自由基础上实行中外贸易的必要性（现在的国民党政府一直忽略的原则），以期通过呼吁恢复中国人的商业贸易来减弱他们对毫无生气的苏维埃主义的信仰。但是承认中国共产党是不可能的，同时，我们没有意识到随你的信件一起附上的4月1日中国政府部门的备忘录中你对这个问题的严重性所提出的初步意见。

8. 否则，我们将发现我们自己大体上同意你提出的关于当前形势的看法。尽管无疑由于它的简洁特质以及一个事实，即它阐明了一个主题，正如序言中所宣称的那样，该观点往往集中于共产党的错误导致了马歇尔和平协议的流产，事实上它没有注意到国民党的破坏（按照内战的发展趋势，此刻正处于内战的上升时期，蒋介石的"赌注"一直在提升，绝不亚于周恩来）。在这方面，历史的裁决肯定是双方都没有诚意和平地解决问题——蒋介石永远不会动摇他的意志，从 1927 年以来一直到太平洋战争爆发期间，蒋介石一直试图消灭中国共产党（国民党本身就是苏联共产主义的产物，保留了许多苏联特征，1927 年却脱离了苏联的领导并且开始捕杀它以前的同伴）。事实上，敌对双方之间发生生与死的斗争，是不可避免的和必然的，因为他们都希望夺取政权，成为主宰。在这样的情况下，一个弱小的党去充当一个次要的角色是没有前途的。然而，我们对民主同盟曾经一度抱有微弱的希望，希望民主同盟可以通过人民政协和政治宣传推出一个或两个良好的成果，这可能会被证明是两个相互冲突因素和解的桥梁。结果很明显，民主同盟从来没有机会发挥和解的作用，民主同盟成员们发现他们自己将要面对的是与比较活跃的红军的联盟或者是自己在联盟中将处于非常次要的地位。中央政府剥夺民主同盟的权利，这一事件驱使除温和派之外的所有人加入了敌人的阵营，因此在我们看来这是一个重大的政治错误。民主同盟已经成了共产党的傀儡或者流亡者宣言的起草者，其独立政治团体的地位遭到鄙视，这对中国而言是不幸的，因为民盟中一度有很多潜在的"自由"领导人。

9. 作为一个细节问题，我们注意到在中国政府部门备忘录的第 8 段提出毛泽东是被"莫斯科化的"。如果这个说法的目的是说毛泽东受到了莫斯科的教育或被灌输了苏维埃思想，那么我们有兴趣了解我们呼吁的却没有被证实的这个声明的权威性。无论如何，我必须承认我们这一方犯了个错误，即对我的第 83 号文件中第 10 段的错误理解，很明显地，对于这个误解，我们是有责任的，这也包括对你的信件中第 6 段的误解。正如所描述的相关的句子是"中国不可能完全排除外国势力"（不幸的是，我没有注意到它），而在公文中，被打成"中国不可能排除外国人"，这是一个明显错误的推论。然而大量的华人在海外这个事实，让我们不需要担心中国可能关闭它的国门。与此同时，相反地，中国想建立一个不受外国势力渗透的"铁幕"是很困难的，因为这些外国的思想和观点会通过海外华人同他们的家人和朋友的广泛交流输入中国。

（王本涛译，姚百慧校）

19480525，YD00044

兰姆就中共自身政策致贝文电①
(1948 年 5 月 25 日)

第 415 号（F 8050/33/10）
南京（6 月 8 日收）

先生：

1947 年的圣诞日，毛泽东向中国共产党中央委员会做了一个报告，报告包含了几项值得关注的有关中共目标和政策的内容。特别是毛泽东对党纲所做的评述表明，中共对单纯指向无地农民的土地政策做出了重大的修改，因为他承认有必要向中产阶级做出妥协，承认未来中共政权下小商人能够在中国扮演重要的角色。

2. 这个向更广大的人民进行呼吁的做法，在随后由重要的中共人物所做的各项声明中更清晰地得到了表达。毋庸置疑，此种承认和有利对待的许诺，对相当一部分农村和城市的民众有吸引力，尤其对于民心可能处于较低潮的华北，当地的老百姓自日本投降后就处在中央政府的管理之下，对生活条件并不满意。至少从中央政府发言人随后承诺进行有利于土地耕种者的土地改革的声明中明显可以看出，国民党的宣传负责人完全意识到了他们的对手开始这个新方针的潜在后果。

3. 中国经济形势进一步恶化很不幸地为播种共产主义的种子提供了非常适合的土壤。明智的外国观察者实际上已经描述了一种趋势，即街头的老百姓，尤其在北方，认为在共产党统治下的生活前景可能会得到改善。对于深受内战动乱与蹂躏以及无能腐败官场之害的人来说，至多是两害相权取其一。此外，其他国家的共产党政府已知的某些特性，对于普通的中国人大概不会像它们对于个人自由已经成形的国家的民众来说那样遭遇反感。例如，任意的强征暴敛、无视人身保护权和秘密警察的活动在这个国家并不是新奇事，在这里虽然由共和政府取代了至高无上的皇帝，但这样的极权主义习惯做法被保留了下来。

4. 当然，这并不意味着共产党的哲学对普通中国人有着天生的吸引力。

---

① 资料来源：*BDFA*，*Part Ⅳ*，*Series E*，*Volume 5*，pp. 68 – 71。

相反，尽管在自由主义分子和知识分子圈内有许多共产党的同情者（当然，特别是在华北的大学里），但正统的共产党信条的某些方面，比如土地耕种的集体主义，与农民根深蒂固的拥有耕种土地的愿望是相冲突的，土地对于他和他的家庭一样都是最可靠的生活保障。共产党坚持将土地分给个体农民的土地改革纲领，表明共产党认识到了这一重要因素。他们愿意依据自身利益以及比起国民党来在把握心理时机方面有更好的适应性和能力去调整政策，证明了这一点。因此，虽然共产党的一些手段比较残忍，比如通过人民法院迫害不幸的受害者，这成为大批避难者将恐怖的故事带到中国其他地方的起因，但是国民党未能改善大部分民众的生活，导致普通的老百姓更容易接受共产党的宣传。因此，从中国老百姓的角度看，不管它可能以怎样改头换面的形式出现，共产党渗透战术的威胁是真实存在的。虽然他们大概有理由希望在共产党统治的初期，生活条件能得到某些改善，但他们对这种改善能够长久持续的期望，无疑会落空。

5. 当然，英国和其他国家的利益一样难逃相同的下场。没人能否认目前国民党政策中排外的基本原则，例如，就像《中国之命运》中所阐述的，以及以对外国企业进行歧视性限制这样的方式行事，实际否认中国政府在1943 年及其他取消治外法权的条约中的义务，在沙面和九龙城进行有组织的且通常是暴力的煽动。尽管如此，可能也存在一些希望，即国民党领导人随着政治上更加成熟而改善对外国人的态度，反之，其他国家的经验已充分证明，共产主义只会引起事态的恶化。然而，在其他国家，存在公然敌视我们的共产党和与我们友好的共党反对者，问题因而很明确，但在中国去估量现政府与共产党政府之间潜在的利弊则更为困难。另一方面，在中国，仇视外国人是一种民族特征，所以做判断时不必考虑执政党的性质。在这方面，有一些令人关注的迹象，中国共产党正意识到有必要通过驱散至少是减轻他们以前粗暴地对待外国人特别是传教团而形成的不佳的海外印象，去争取外国的支持。所有来自目击者的描述过去都是强调他们粗暴地对待外国人，天主教传教团是其中最糟的受害者，最近在共产党控制区有一些迹象表明，他们开始实行一项经过深思熟虑的有限尊重外国人及其财产的政策。例如，河北献县外国传教团中的某些成员相对不受干扰，甚至有时被共产党允许前往天津。此外，有理由相信在满洲四平的罗马天主教主教和他的随从人员，被共产党逮捕后受到了理性对待并被允许撤走。虽然营口（牛庄，该港口最近被共产党占领）的两名颐中烟草有限公司（前英美烟草公司）英国雇员的消息，大概不十分令人鼓舞，但是比起几个月前同样的情况，对他们的安全可以少一些担心。另有迹象表明，预期当他们能够控制像天津这样的贸易中心时，中共领导人可能愿意同外国的利益集团进行商业交往。

6. 然而，过于相信这些对我们逐渐减少敌意的表示则是过度草率的。不管中国实行的共产主义为了适应民族的特点而改头换面成什么样子，共产主义对非共产党国家根本上是敌视的，这种敌视迟早会在中国显露出来，甚至会使其摆脱苏联的指示。莫斯科将极力针对中共施加最大的指示权，同样是不可避免的结论。在这样行事时，正统的苏联共产主义在面对中国人的固执和惯性思维时，可能遇到阻碍甚至是失败，但它的有害影响难免会取得成效。关于这一点，共产党控制区的访问者得到的印象是，相比这一地区年龄较大的人来说，年轻人对斯大林和苏联的信条有着更大的热情。

7. 因此，很明显的是，尽管中国现政府有着不容置疑的缺陷，但我们不应该通过过分奉承的方式鼓励共产党。与此同时，鉴于英国的利益可能成为他们手中的抵押品，做出不必要的敌对姿态显然是轻率的。就我们而言，向中央政府提供我们能适当给予的援助并且使我们尽可能地在这方面同美国的政策保持一致，依然明显是有利的。但是，这样做的困难是，美国政策本身仍然有些含糊并且偶尔反复。这主要是由于任何给予中央政府的积极援助的效用，都取决于它准备和胜任采取确实的步骤去最充分地利用自己的和那些来自海外的资源（比如美国的援助）的程度。再多的钱和物资流进这个国家本身都是不够的，没有中国人的真正配合，结果将同联合国善后救济总署的行动一样失败和徒劳。美国官方，包括在南京的和在华盛顿的，长期致力于向委员长灌输更有力的自助的必要性和紧迫性的意识，但成功被我5月20日编号为443的电报中所阐述的那种政治原因所阻碍。因此，不可避免得出这样的结论，有效抵制中共在中国进一步扩张的威胁的唯一希望是实际的外来军事援助，但是，无论是美国还是任何其他民主大国，都不会随便采取这样的步骤。尽管如此，看上去只有军事解决才能提供长久的希望。通过议会程序和平解决不再成为可能，如果确实有过的话，即便是在马歇尔使团调停期间亦是如此。由于斗争的剧烈，这实际是一个共产党还是国民党统治全中国的直接问题，划江而治的和平妥协看上去几乎是实现不了的，虽然这是美国在中国的官方代表所考虑的解决之道。因为现实是当前的内战加上随之而来的经济混乱似将没完没了地继续下去，就目前所能估计的而言，任何一方都不可能纯粹因为筋疲力尽而听从于理性或者放弃斗争。

（大使不在）

L. H. 兰姆

（耿志译，姚百慧校）

19480818，YD00013

蒙哥马利关于世界总体形势的备忘录（摘录）①

（1948 年 8 月 18 日）

CIGS/BM/31/265/2562（FO 800/453）

私密，绝密，陆军部

1. 世界总体形势正变得很严峻，这一点更加清晰了。莫斯科统领下的共产主义宗教正缓慢地把世界拖入巨大的危险之中；这些危险的全部意义还很难把握。

国防委员会决定向内阁提交报告，接受委托制定方案，必要时可以使武装部队立即处于良好的应急状态。②

同时陆军部必须注意日益增长的危险给我们自己的事务所带来的影响；我们必须肯定的是不要试图做超出我们资源潜力的事情。我们必须清楚，在承受不起失败的领域，取得成功是我们行动的必要前提。

2. 下面就三个核心地区提出我的看法，这些地区肯定会有麻烦，而且

---

① 资料来源：*DBPO*，*Series* I，*Volume* VIII，*Britain and China*，*1945 - 1950*，pp. 160 - 163。8 月 19 日，驻阿拉曼的陆军元帅蒙哥马利勋爵向贝文先生呈上了这份备忘录，并在随之呈上的信中说道："我偶尔向陆军联席会的军事成员们和某些陆军参谋部的高级成员写备忘录，表达我对时局的看法。这些备忘录意在影响陆军部的思想和政策，以确保陆军部的工作切合现实，不像鸵鸟那样把头埋在沙里。"——原编者注

② 参谋部、国防委员会和内阁的备战考虑此时转向了柏林空运危机，在 DBPO 即将出版的卷涉及冷战时期的柏林相关档案。在一份 1948 年 7 月 3 日关于"西欧防务组织"的备忘录〔COS（48）147（0），附录 2，DEFE 5/11〕中，参谋部认为总体战争只有在苏联完成战后的第二个五年计划才有可能爆发，在此情势下，远东和太平洋的主要军事负担有赖于驻军于日本和琉球的美国。"英联邦和远东的其他盟军的任务可能限于维持它们分配区域内的内部治安。"——原编者注

如果我们遭受失败，后果将是灾难性的。

西欧、中东、远东……①

远东

13. 共产主义浪潮在远东呈汹涌之势，它源自中国。

14. 在缅甸，约1/3的部队已经转向共产党。形势非常严峻；整个国家会很快转向共产党。

15. 马来亚全国处于无序状态，② 麻烦是由中国共产党造成的，它正通过缅甸加强马来亚共产党的势力。我们正派往该地的部队不足以恢复秩序，尽管他们会帮助文官政府恢复自信直到有力量足以掌控局势。

我们需要增加3~4个师才能击败敌人，但是我们无法得到这些部队。现在马来亚真正需要的是由当地人治理的坚强政府，有优良的地方法官，一流的警察队伍，高效能的刑事调查机构和警察情报组织，保护居民的地方治安组织，等等。

除非在马来亚就上述方面采取坚决措施，否则我们可能会失去那块领地。③

---

① 这里摘录的仅限于备忘录的远东和结论部分。关于西欧，蒙哥马利勋爵"特别要求"相关各国决心"保卫它们的国土到最后一刻"。第二点是，最高指挥官领导下的组织能建立起一支必要之力量。帝国总参谋部的一份情报称，目前二者都缺乏是令人震惊的。军事上讲，法国未来必须是西欧的"坚强核心"，英、美"现在要立刻协调行动促使法国重新武装"。关于柏林，蒙哥马利勋爵怀疑在冬季数月里空运能否保证柏林的供给。盟军不能不顾俄国反对无限期待在柏林。他们应该朝柏林会议方向努力，创设"适当的无压力条件"。在中东，帝国参谋部认为实行紧缩政策在目前的形势下"太早"了，因为它假定会早日回到达成和平时刻的局面。他特别强调在埃及保留一个核心军事基地，一旦战争需要就能迅速扩充。——原编者注

② 三名欧洲种植园主遭谋杀之后，1948年6月，马来亚联邦宣布进入紧急状态。7月，马来亚共产党被取缔。然而，英国政府没有声称马共与其他共产党有联系，这暗示英国试图与中国共产党就在华英国利益达成谅解。1948年10月，中国驻伦敦大使向外交部抗议紧急状态下所采取之部分措施的严重性。中国驻马来亚霹雳州之怡保领事报告300个华裔家庭的房屋被烧毁。居住者无家可归，也没有时间转移财产。（F 14871/1437/10）——原编者注

③ 萨金特爵士8月23日对本备忘录第13~15段发表评论认为，虽说需要大量的军队才能恢复马来亚的局势，英国和其他远东"友好"领地的安全"只有通过足够的警察部队和情报机构才能获得"。不要一味地指责殖民政府，日本占领结束后，它正不得不重新在马来亚建立安全部队，他认为马来亚的警察力量是"不够的"。"毋庸置疑，我们缺乏远东共产党和其他破坏活动以及他们与莫斯科关系的情报"。要是建立起足够的警察部队和情报机构，在马来亚发展到目前局势之前，就有可能"把破坏活动扼杀在萌芽状态"。不要孤立地看问题，英国要与缅甸、柬埔寨、法属印度支那和荷属东印度建立情报共享机制。（FO 800/453）——原编者注

结　论

16. 前景如果不是一团漆黑也是昏暗的。因为我们的部队被允许进入之地充满了危险，我们不可能有太多作为。

17. 所有这些困境，首当其冲的就是陆军，马来亚的困境需要上兵。如果中东不是因为战争而是由于共产主义和激进的抵抗主义也燃起战火，埃及、利比亚和非洲之角就需要士兵；每个地区第一需要的将是更多的军队。

18. 当动乱爆发时，只有充足的军队在现场第一时间做出反应，通常才能平息事态，因此事态一露头就必须坚定快速地处理。除非如此，平息动荡就要耗时长久，结果是会付出很大的生命和财产代价。

19. 如果要在接下来的 6～12 个月的时间内取得胜利，我们必须立即采取措施，确保在中东我们有足够的军队对这个广阔地区产生的动荡做出坚定迅捷的处置。远东同样如此，但是应该要求澳大利亚在远东施以援手。

20. 在西欧，我们目前不能做得太多。但是我们必须确保西欧的大陆国家为此做出一定努力，我们在欧陆必须鼓舞士气。我们要牢记，根本上说，西欧长久以来就是重要的战区。

21. 最后，要注重兵源和装备问题。关于兵源，只要世界像现在这样不太平，我认为国防服务法中 12 个月的兵役期就不能应对我们的问题。我认为应该延长该法规定的兵役期。现在的国防法兵役期制定的前提是世界是和平的。

世界并不太平。因而需要全面检视该法的条款。

至于装备，相关部门注意到了这个问题。现在急需的是技术人员维修和保养我们储存的装备。

（张华译，姚百慧校）

19481028，YD00045

兰姆就北平和天津的政治形势致贝文电①

（1948 年 10 月 28 日）

第 859 号（F 15167/33/10）

南京（10 月 29 日收）

政治形势

以下是我上周访问北平和天津获得的印象：

从军事角度看，中央政府在满洲的处境是绝望的。最近占领营口并不能抵消长春和锦州的丢失，后两个城市丢失的影响不仅是失去了重要的物资，长春丢失时，一个完整的中央政府军（由云南人组成的第 60 军）的倒戈使得另一个军（新 7 军）毫无选择，只能在未做积极抵抗的情况下，向共产党投降。天津市长费尽苦心地向我解释，分别从沈阳和葫芦岛出发的两支中央政府的远征军目前正向锦州会合，不但打算收复该城，而且打算到 10 月底使共产党全部的守军陷入困境。然而，普遍的看法是，共产党更可能占领葫芦岛和秦皇岛，迫使中央政府在损失大量人员和物资的情况下撤出沈阳。

2. 虽然他们对于军事处境假装抱有信心，但是本地的中国官员并不试图掩饰他们对于经济形势的担忧，显然他们批评中央政府未能向华北供应粮食，特别是面粉，并且各地严格的物价管制导致来自周边农业区的粮食供应中断，结果造成黑市销售价格是管制价格的八到十倍。实际上，最近天津市政府决定容忍黑市对中央政府物价管制的规避，希望鼓励生产者拿出粮食，降低公开市场的价格。天津市警察局长李汉元告诉我，他认为粮食问题比军事形势更紧急，对于如果面粉等得不到及时足够的供应将引发严重地方动乱的普遍担忧，他持有同感。

3. 毫无疑问，居民的士气和中央政府军的一样，都是极度低迷的。几名可靠的英美侨民以个人的经历向我提到一些知名的中国本地人士现在正以公开和敌视的态度批评蒋介石放弃华北，甚至表示希望共产党迅速接管这一地区，因为在他们管理下的生活不会比眼下更糟。毋庸置疑，蒋总统已经完全丧失了华北民众的尊敬和忠诚，在这里，他没有做任何公开的露面或者其

---

① 资料来源：*BDFA*，*Part Ⅳ*，*Series E*，*Volume 5*，pp. 100 - 101。

他鼓励普通老百姓的姿态，所以他们都对他在全国性的讲话中（我编号为855的急件的第 6 段予以了说明）否认粮食短缺和其他困苦感到更加的愤慨。最近立法院的公开批评充分表明，甚至在南京，蒋介石的威望也在下降。据说，在 10 月 22 日的特别会议期间，来自察哈尔的代表提议敦促蒋介石到美国休息一年。

4. 在这种情况下，总统延长在华北的停留时间只能解释为，他希望通过个人的监督确保阎锡山将军（其省会太原再次受到威胁）、傅作义将军不会与共产党达成交易。毫无疑问，蒋介石正催促傅将军把他的部队投入到满洲走廊的战斗中去，而后者至今拒绝如此牺牲他的士兵，他们已经在从中央政府获得最低限度物资支持的情况下，坚守着一条长长的危险战线。由于共产党占领了他主要的根据地之一包头，并再一次威胁到他的省会归绥，相比以往，傅更不可能同意让他的军队去冒险帮助中央政府从满洲的彻底失败中解脱出来，为此他们只能责怪他们自己。

5. 在这种情况下，中央政府在海军的进攻及最近在天津地区大量征用船只和铁路货物车辆的支持下占领营口，只能被解释为做撤退准备。一名北平—沈阳的铁路高级官员的秘密陈述证实了这种看法，他接到了中央政府的命令，再增加一条塘沽至滦河的轨道线，但不打算修复遭到共产党有效毁坏的开滦煤矿至秦皇岛的铁路（这给中国的煤炭供应造成了巨大的损害）。

6. 现在中央政府的官员公开承认了形势的严峻性，并且对十七名北平教授和其他中国利益方代表的热切诉求给予了报道，这些代表要求对物价和汇兑的管理规定做现实可行的调整，实行自由浮动。实际上，作为 10 月 24 日行政院长突然飞往北平会见蒋介石的结果，预计诸如此类的一些补救措施将会很快得到宣布（大概在 10 月 31 日前）。这样的补救是否充分、全面或及时当然是另一个问题。

7. 虽然对于政府还能够存在多久有着不同的观点，无论如何，目前普遍的看法是，中央政府在军事、经济和政治上的垮台不可避免。鉴于上述军事和心理方面的因素，我给中国处的编号为 596 的半官方信件中所列的大事时间表似乎有些乐观。比如，随着沈阳和满洲最终的陷落，中央政府是否还能够控制华北，是有疑问的；或者中央政府面对共产党的坚决进攻，是否还能够控制徐州防线一段时间，事实上由于撤出开封和郑州，放弃的地区已达黄河。但我还是倾向于这样的观点，共产党不会在最后的阶段过度投机，而是会坚持在收获之前等待其衰败直到胜果成熟的政策。这个过程自然将由于最靠近共产党的中央政府地区的瓦解性影响而大大加快，在这些地区，为避免流血，预计会出现擅离职守和私下交易。另一方面，共产党的士气不可能被阻挡。在这一点上，共产党的电台已经宣布前中央政府山东省主席王耀武，目前接受了共产党统治下该省主席的职位。另外，在上海，如同在华北地区和在社会各阶层中一样，中央政府同样不得人心，这种状况正让人们对共产主义的残酷事实视而不见，愿意接受一个共产党政府（当然，他们更愿意是通过联合的方式）。

8. 基于以上事态发展的严峻性，我们需要考虑英国国民的安全，因此我已经同英王陛下在天津和北平的公使讨论了该问题，他们两人都与美国同事保持着密切联系。这个问题将单独汇报。

（耿志译，姚百慧校）

19481118，YD00031

兰姆致贝文电①

（1948 年 11 月 18 日）

第 1010 号（F 16258/33/10）
重要，极机密，南京（11 月 18 日下午 3：47 收）

参见您的第 853 号电报。②

自共产党在 10 月份开始发起攻势以来，政府损失了近 50 万人及其所有的装备，另有近 10 个师的装备最近大部分被从葫芦岛转移了出来。因此共产党打算，要么如果不同的战斗地区单独考虑则在局部的基础上，要么在整个的基础上，集中优势兵力对剩余的政府军事力量发起进攻。后者并不具备能使他们独自克服这种不利条件的战斗精神。政府相对于共产党仅有的实质性优势是他们的空军和海军，但前者指挥糟糕且有些无能，后者明显在目前这样的战争中不能发挥多大的作用。

---

① 资料来源：*DBPO*，*Series* Ⅰ，*Volume* Ⅷ，*Britain and China*，*1945 - 1950*，pp. 165 - 167。
② 11 月 16 日的这份电报请求对中国的军事形势做一个完全的评估，特别是有关香港日益面临的威胁（F 15798/33/10）。——原编者注

2. 不同地区的现状和未来前景如下：

（a）华北

共产党目前正调遣部队准备向傅作义①发起最后的进攻。依据最近确凿的迹象，他不打算坐等这种情况的发生，而是打算撤回到他自己的地盘。共产党因此将在年底之前控制北平和天津地区，由此获得的军事上的优势是，控制两条能使他们将任意数量的军队运送到黄河以南的主要铁路线。华北陷落后，即使太原没有先于华北陷落，政府在太原的地位也无法长期维系。这将使共产党完全控制另一条有益于控制西北自治首领的铁路，他们不管怎样都不大可能关注任何超出试图为了交易目的而巩固他们自己地盘的事情。

（b）华中，包括南京和上海地区

显然共产党的目标是摧毁政府在徐州地区的军事力量，接着向南京推进。由于第一次直接的进攻未能拿下徐州，这一计划可能会稍许延迟，但是共产党具备足够的力量可以不投入到徐州的战役中，而是以此阻止任何政府军队最终向南逃窜。南京因之陷落仅是时间问题，上海也必然会紧随其后。这样悲观的预计主要是由于政府军队留给我的印象以及由此对其战斗力的判断，他们完全缺乏士气，其战斗力也就可想而知了。

（c）长江以南

如果事态像（b）中那样发展，那么除了从汉口向南调动的军队以及在广州地区的四个弱旅，实际上在这一地区没有剩下任何政府的正规军，也没有可提供给新组建军队的装备。因此，共产党统治这一地区的时间似乎取决于他们自己打算以多快的速度推进，但是在已经占领的地区，他们此时可能面临许多管理和恢复方面的问题，所以可能甘愿用相当长的一段时间去对南方进行军事上和政治上的渗透。美国方面任何打算在南方巩固一个反共集团的意图和暗示都不可避免地会促使他们加快军事进攻的步伐。

（d）福摩萨

我猜想美国人打算不惜代价守住这个地区。

（e）西部和西南

可以做出判断的是，在云南有一些共产党的渗透活动，但在四川并不多。因此，四川一度能与自治的西北连接起来，但是不能无限期地从共产党控制长江流域所施加的钳制困境中挺下去。云南的面积和地理位置可能

① 傅作义，1947 年 12 月被任命为华北剿匪总司令部总司令，1948 年 2 月被任命为蒋介石华北行辕代主任。——原编者注

会使它成为最后一个被打垮的省份，另一方面，它也容易遭受包括来自南方各方向的压力。

（f）在上述（c）中所描述的情况下，香港……①一段时间内不会遭受直接的军事压力（确切会有多长时间，在最初这个阶段难以推测），除非由于华南面临外来干涉的威胁，共产党才会被迫采取紧急的军事行动。甚至那时，香港也不会随之遭到进攻。出于经济和政治因素的考虑，他们可能更愿意香港继续作为一个英国统治下的自由港口，这是众所周知以至无须重提的。但是，在当地民众包括那些目前支持国民党的人当中，不可避免地存在将他们的效忠转向中国新的执政党或团体的倾向。这将阻碍共产党通过表面合法的政治手段达到实质上控制港口命运的全部努力。

3. 前一段中的所有预测都是基于共产党被迫继续进行征服战争的假设，但是我倾向于这样的观点，即包括成立一个联合政府在内的早期解决方案是更有可能的。② 虽然共产党在军事层面的考虑不会因这样的结果而大受影响，但是可能导致共产党放缓扩张的势头，以及发展出通过表面上的良好表现去赢得外国承认的愿望。在这种情况下，对香港的直接军事威胁更不大可能，甚至可能出现把任何破坏性的宣传运动控制在适当限度内的趋势。

4. 无法阻止共产党最终统治整个中国是难以回避的结论，这可能不会对香港造成直接的军事威胁，但会增添该地区内部政治上的困难。尽管成立包括共产党在内的任何联合政府的风险和最终命运是显而易见的，但这是不远的将来最有可能出现的结果。在这种情况下，与其支持目前毫无希望的腐朽政权的残余势力或者通过武力在南方尝试建立一个新的政权，还不如为了以后能够利用一定会发生的内部重负去接受这种局面来得明智，无论这多么令人讨厌。在这一点上，我获悉美国大使已被告知，在3月份新

---

① 此处原文不确知。——原编者注

② 1948 年 11 月 18～19 日在新加坡武吉塞雷纳召开的第一届远东和东南亚英王代表与殖民地总督会议期间，施蒂文爵士提出，如果共产党进一步突破长江并事实上控制整个中国，它们仍然只是一个共产党联盟中的部分地区，它们在这个联盟中行使实际权力的程度是含糊不清的。"中国是如此的广阔，并且国家是如此的艰难，以至于在共产党有条件向中国南部和西部的人民提供任何物质帮助之前，都会有相当长的一段时间"（F 5158/10110/61）。——原编者注

国会召开之前，总统不打算实施增加对华援助的行动。①

（耿志译，姚百慧校）

19481209，YD00014

贝文关于中国内战最近发展情况的备忘录②
（1948 年 12 月 9 日）

CP（48）299（CAB 129/31）
极机密，外交部

　　我随信附上一份关于中国内战发展情况的文件，供同僚们传阅。

　　这份文件意在阐明，共产党统治中国对英国的政策及远东利益的影响。目前中国的状况是，共产党事实上已经控制了华北，而且控制范围的扩大仅是时间问题。可能的结局要么是蒋介石退出政治舞台，并成立由共产党居主导的联合政府；要么是蒋介石力争在中国的某些地区维系他的统治，这将导致内战的延续。可以想象，无论哪种情况，共产党统治中国只是一个时间问题；也可以想象，如果他们成功地克服了经济困难，中国共产党人将采取正统的马克思主义政策。

　　能为中国内部抵制中国共产党人的行动提供财政、物资和军事资源的唯一大国是美国，但是美国似乎不可能会采取这种抵制行动，或者即便采取，也不会富有成效。

　　中国事务的这种状况对周边国家的政治影响将单独予以考虑。总的结论是，共产党在所有这些国家中的活动将得到增强，这些国家的共产党人

---

① 11 月 23 日，邓宁先生对这封电报评论道，"我认为，支持蒋介石政权不会达到任何有效的目的，因为它已经变得太腐败了。我也不相信美国人会采取什么行动，即使这样的做法是可行的"。"总体上，我赞同兰姆先生的分析。我不确信我们将能够利用共产党统治下的中国的内部重负，但可以这么说，重负可以利用它们自己。100% 的共产党员将非常缺乏，因为届时共产党将遍布整个中国，中国人对严密管制的天生抗拒将像波兰和南斯拉夫一样不容易克服。我并不是暗示压制最终不会实现，仅是说这可能需要时间。"——原编者注

② 资料来源：*DBPO, Series I, Volume VIII, Britain and China, 1945 – 1950*, pp. 170 – 186。11 月 6 日的外交部会议上，贝文受托起草这一关于共产党统治中国对英国政治、经济和战略影响的文件，用于与各自治领政府进行协商。文件由邓宁先生主管的远东司撰写。——原编者注

之间的联系将变得便利。对这些地区造成的经济影响可能是，劳工问题加剧以及重要货品的生产受到干扰。

可以想象在中国：

（i）当外贸普遍处于衰退之时，将出现一段暂时的混乱时期；

（ii）紧接着是这样一个时期，共产党人的经济困难可能使他们容忍外国的商贸利益；

（iii）目前国民党对外国投资和资本运营的倾向之后将得到增强，加紧着手排斥外国人的意图会得到加强；

（iv）无论是进口还是出口，都存在将外贸置于政府紧密控制下的趋势，这完全不符合致力于在华和与华进行贸易的英国商人的贸易方式。

但是，英国在华利益可能能够维持至少一段时间，我们应支持这样做。

建议如下：

（i）我们应与英联邦国家、美国、法国、荷兰、缅甸和暹罗就遏制共产党对我们所有利益的威胁的最佳手段交换意见；

（ii）应采取必要措施，加强我们自己在该地区殖民属地的地位；

（iii）我们应考虑与友好大国商议，共产党统治下中国经济上的薄弱，是否会为理性对待我们的利益提供机会。

欧内斯特·贝文

附件：关于中国内战的发展情况

Ⅰ 政治评估

作为东北军事失利的直接后果，蒋介石总统领导之下的中华民国政府实际上已经丧失了对长江以北全部地区的控制。而且，面对共产党的坚决攻势，政府军看上去也很可能守不住长江以南的地盘，它的战斗力即便最乐观地看也是有问题的。北方的共产党军队目前握有主动权，正全力以赴地向南京发起攻势，打算将中央政府逐出它的首都。专家一致认为，中共胜利只是一个时间问题。

2. 随着共产党占领长江以北的全部地区，政治形势可能呈现以下两种情况之一：

（a）蒋介石从舞台上消失，届时以副总统李宗仁为首的政府在某些军事将领的支持下，可能争取军事停火，随后通过同共产党人谈判谋求政治解决。由于共产党掌握主动权，所以是否接受停火完全取决于他们。

（b）蒋介石及其一小撮追随者撤退到广州或中国其他适当的地方，负隅顽抗，试图继续战争。虽然这符合当下蒋介石的心态，也符合那些自身命运与蒋的命运紧密相连的国民党分子，但政府最主要的雇员是否能够或愿意追随是值得怀疑的。不管怎么说，蒋和他的同党目前在人民眼中已彻底声名扫地，以至于他们作为影子政府继续存在也要完全仰仗于美国的支持，而这种支持比起美方目前承担的任何义务的范围都将更加广泛。蒋介石撤退到福摩萨，几乎不影响大陆事态的发展。

3. 上述两种可能的情况中，第一种对共产党人来说可能更受欢迎，因为这能使他们控制南京和上海而不用驱散那些行政和财政人员，他们发现这些人很难用自己的储备力量予以替代。而且，如果他们注重国际地位，他们能借此一夜之间掌控一个受国际社会承认的政府。从他们受莫斯科指导的程度看，为了在联合国加强对抗西方民主国家的力量，莫斯科可能鼓励他们实行这种政策。

4. 许多已记述的资料表明，中国共产党人只是名义上的共产党人。得出这一观点的正当理由基于这样的事实，即迄今对莫斯科而言，没必要采取任何公然的举措介入内战，或者对中国共产党人而言，没必要向他们的同胞们做出任何的呼吁，除了在土地改革方面，尤其在社会秩序方面，呼吁相对的诚实、相对的效率以及貌似公平的待遇。另一方面，一份对他们官方声明的细致研究表明，他们的领导人，毛泽东将军，全心全意地在口头上支持马列主义。然而，莫斯科的报刊经过很长时间的考虑，避免评论他的成功，这表明不去打扰自负者的梦想符合苏联的政策利益。由于共产党政权看上去比中央政府纪律更好、腐败更少，如果他们的政策是发展和开发中国的资源，那么他们对外国技术能力和贸易利益的最初立场很可能是令人欣慰的，但是认为这种最初的蜜月期可能会水到渠成地演变成任何持久的联系将是十分危险的。

5. 不过很明显，无论共产党用什么方式获得对长江以南地区的控制，他们都将接手那一地区的经济弊病。如果他们以进入联合政府的方式控制长江以南，那么将会结束由于内战造成的财政枯竭，但是一般认为，中央政府已经到了破产的地步，以至于从现实情况来看这一好处可能只是表面上的。在目前我们不知道共产党国内政策的情况下，判断这种事态所反映出的不利程度是不可能的，但是它的存在不难促使国民党的继承者为支付他们必要的进口去设法维持国家的出口贸易，在这种情况下，英国商人可以获得一些最初的好处。此外，有理由认为，毛泽东为准备必要的行政管理会处境艰难，由于他的得力部下的人数可能有限，并且当整个中国落入手中需要管理的时候这一数字将显得更加稀少。这一点也大大有助于一段时期内使英国的利益免遭共产党理论与实践全面实施和暴力时期的影响。然而，如果他成功地克服了当地的困难，那么毛泽东最终的目的是没有多少可怀疑的。

6. 不管哪种情况，在深入长江以南之前，共产党人几乎肯定需要相当长的准备和渗透阶段。因此，即使没有遭遇任何有力的抵抗，共产党最终统治整个中国也可能需要一些时间。是否能利用这一有利的喘息时机去创建一个反共集团（为此美国的援助是必不可少的）则有待于观察，但如已指出的那样，它的前景是十分难以预测的。

II　美国的对华政策

7. 美国政府遭到了来自中国的强大压力，中国人要求美方增加对国民党军队的军事援助，并发表一些支持中央政府事业的坚定声明。蒋介石总统不但呼吁杜鲁门先生进行援助，而且请求任命杰出的美国人士担任中国军队的最高顾问（实际上将成为最高司令长官），并且呼吁目前美国军事代表团的成员应该分散到中国军队的各个师并担任顾问（实际为师指挥官）。政治方面，他们被请求在中国各个小政党中为蒋介石拉赞助。马歇尔先生解释说，美国政府的意图是在拒绝这些十分可笑的要求的同时，继续支持蒋介石，一旦美国按约定要向中国提供的援助得到国会的批准，他就会加速运输这些物资。因此，蒋夫人为其丈夫的事业寻求支持的美国之行对美国当局而言意味着很大的难堪。①

8. 值得注意的是，一直坚定鼓吹给予中央政府全面支持的美国驻华大使现在已经得出结论，这样的政策要取得成效为时已晚。我们就此可以猜想，华盛顿将维持目前站在蒋介石一方并承担有限义务的政策。然而，国务院处于左右为难之中，如果他们打算发表意在支持蒋介石的一些声

① 1948 年 12 月，蒋夫人访问华盛顿，见 *FRUS, 1948, Vol. 7*, pp. 608 – 610, 626, 653。——原编者注

明，他们就是对美国民众掩盖实情和欺骗国会；如果国务院向美国民众公开实情，那么用洛维特先生的话说，他们就是"拆蒋介石的台"。英王陛下政府不得不在议会中提及中国问题时，会面临同样困境，只是困难要小一些。

III　对相邻地区的政治影响

（a）日本

9. 共产主义在中国的蔓延，将提升日本作为东亚最重要的非共产主义地区的政治和战略重要性，并且似乎肯定会增强美国不使日本落入共产党统治的决心。美国的对日政策主要是由美苏关系紧张所引发的战略上的考量所决定的。看上去，美国不再把日本当作一个安全的潜在威胁，而是当作在与苏联发生战争情况时的潜在帮手。英联邦一些国家正细心观察美国政策当中的这一动向，特别是澳大利亚和新西兰，它们认为日本东山再起会威胁到自身安全，除非日本处于盟国严格的管制之下。出于这个原因，除了对英国自身利益最直接的影响外，英国也应当密切注视这一动向。另外，如果民主世界全部或部分地失去中国，那么这一政策动向看起来一定会增强。美国人可能会比以往更加坚定地保证让日本人的生活水准维持在一个足够高的水平，从而使日本工人没有走上极端政治道路的动机，并且他们确信，在目前的情况下与日本缔结和平条约或者继续加强无限期地军事占领，都是不明智的。

（b）香港

10. 共产党统治长江以北最初不会非常严重地影响香港，它面临的主要问题可能是持续的难民潮。如果共产党继续南下，预计他们可能试图通过煽动罢工"削弱"香港来配合他们的挺进。因为香港公共事业公司和码头区的劳工主要都是共产党的同情者，这样的罢工将暂时使这一地区瘫痪，在共产党支持者和国民党支持者之间也可能会发生严重冲突。

11. 如果共产党人统治整个中国，在缺少强大的英国海军和陆军力量支持的情况下，香港能否继续受英国的殖民统治将取决于共产党人是否会意识到一个组织有序、运行良好的港口的存在便于他们与外部世界进行贸易。如果共产党意识到这一点，香港在面临巨大的难民问题的同时，殖民统治将继续存在，不过香港已是处在火山的边缘。与此同时，共产党人毫无疑问会继续他们的渗透策略。相反，如果共产党人要求香港回归中国，他们将使用除战争以外的各种手段去削弱香港。

（c）马来亚联邦和新加坡

12. 共产党控制长江以北而不是统治全中国，就不会对马来亚构成十分严重的影响，因为大部分马来亚的华人来自华南地区，并且共产党控制的地区还未邻近法属印度支那边界。但是，在这样一个时期，预计马来亚华人可能出现以下反应，同时在下面第13段中所预言的一些影响也能看出某些端倪：

〔i〕国民党扩大活动。最近几周，已经对国民党加强活动做了报告（包括成立一个秘密基层组织的书面计划）。

〔ii〕如果中国建立一个联合政府，华人对中国民主同盟和国民党革命委员会的大力支持将进一步增强。

〔iii〕华人团体加强政治活动，强烈要求增加华人在联邦或州议会的代表人数，马来人将对此做出强烈反应。

13. 共产党控制整个中国将对马来亚构成严重威胁，并且意味着：

〔i〕由于作为缓冲地区的暹罗和法属印度支那情况糟糕，好战的共产主义者将会逼近马来亚的北部边境。

〔ii〕马来亚共产党人的士气一定会得到提升。

〔iii〕中共的情报人员很可能会加强对马来亚的渗透活动，据报相当数量的中共情报人员已经抵达新加坡。

〔iv〕即便马来亚共产党人的一点小规模的增长也会扩大在消极的华人团体中的不利影响，因为整体而言马来亚华人的情绪一直不好，对共匪的胜利、恐吓和宣传非常敏感。

〔v〕与目前的情况相比，华人总体上甚至可能更加不愿意积极地与马来亚政府合作，他们将继续保持严格的中立，并希望中国的共产党政府最后会被证明是爱好和平的改良主义者。

〔vi〕国民党顽固分子可能将继续颠覆活动，尽管应当承认，失去了中国政府的支持，这些活动已遭到精明的马来亚政府的打击。

〔vii〕进入马来亚的非法移民数量将有所增加，并要求政府为政治难民提供避难所。

〔viii〕华人的任何政治活动以及如果好战的共产主义蔓延到印度尼西亚，都会对马来亚人产生不利的影响。

（d）沙捞越州和北婆罗洲

14. 在沙捞越州和北婆罗洲，预计共产党在华北的胜利可能导致当地华人对共产党支持的增加，以及增强目前共产党试图使华人知识分子相信民族的复兴现在通过共产主义能够最好地得以实现的力度。同时，预计国民党也将通过对登记的社团加紧控制和对共党分子施加压力相对应地增加活动。

（e）东南亚的外国领地

15. 总的来说，可以预见到，共产党在中国的胜利将促进整个东南亚地区共产党人的运动。如果中共成功地掌控整个中国，那么将大大提高与印度支那、暹罗和缅甸的共产党分子联系的可能。预计共产党分子各种形式的骚乱将显著升级。

16. 缅甸。中国与缅甸的部分边界还未划定，鉴于目前缅甸政府缺乏有效的控制，如果中国西南全部处于中共控制之下，那么将很难阻止中共的渗透，以及他们与反政府的缅甸共产党分子之间的勾结。缅甸普遍的混乱状态，使它很难抵挡任何共产党力量大规模的增长。也存在着共产主义越过边界蔓延到印度和巴基斯坦（东孟加拉）以及中共对缅甸提出广泛的边界领土要求这两个额外的危险。

17. 印度支那。共产党控制的中国与印度支那北部的直接联系将大大增添后一地区形势的困难程度，在那里，因为法国政府没能采取有效措施寻求问题的解决，导致民族主义者和共产主义者结成联盟。法国在印支的军事力量已经吃紧，如果越盟①由于共产党控制中国而得到有力的增强，那么对于法国人来说，局势将变得难以维持，至少在北部是如此。共产党在印度支那的地位得到增强，总体上将对东南亚构成越来越大的威胁。

18. 印度尼西亚。共产党在中国的全面胜利，对印度尼西亚共产党人会产生心理影响。但除此以外，考虑到共产党最近夺取政权失败了，他们是否还有别的过早反应，值得怀疑。但是，如果荷兰人在不远的将来没能达成一项安排，并且针对共和国采取军事行动，那么这将导致民族主义者和共产主义者结成联盟，这将导致印度尼西亚乃至整个东南亚出现有着严重后果的长期混乱。

---

① "越盟"是"越南独立联盟"的缩写和流行的称呼，在胡志明的领导下，由共产党分子和民族主义者组成，为越南从法国殖民统治下获得独立而战斗。——原编者注

19. 暹罗。暹罗存在着一支至今还未造成严重麻烦的强而有力的中共势力，但是在中国局势的鼓舞下，这股势力可能会放手大干，绝不能肯定暹罗相对无能的政府能够有效地应对。如果共产党在暹罗南部不受控制，那是十分危险的，他们会联合马来亚的共产党势力，因此导致镇压后者的行动更加困难重重。

20. 新疆和西藏。中共控制新疆将增加俄国的压力，在那一地区这已经很明显。但是，有理由相信，如果俄国人试图控制新疆，将导致与中共关系的破裂，民族主义的中共不会友好地接受俄国人的贪得无厌。在西藏，藏人接受中共的程度不可能比他们接受国民政府统治的程度大。但是，西藏的北部和东部地区落入共产党统治之下，潜在的危险显然更大。

（f）印度和巴基斯坦

21. 共产党统治中国对印度和巴基斯坦的政治影响是间接的，但仍然是令人忧惧的。共产党的统治没有扩展到整个中国，那么一定程度上它们会是温和或被延迟的，它们首先是中国成为共产党国家所带来的巨大心理上的影响。印度，在相对低些程度上还有巴基斯坦是西方与亚洲文明的交汇之处，两种文明之间一直存在紧张的状态。到目前为止，俄国是第三个因素；但是，比起当它主要是在北部或西部发展时，一个亚洲大国接受共产主义可能使它在印度和巴基斯坦会被更受欢迎地看待。虽然中国与印度没有共同的边界，但是一个共产党统治的中国一定会造成缅甸共产主义的加强，以及印度以北的地方——西藏、尼泊尔和不丹渐渐被共产主义势力所渗透。因此，印度和巴基斯坦的陆地边界会立即遭受共产主义国家的政治威胁和战略包围，并在较短的时期内成为现实。

22. 这一形势的政治影响可以概括为以下几点：

（i）印度共产党将获得更高的声望和更大的影响力。目前，他们是人数不多但充满活力的一小撮，通过从缅甸、东巴基斯坦和西北部巴基斯坦进行渗透的中共资金和情报人员，他们将得到加强。

（ii）印度共产党将在组织起来的工人中加倍努力去获得影响力，他们已经拥有一个处于有效管理之下的有影响的贸易联盟组织。印度的农业人口大多是文盲，在政治上较为麻木，因此，数量不多的印度城市人口有着与它规模不成比例的影响力。

（iii）任何经济上的灾难，比如饥荒，都将给共产主义带来向农村扩大影响的机会。

（ⅳ）随着共产党人在亚洲获得政权，目前印度外交政策在共产党国家和西方民主国家之间的中立态度将进一步加强。另一方面，印度教与共产主义在观念上严重对立，无论如何，尼赫鲁①政府早期都将对共产主义采取坚定的反对立场，他们维持它的能力取决于不断改善民众经济状况的能力。

（ⅴ）如果缅甸纵容共产党或加入推翻印度现政权的任何行动，缅甸的大米将被撤出印度市场，这是影响印度经济状况改善的一个强有力因素。

（ⅵ）如果巴基斯坦与印度的争执，尤其是在克什米尔问题上，能够得到解决，那么巴基斯坦政府可能会坚定地反共。但是，在那种情况发生之前，即使多少知道俄国的要价，巴基斯坦也宁愿获得俄国的支持去反对印度，而不愿意被印度吞并或征服。在巴基斯坦看来，印度仍把吞并或征服自己作为主要目标。从我们的立场看，如果中共成功地控制了中国，解决克什米尔争端将因此变得更加重要。

Ⅳ　经济影响

23. 中共向前推进的主要经济影响再次取决于这种推进是止步于长江还是继续扩展到整个华南。我们的经济利益可能遭受影响（取决于推进的程度）的领域是：

（a）英国在华的商业财产和投资；

（b）中英贸易；

（c）航运业；

（d）香港的经济；

（e）东南亚的经济；

（f）中国的海外汇款。

24. 总的来说，可以假定，无论共产党抵达何处，在任何稳定的当地政权开始运转之前都有一个起始阶段，在此期间，对外贸易和商业将普遍处于低谷。但是，不会出现比目前的中国事态更糟糕的情形，如缺乏便利且安全的国内交通，极端高涨的物价，当下的国民政府对外贸、船运和商业采取的严厉态度，盛行的腐败。在这一时期内，香港和东南亚国家的经济都可能主要受工人罢工和难民的影响（香港的情况更加严重），但如果中共

---

①　潘迪特·贾瓦哈拉尔·尼赫鲁，1947~1964 年任印度总理。——原编者注

的推进继续越过长江流域，这种情况会达到极致。也有一种可能性，即共产党决定绕过上海，从周边对上海进行孤立。在这种情况下，上海城将面临饥馑，不但英国人的生命财产所面临的危险越来越大，我们与美国人也都将面临从海上向上海提供补给的强大压力。

25. 在更长的时期内，许多事情将取决于共产党人对外国商业和航运业利益所持的态度，以及是否一方面把香港作为外国的飞地，另一方面将其看作一个运行良好、组织有序的贸易中心所持的态度。本人假设如果共产党有一段推行机会主义政策的时期，那么与共产党统治区或在这些地区进行的对外贸易和商业可能在规模上不会有太大变化，至少风险会更小一些——直到开始感受到被征用的威胁。毫无疑问，利用现有的便利条件（香港的贸易中心地位、外国的航运业、外资保险与商务公司）维持或创造现有贸易的平衡，至少在它有条件自己提供这些便利之前，对于一个新政府来说是一个很重要的支撑。任何中国政府都必须为维持基本的进口（大米、原材料等）而提供便利，在1936年，一个不错的年份，这些物品的进口达到了进口总量的17%。有鉴于此，必须设想将会发生普遍收紧控制和由此导致的汇款限制，以及限制一般种类的英国商品在潜在广阔的中国市场赢得稳固地位的可能性。

26. 同东欧国家相关情况对比，由于所涉利益的程度和性质，征用或驱逐外国商业、船运业的利益和投资，削弱香港的经济繁荣，这样的最终步骤在一段时期内不会成为现实。但是，如果上海和华南被占领，中国国民党和共产党的情感结合起来将加速事情的发生，这将对英国在上海的商业利益、在华南开展沿海贸易的船运公司，尤其是目前香港繁荣的经济，造成相当大的损失。

27. 下面几处要点中的文字对这些可能的经济影响做了一个更加细致的思考：

（a）英国的商业财产和投资

28. 整个形势充满了"假设"，但是在现政权之下，英国的利益已处于一个糟糕的状态，从现有的投资中得到的回报很少。至今一直存在改善条件的希望，而这在共产党政权之下是不可能实现的。

29. 1941年，英国在中国全部的商业财产和投资总额估计为3亿英镑，其中大约1/3集中于上海。目前的真实数额难以精确估计。

（b）中英贸易①

30. 由于上述提到的无数困难，当前中英贸易处于一个相当低的水平。我们的主要利益在于增加来自中国的出口，从长远打算立足于中国潜在的广阔市场。

（i）现有英镑区对中国的出口

31. 1947 年，英国对中国的出口总额接近 1300 万英镑，1948 年可能稍微少一些。大约 50% 是钞票、纺织设备、其他机器设备、电气产品和钢铁制品，剩余 50% 是毛条和其他各种货物。这些贸易大部分通过上海进入中国，进口自英国的机器设备或类似产品留在上海或其他工业中心，它们大部分在长江以北，因此，共产党政府的统治推进到长江流域实际上与统治整个中国没有大的不同。

32. 最近中国的状况十分不令人满意，目前的贸易既不兴旺也不稳定。从长远看，我们一定要在中国这一潜在的世界最大的市场之一维持一个立足点。但是，比起目前的中央政府对绝对重要商品的严格限制，尤其是机器设备和资本货物，共产党政府可能更加严格地限制进口。我们将不情愿优先给予中国市场稀缺的资本货物或报出更早的供货日期（这两方面的要求可能被提出），因为以这种方式我们无法控制我们的出口贸易，中国对我们出口的数量和重要性也不能证明这样做是合理的。

33. 值得注意的是，即使在糟糕的年份，大米、其他粮食和原材料也在中国重要的进口物资中占有相当大的比重，其中很多来自英镑区。

（ii）现有英国来自中国的进口

34. 1947 年，英国从中国的进口总额约 700 万英镑，1948 年大概会多一些。它们主要是猪鬃（一种重要的原料，中国是主要的货源地）、蔬菜种

---

① 目前中英之间关于缔结一项新的商贸条约的谈判已拖延了一段时间，双方在 1946 年制订了草案，但之后出现了搁置，主要是英国方面的贸易专家小组把精力集中于日内瓦和哈瓦那有关国际贸易组织的工作之上。1947 年 10 月 21 日的一次部门间的会议决定，要求中国在英国略加修改的原始草案的基础上进行谈判。然而，施蒂文爵士建议，与其缔结一个不满意的条约（在目前的形势下预计完全可能这样），还不如根本不要条约，这也是英国在华商业团体的观点。他们的意见没有什么变化，坚持在国家层面和互惠的基础上给予确实的必要保护。根据斯科特先生所说，"结果将是，直到事情在中国通过一种方式或另一种方式解决，或者对我们构成某种压力，否则我们建议像兔兄一样等待时机，什么也不说"（Letter to Mr. Speaight, 29 April 1948, F 5946/710/10）。到头来，商贸条约无从签订。1946 年 11 月 4 日中美在南京签订一项条约，1948 年 6 月在中国和美国参议院同时通过，1948 年 11 月生效。——原编者注

子、乳制品（主要是蛋类）、桐油和茶叶。比起目前这点对我们农业生产和
原材料需求来说微不足道的数量，一旦金融和政治环境得以稳定，交通状
况也得到改善，中国就能够提供更多，但是它很难成为基本商品的一个供
货源。大部分这种贸易是通过上海，并且进口涉及了长江以北许多地区
（两个主要的例外是国民党的南方省份和台湾岛）。因此，共产党政府的统
治推进到长江的影响与统治整个中国相比，只是程度上的不同而已。

35. 除非打算面对普遍的苦难和不满，否则任何一个中国政府都必须发
展足够的对外贸易去购买重要的进口物资，其中大米、食品和原材料占有
很大的比重。这种对于购买重要进口物资的需要意味着共产党政府比国民
政府处于更大的压力去采取积极的措施增加出口的数量，因为它可能没有
任何来自国外的信贷，难以利用像战争期间中国国内实业家和金融家获得
的英镑贷款这样的资源，过去三年里，这些英镑信贷用于支付一部分发往
中国的资本货物。因此，比起现在的环境下我们想从中国获得的那么点商
品，我们将处于更加有利的讨价还价的地位，但是，就如上述所言，中国
人毫无疑问想要以稀缺的和高度优先的商品作为回报。

36. 因此，总的结论是，（大概几个月的暂时混乱之后）英镑区与中国
之间的贸易在共产党统治之下不会停止，但是要维持下去则会出现新的困
难。如果这些都能得到克服，那么一个稳定的共产党政府会比现在的政府
更能为我们提供有价值的商品，以支付英国对中国的出口。

（c）航运业

37. 还没有迹象表明共产党对外国航运业的政策将会如何。不依赖国外
船只和不对外国船运开放长江，一直是中国民族主义者的夙愿，但是共产
党肯定需要船运用于沿海及内河交通，他们的政策很可能取决于目前拥有
的中国商船的吨位。在中国开展贸易的英国船主准备前往任何能提供贸易
的地方进行贸易。

（i）中国、香港和东南亚之间的沿海航运业

38. 如果共产党允许英国的船只到他们控制下的中国港口进行贸易，那
么通过重新整合华北的港口与它们的经济腹地，共产党统治直达长江的中
国地区可能有益于英国的沿海贸易，而且共产党统治整个中国大概也不会
影响华南的沿海贸易。

39. 如果共产党不允许沿海的英国船只到他们控制下的中国港口进行贸
易，那么共产党统治直达长江的中国地区也不会比近期爆发的状况糟到哪

里去，因为一段时间以来华北的沿海贸易已没有多少利润。然而，如果共产党统治整个中国意味着英国船运公司面临巨大的损失，它们的贸易目前大部分基于华南沿海。这也会对香港造成巨大的打击，其航运业的繁荣与中国的贸易紧密相连。

40. 目前挂着中国国旗的沿海船只中，难以估计有多少吨位将被共产党所获，这些船只眼下垄断了沿海贸易，总吨位大约为 50 万吨。

（ii）远洋船运业

41. 远洋船运业务主要与上海有关。如果共产党允许挂着外国国旗的船只到上海贸易，那么远洋船运也不会受到影响，但是如果他们拒绝，远洋船运就将停止。如果共产党占领上海周边地区，而不是上海本身，远洋船运公司可能以一种小规模的形式继续它们目前的贸易。

42. 中国在海外的船只吨位数量是微不足道的，因此，如果共产党迫于经济需要使用海外船只，英国的船只将获得一定吨位的份额。

（iii）内河船运业

43. 长江是中国的主要河道，远洋船只可以在长江航行，目前不对外国航运开放。如果共产党开放长江和上海，会比现在更加有利于英国的沿海船运及远洋船运公司。

（iv）英国在华船运公司的资产

44. 位于中国的船运贸易公司和那些与中国进行贸易的船运公司，和石油公司一样，都在每一个港口拥有大量的岸上资产，而且它们拥有自己的港口船只，就如在天津有拖船和驳船一样，在上海也实际拥有整个码头和维修设备以及相当数量的港口船只。这些资产的价值在 1941 年的估价为1800 万英镑。

（d）香港的经济

45. 根据以上第 24、25、26 和 39 段所述，如果在长江构建一条坚固的防线，共产党统治直到长江的中国地区则可能不会影响香港的经济地位。如果使用上海这一港口变得更加困难，越来越多的重要进口物资，如粮食、汽油、石油等将部分或全部通过香港运往中国，那么香港的经济甚至可能受益。

46. 如果共产党统治整个中国，出于他们自身的目的，他们可能暂时希望把香港作为一个营业发达的商行留在英国人手中。然而，他们可能采取无情的手段获得华南的所有港币，但这只能是部分的胜利，除非中国经济变得繁荣以及港币确实走弱——除了出现一种更强的货币，否则不存在导致港币自动屈服的诱因。共产党政府征用的港币可能会被间接变成中共或苏联购买物品所需的英镑。香港公共事业公司和码头公司的股票可能大跌，但据预测，英国的资本不可能有任何实质性的外逃。如果共产党选择在经济领域对香港实施冷战，他们可能，无论如何是暂时性的，通过煽动罢工使该地的经济生活瘫痪。他们在香港散布的港币缺乏支撑的谣言也会造成巨大的困难；但是，毫无疑问相当数量的中国出口商品会被走私进香港，尽管共产党对这些出口竭力指定其他路线。

（e）东南亚经济

47. 共产党控制中国带来的最严重的经济影响可能是：

（ⅰ）在东南亚，由共产党鼓动的工人骚乱可能增加；

（ⅱ）严重的难民问题，尤其在香港，食物来源将因此紧张至极；

（ⅲ）大米生产国（缅甸、暹罗和印度支那）的进一步动荡将导致大米产量的下降，而我们、印度和锡兰依赖这些（大米）去养活各自领土上不断增加的人口。大米产量已经大大少于战前，目前已不充足的产量如果有任何减少，将对我们的殖民地和亚洲的英联邦国家造成巨大的负面影响。大米消费的减少会给共产党的煽动提供肥沃的土壤，这——加上其他东南亚工业的普遍动荡——将引发这一地区经济的进一步混乱，对像橡胶、锡、食用油等重要产品的生产造成必然的负面影响，这些产品对于世界经济的复苏十分重要。

（f）海外的中国汇款

48. 预计在一段短暂的间隔之后，生活在海外的华人就不打算中断向在共产党中国的家人汇款。当然，支持国民党事业的爱国基金将会停止，但至今更大比例的国外汇款是汇往华南地区的家庭汇款。可以估计，目前这些汇款的大约一半是通过香港进入中国，并在香港转换成港币或在中国使用的中国货币。在中国的形势仍然未得到解决的情况下，从这种转换中可估算的香港外汇盈余可能增加而不是减少。无论是共产党还是国民党，试图通过一个强大的中国政府改变方向，风险都是一样的。

Ⅴ　对抗行动的可能性

49. 紧急撤离在华的英国侨民的某些措施已经制订，远东的最高军事长官一段时间来一直在军事层面考虑有关香港和东南亚的问题，文职政府方面正采取行动使香港进入尽可能全面的准备状态。三军参谋长已被要求在威胁香港的范围内考虑中国形势的战略含义。然而，对于我们还有什么进一步的措施去保护英国在远东的利益是值得期待的。

中国

50. 唯一能够为对抗中共的行动提供资金、物资或军事资源的是美国。出于上文已经谈到的原因，这样的对抗行动似乎是不可能被采取的，或者即便采取行动也不可能有效。就英国而言，最好的前景可能在于我们能够立住脚。这就是说，只要没有真正的生命危险，我们应该竭力待在我们原来的地方，发展到与中共有着事实上联系的程度是不可避免的，并且需要调查继续在中国进行贸易的可能性。可能出现的情况是，与我们的盟友磋商，由于我们能够阻止中国所需的某些重要物资的进口，一旦中共行为不善，我们就握有了一个讨价还价的筹码。作为交换条件，我们能够要求中共尊重我们在华的贸易地位和财产。这需要做进一步的调查，但看上去这为不久的将来进行对抗行动提供了唯一的可能性。如果中共未能有效地控制国家，那么利用他们自身表现出来的国内紧张局势，维持甚至是改善我们的地位是可能的。为了实现这种可能性，不放弃我们在华的地位是关键，无论如何，我们必须着眼于立住脚。

东南亚

51. 美国明显不打算为东南亚承担任何责任，或者眼下采取任何行动去维持友好大国在此的地位。因此，似乎地理上在这一地区存在的大国只有自己去采取行动应对共产党的威胁。比以往更为必要的是，应当付出最艰苦的努力去尽快清除马来亚的不利形势。尽管这一地区的各国政府采取协调一致的行动是可取的，但是，在目前这一地区的形势下，是否可能公开号召各个地区紧密合作是非常值得怀疑的。比如缅甸与法属印度支那和印度尼西亚的合作存在困难，同时法国与荷兰同样不愿意进行这样的合作。而且，主要涉及的英联邦国家，即澳大利亚、新西兰、印度和巴基斯坦，在东南亚的和平与繁荣中有着重要利益，目前表现出不愿意加入这一地区涉及支持法国政府与荷兰政府的任何行动。因此，英国作为一个协调者可能会处于最佳的地位，尽管有必要在每一个阶段仔细考虑政治上的后果。

52. 在这种形势下，向所有同我们利益相关的大国，阐述我们因共产党在中国取得胜利可能引发的问题上的立场并与之协商应对局势的最佳办法，将会是有益的。这样的信息应向英联邦国家、法国、荷兰、缅甸和暹罗传达，并且应当告知美国并寻求它们的支持。只要政治上允许，确保在每个地区拥有警察和情报机构以及必要的法律权限去有效应对共产党活动的增长，并安排情报交换（只要对我们自己的安全不带来风险）和经常性磋商的这些措施，是可取的。在收到各国政府对我们信息的答复后，就可考虑这样做的可能性。我们也邀请相关人员就共产党统治中国对整个地区所带来的经济后果进行研究。

53. 除了对上述第 49 段所涉及问题的军事方面进行研究外，为应对任何可能的战略威胁，三军参谋长应该考虑共产党统治的军事影响以及在从阿富汗到太平洋地区的范围内协调军事措施的可能性。

（耿志译，姚百慧校）

19481213，YD00015

内阁会议决议（摘录）①
（1948 年 12 月 13 日）

CM（48）80（CAB 128/13）
极机密，唐宁街 10 号，1948 年 12 月 13 日上午 11 时

中国内战的最新进展②
内阁审阅了外务大臣递交的一份评估近来中国内战在军事、政治、经济方面影响的备忘录〔CP（48）299〕。

---

① 资料来源：*DBPO*, *Series I*, *Volume VIII*, *Britain and China*, *1945－1950*, pp. 187－189。参加讨论这一议题（F 17714/33/10）的人员包括：艾德礼先生，贝文先生，亚历山大先生（国防大臣），H. 莫里森先生（枢密院大臣），S. 克里普斯爵士（财政大臣），H. 多尔顿先生（兰开斯特公爵郡大臣），艾迪生子爵（掌玺大臣），乔伊特子爵（上议院大法官），J. 丘特尔·伊德先生（内政大臣），G. 艾萨克斯先生（劳工大臣），A. 贝文（卫生大臣），G. 汤姆林森先生（教育大臣），T. 威廉姆斯先生（农业和渔业大臣），H. 威尔逊先生（贸易大臣），A. 伍伯姆（苏格兰事务大臣）。——原编者注
② CM 1（46）1, 1 January 1946。在那次会议上，贝文先生简单描述了在 1945 年 12 月莫斯科外长会议上围绕外国在华军队撤离及在中央政府内共产党代表问题的讨论（参见 *DBPO*, *Series I*, *Volume VIII*, *Britain and China*, *1945－1950*, pp. 35－37）。他告诉内阁，他发现在没有中国代表在场的情况下讨论中国问题是令人尴尬的（CAB 128/5）。——原编者注

外务大臣说，从最近军事行动的结果来看，蒋介石执掌的中华民国政府事实上已经失去了对整个长江以北地区的控制，有理由断定终有一天共产党会牢牢占据中国的另外半壁江山。美国政府不太可能为保护国民党提供更多的经济和物质资源支持。这种局面的诸多影响详见于 CP（48）299 号文件的附件。他要求得到授权以便立即与其他国家商讨应对共产主义在远东地区威胁问题的最好方式。面临共产主义侵略日益严重的威胁，有着切身利益的国家应协调它们的政策；但由于法国在印度支那以及荷兰在印度尼西亚最近所采取的行动，在整个亚洲地区激起了敌对情绪，从而使政策协调变得复杂化。在这种氛围下，现阶段建议召开所有相关国家参加的一般性会议是毫无意义的。因此，他提议有利害关系的国家及美国分别进行讨论。他表示将会继续致力于促进印度尼西亚和印度支那问题的解决。

讨论达成了以下要点：

（a）现阶段就中国共产主义运动的根本性质和中共政府与苏联政府的关系问题没有得出明确的结论。一方面，中共领导人宣称他们在哲学上是马克思主义者，存在这种密切关系的可能性不能被忽视。另一方面，远东共产主义运动可能会沿着中国而非斯拉夫的路线发展。当前，中国共产主义运动是一场土地运动，迫于经济需要它可能修改原则以寻求工商业集团的支持。已被国民党疏远的中国自由派人士愿意以合理的条件同共产党政权合作。在此背景下，共产党政府有可能至少在初始阶段对外国商业利益采用一种自由政策。奉行一种或许会把中国共产党政府推向苏联阵营的政策是不明智的，因而各个利益攸关的国家尽快就对中国共产党政府的态度达成一致是非常重要的。

（b）无论中国共产主义运动的本质如何，中国内战的最新发展对整个亚洲范围内的其他非共产主义政府是一个巨大的威胁。就像通过欧洲复兴计划和西欧联盟在西欧抵制苏联的威胁那样，现在不正是把这种经济和军事防御方面的协调扩展到远东的时候吗。

（c）国防部长称，来自伦敦路透社有关政府不打算出兵保护英国在上海的利益的消息引起人们为期一周的关注。这并非事实，相反，目前正在着手必要的部署。

（d）中国最近的事态发展凸显了早日解决日本前途问题的必要性。

（e）尽管不能劝说英国撤回在中国的利益，但积极鼓励要求赔偿也是不明智的。

（f）没有办法阻止国民党难民涌入香港，但与他们打交道的英国当局，不要给人以偏离对［中国］内战交战双方所严守中立态度的印象，这是有必要的。

（g）中国的发展给香港和马来亚的殖民政府带来了愈来愈大的压力，为增强和支持当地的政府应采取各种必要措施：

内阁

（1）普遍赞同在 CP（48）299 号文件中所列的政策。

（2）要求外务大臣首先与美国政府就如何遏制共产主义对英美在亚洲利益的威胁进行磋商。①

（3）根据上述第（2）条所要求的与美方接触的结果，外交大臣会同英联邦事务大臣与英联邦国家进行类似的磋商。

（4）要求外务大臣与殖民大臣及国防大臣进行磋商，考虑为加强我们在亚洲殖民地的地位应该进一步采取哪些措施。

内阁办公室，1948 年 12 月 13 日

（姚百慧译、校）

---

① 在 12 月 29 日致英王陛下政府驻华盛顿使馆参赞 H. A. 格雷夫斯的信中，邓宁先生对这份内阁文件评论道："我们的希望是——即便这种希望会是徒劳的——通过向美国人提供我们自己的政策分析，能让他们向我们透露他们的政策进展。"他也认为："对共产党来说，建立联合政府的优点是如此之多，以至于我期盼他们会走这条路线。然而，他们或许最终还是建立完全的共产主义政权。"邓宁先生继续说："除非远东政策不久能协调一致，未来的发展会对我们造成共同损害……美国对华政策的失败是因为它不能理解中国人的不妥协态度，其在朝鲜的实际上的失败是因不能理解朝鲜人的不妥协态度，我个人认为，由于不能理解日本人的不妥协态度，美国对日政策最终也会失败。想到我们将走向何方，我感到恐惧。有一天，罗亚尔先生［美国陆军部长］在与帝国总参谋长［蒙哥马利勋爵］的谈话中表达了这样的观点，在远东最好的防御办法是放弃日本而坚守更靠南的一条线。我不知道还需要多久这种失败主义的论调就会有更多其他的表达方式。我有一种不安的感觉，已吃了苦头的美国人正为他们自己放弃远东寻找借口。当然，这是澳大利亚和新西兰尤其担心的。"他最后说，他的这些话"仅仅是发泄感情"，不能泄露给美国人。但在新的一年里，不得不尝试新的行动以使美国人"深刻认识""现实的局势并制定一项远东政策"。（F 18545/33/10）——原编者注

19490217，YD00016

斯卡莱特关于承认问题的备忘录①

（1949 年 2 月 17 日）

（F 3305/1023/10）

外交部

问题

现在有效地控制了中国大面积领土的中共，拒绝允许其控制范围内的各外国领事馆与本国政府或该国在南京的使馆联系，并阻碍它们行使其领事职能。共产党对外国领事馆的态度是一种施压的方式，迫使有关各国政府，包括英王陛下的政府，承认共产党政权。最近一份来自南京的报告呈现得最为明显，大意是，在天津的共产党高官以尚未建立外交关系为由拒绝正式承认外国领事。②

建议

1. 作为一种暂时的办法，并在中国的形势变得更明朗后不影响对中共政权的承认，我们应该要求施蒂文爵士通知那些他能联系上但处于短期内即将为中共控制领土内的领事，按照下列措辞同中共接触：

他们应该说，内战与我们无关，当内战的不确定性仍然存在时，承认问题是不能被落实的。他们应该指出，我们的领事馆的职能是保护英国国民的利益和促进与中国的贸易，不管地方当局处于谁的控制之下，这些职能都应继续得以履行。他们应要求共产党，在中国内战结束之前，在不妨碍承认问题的前提下，让我们的领事馆如以往一样充分行使其职能，包括与他们本国政府的自由通信。他们应当进一步使中共确信，尽管目前局势处于继续发展之中，但从他们的立场出发，他们十分愿意与中共基于现状

---

① 资料来源：*DBPO*，*Series* I，*Volume* Ⅷ，*Britain and China*，*1945 - 1950*，pp. 204 - 207。

② 早先曾有人建议，或许可以通过香港共产党人接触共党当局。香港总督否定了这个建议，理由是它最终可能有必要对香港共产党采取行动。针对中共对美国驻沈阳总领事的处理（据称他实际上被软禁在一所房子里，不能与外界进行沟通），美国驻香港总领事曾提出抗议，中共对之并不理睬。外交部内又考虑一种办法，如果施蒂文爵士通过公开的邮政点给英国驻天津和北京的领事发信（假定中共在递送之前会打开它们），是否会达到同样的效果。信息通过专人而不是邮递书信的方式传达给了北京市长和军管会外事管理局。信件以不存在外交关系为由被退回，这次接触也就被废弃了（F 4351，5971/1023/10）。——原编者注

打交道，直至局势明了。

2. 应该与在香港的中共代表进行类似的协商。也应明确要求恢复英王陛下政府驻沈阳和天津总领事馆的通信权。沈阳的通信自 11 月以来已被切断，天津自 1 月底也已被切断。施蒂文爵士最近指出，现任香港公共关系长官哈蒙先生，曾与重庆的中共代表团在战争期间的最后阶段建立起友好关系，并从那时起与他们保持着一些接触，或能为此协商提供一个有效的渠道。

3. 我们应把上述第 1、2 项建议下采取的行动告知大西洋国家和英联邦国家，我们也应告诉它们我们关于承认问题的下述基本观点。

争论

法律顾问的意见

法律顾问强调说，拒绝给予事实上控制了大部分领土的政府某种形式的承认，不仅在法律上是错误的，而且会在实践中导致各种可以想见的困难。他认为，中国的共产党政府已经重要到需要获得认可，承认共产党政府的实际控制区域，一方面具有法律上的正确性，另一方面是实际的需要（当然，与此同时我们可以继续将中央政府视为代表全中国的法律上的政府）。这样我们就应该采取像对待西班牙内战时期佛朗哥将军似的态度,[①]从而创造与共党政府对话的基础。如果不承认事实上已有效控制大半个中国的共党政府代表点什么，那么我们就没有强有力的理由去抱怨中共把我们的领事当成普通人来看待。在承认问题上引入强有力的法律因素，我们就可以为采取这种符合我们自身利益但在政治层面不受欢迎的步骤去辩解，可以声明我们做出承认绝非因为我们喜欢共党，而是在实际情况下对于法律的遵循。在法律界，伪满洲国的先例是不可以再重演的。[②] 就像日本人在

---

① 1936 年 10 月，弗朗西斯科·佛朗哥将军领导的临时政府（国防委员会）在西班牙成立。英国并不承认这个新的政府，但承认佛朗哥将军的反叛运动控制了西班牙的大部分领土。一旦叛乱者占领了马德里，英国政府就决定与临时政府建立事实上的关系，以便为在其控制地区的英国利益提供必要的保护（*DBFP*, *Second Series*, *Volume XVII*, 第 344、359 和 371 份文件）。——原编者注

② 1932 年，日本在中国的满洲地区建立了伪满洲国。国联通过了不承认的决议，并成立了调查委员会（李顿调查团），该委员会建议国联成员国继续抵制承认满洲国，"无论是事实上还是法律上"。英国坚持这一立场，即使当时的外交大臣约翰·西蒙爵士坚持，"如果此后的局面发生变化，例如其他国家承认满洲国或者根据当地人民的真实意愿它要完全独立于中国，我们不能永远视而不见或者限制英国政府将来的行动自由"。英国的领事官员得到指示，对于会被解释成他们认为新的满洲政府是中国政府的行动或言论，要避免引用或发表，同时个别的技术问题可以根据问题的性质来加以考虑（参见 *DBFP*, *Second Series*, *Volume XI*, 第 53、144、285、342 份文件）。——原编者注

伪满洲国所做的一样，在任何情况下，我们都非常怀疑中共是否能容忍对其不承认的政府的领事的存在。

政治考虑

从法律顾问的观点来看，上述建议或许比最初看来的分歧要小。不同之处在于处理问题的重点与时机的把握。远东司当然不会建议长期不承认中共政府，它已经面临不承认政策所衍生出的很多困难了。它认为，由于下述原因，英王陛下政府对共党任何方式的承认还是要推延一段时间，但它也不希望忽略任何能改善在共产党控制区内英王陛下政府领事地位的机会。

我们提议暂缓承认的理由如下：

（i）华北人民政府必须被视为一个正在转型中的临时政权。目前还不知道是否有可能出现当前中央政府和共产党的某种联合，共产党也没有决定他们的首府。共产党控制的领土的边界仍在变动，我们不可能预见是否将有一个僵持的时期，正如在西班牙内战中，两个对立派别分别控制相对明确的区域。

（ii）在一般情况下，我们不希望过于快速地承认共产党政权，这样会给人一种当英国利益受到威胁时，我们会变得毫无原则的印象。

（iii）只有在与其他有关国家充分协商过后，我们才会着手承认事宜。①

P. W. 斯卡莱特

（姚百慧译、校）

---

① 2月17日，邓宁先生指出，"如果我们在他们毫不知情的情况下对共党政府予以承认"，美国、法国及其他英联邦的成员将会"非常愤怒"。O. 萨金特爵士2月18日的备忘录中特别重点提到，要与驻沈阳、天津的总领事建立联系，"如果我们失败，我们不得不考虑让他们全部撤离。如果因我们未能妥善照顾而使他们发生任何事，我们也将为此受到严厉批评"。贝文先生说："我必须非常谨慎地处理这个问题，我会进行充分讨论。"2月23日，他和邓宁先生就这一问题进行讨论，并通过了斯卡莱特先生提出的建议。——原编者注

19490304，YD00017

贝文关于中国形势的备忘录①

（1949 年 3 月 4 日）

CP（49）39（CAB 129/32）

极机密，外交部

我随备忘录附上一份 1948 年 12 月 9 日 CP（48）299 号文件提交之后关于中国和东南亚事态发展的进一步评述，以供传阅。已经尝试对共产党统治下中国的政府经济处境做出了评价。

2. 如在我前一份文件中所预测的那样，我就当前形势的军事影响和协调区域范围内的军事措施以应对任何战略威胁的可能性征求了三军参谋长的意见。他们达成了以下总的结论②：

共产主义蔓延到华南将造成更多的骚乱，因此会增加我们对整个东南亚的安全义务。这也会增加战时对我们海上交通的威胁，如果福摩萨落入苏联的控制之下，这将尤其严重，并且会增添从日本群岛发动空中进攻的难度。因此，无论和平时期还是战时，该地区所需的军事力量都将增加。如果俄国人在华南建立基地，对东南亚和我们海上交通的威胁会变得严重。如果共产主义成功地蔓延到印度次大陆，我们在东南亚的整个地位将变得难以维持。他们接着建议，在该地区所有相关国家就远东政策达成一致之前，唯一可能有效的军事磋商和情报组织举措是，交换有关共产党活动的情报资料和交换警方的资料。

3. 鉴于这些结论和所附备忘录中第 1~15 段概述的政治发展，现在我建议：

（a）我们应当与那些友好大国一同继续我们的研究，我们已将我们最初研究〔CP（48）299〕的基本内容告知了它们；

（b）我们应当与上文提到的这些大国一同在讨论第 16 段及之下段落中相关形势的基础上就保护我们的利益研究进一步可能的经济措施；

（c）应给予必要的授权以便该地区的警方和情报机构形成一个相互联

---

① 资料来源：*DBPO*, *Series I*, *Volume VIII*, *Britain and China*, *1945 - 1950*, pp. 208 - 220。

② "外交部评述中所预示中国形势的总的战略意义"，1949 年 1 月 20 日的 COS（49）29（DE-FE 5/13）。——原编者注

系的整体，我认为这是能立刻采取的最切实有效的措施之一。

厄内斯特·贝文

附件 1　中国的形势

上一次对中国形势做出评述是在 12 月 9 日的 CP（48）299 号文件中。从那时以后，共产党人挺进到了长江北岸，他们对华北的控制现在得以完成。虽然蒋介石总统从舞台上隐退使通过谈判谋求解决的道路畅通起来，但是最近的证据表明，他仍然通过国民党的"保守派"施加影响。国民政府的一个代表团已经被派往北平，就共产党的和平条件进行初步的探询，据报，代总统李宗仁对和平谈判随后终将到来充满理性的乐观，但是蒋介石不断的干扰使得是否能产生一项被双方都接受的解决方案变得难以预测。与此同时，战斗停止了，共产党人看上去并不急于做出任何进一步的举动，他们清楚地意识到时间在他们一方。据报，他们正在长江北岸集结他们的力量。他们拥有一支约 200 万人的装备完善的武装力量，而国民党人目前连是否能够集结超过 100 万的拙劣部队都令人怀疑。

2. 政治上，由于政府内部的对立政策，国民党方面已遭受进一步的削弱。然而，最近的大部分报告都指出，把政府所在地迁往广州时①还独自在南京的代总统，正重新赢得对他涣散的部长们的控制。除了行政院长以外的所有阁僚被召回南京参加一个会议。如果他最初的和平使团在受到毛泽东接见后现在已从北方返回是真实的，那么代总统的威望将得到大大的恢复。经济形势正在持续地恶化。8 月份确立的 12 元兑 1 英镑的金圆券在 2 月中旬的报价超过了 5000 元兑换 1 英镑。这些事态的发展都将强化上一份文件所表达的推测性观点，共产党统治中国必然被看作是不可避免的。

3. 目前共产党在华北的政府是临时性的，此时即使是事实上的承认都为时过早。无论如何，在考虑给予承认之前，英王陛下政府必须同英联邦

---

① 参见 *DBPO*，*Series I*，*Volume VIII*，*Britain and China*，*1945 - 1950*，No. 54 ，pp. 192 - 193。中国政府在 1949 年 1 月底从南京迁往了广州。同时转移的外国外交人员包括苏联大使。联合王国驻中国的参赞、一秘和武官如同美国的公使及参赞一样，也进行了搬迁。1949 年间，国民政府所在地从广州依次迁至重庆、成都，最终在 12 月 7 日到了福摩萨（台湾）的台北。——原编者注

国家和其他友好国家政府进行磋商。迄今，对于外交官员们来说，同共产党当局建立任何形式的联系都证明是不可能的。在共产党控制的城市沈阳、北平和天津都有英国和其他外国的领事馆，但是共产党的政策明显是要切断领事馆同外部世界的官方联系，在有关国家政府承认共产党政权之前拒绝承认其领事的地位。

4. 在沈阳、北平和天津的英国人在这些城市中保有他们行动的自由，看上去没有受到干扰，但是自天津陷落以来，在天津有势力的英国商人都为经营状况感到极其的不安。贸易停止了，城市仍然处于完全的军管之下，共产党人似乎对外贸没有打算，一些公司缺少货币，因为不愿意接受任何其他货币，甚至是美元，进行兑换的共产党人，采用了一种新的货币。然而，英王陛下政府的大使认为，天津的贸易可能随着政治上的解决很快得以恢复，许多困难可能是缘于共产党的怀疑和缺乏管理经验。在这个阶段形成任何结论都是不明智的。

5. 由内阁于 1948 年 12 月 13 日批准的同友好国家就遏制共产党对大家威胁的最佳手段进行的磋商，迄今还未被证明是富有成效的。除了印度以外，英联邦国家拿出的都是无实质内容的评论。印度提出的看法是，一个共产党控制的中国政权将全神贯注于内部问题，它将依据中国的方式去处理，不会接受俄国的号令；它的外交政策将与俄国保持一致；东南亚的共产党人会受到中国事件的鼓舞，但接受不到来自那儿的直接帮助；对其他国家而言，正确的途径是支持东南亚的民族主义运动，不做任何承诺地同中国的新政府保持联系。① 美国政府正积极地研究那份文件，但是至今还未给予任何官方的回复。法国政府表示总体上赞同我们的分析，并答应在情报领域②进行全面的合作。暹罗人最初的反应是试探性地打听，从英王陛下政府和美国政府那里可得到什么样的帮助，去应对我们所假定的那些可能发生的事情。鉴于荷兰和缅甸抱有更直接的成见，到目前为止我们推迟了任何与它们的接洽。

6. 以下段落对东南亚目前的形势做了简要地评述。殖民事务大臣正提交一份单独的有关香港和马来亚防御形势的评述文件。

---

① 参见 *DBPO*, *Series* I, *Volume* VIII, *Britain and China*, *1945 – 1950*, No. 56, pp. 200 – 202。——原编者注

② 参见 *DBPO*, *Series* I, *Volume* VIII, *Britain and China*, *1945 – 1950*, No. 57, pp. 203 – 204。——原编者注

缅甸

7. 过去几天内，缅甸政府的处境在种族冲突中逐渐恶化了。克伦人目前看上去赢得了对缅甸北部大部分地区的控制，而在南部地区，除了仰光及其紧邻的周边地区，缅甸政府对任何地区的控制无论怎样也是不稳固的。政府已承诺在缅甸联邦范围内给予克伦人自治权，但是这种姿态做出得太晚了，克伦人可能打算继续战斗下去，他们在北部取得的胜利使他们精神振奋。另一方面，也有迹象表明，他们急于同缅甸政府通过谈判达成一项解决方案。

8. 已经有许多根据缅甸人提供的消息写成的关于克伦人同共产党人合作的报告，这些消息都是不可靠的或非第一手得来的，很可能是缅甸人对克伦人雇用曾被共产党人雇用过的武装土匪这一情况的夸大。克伦人有着强烈的亲英立场，他们同共产党人在意识形态上处于政治对立的两端。

9. 在缅甸政府的同意下，英联邦国家的代表正在新德里讨论向缅甸提供财政和其他援助的问题。[1]

印度和巴基斯坦

10. 印度和巴基斯坦充分意识到缅甸目前的混乱以及那里持续的不稳定局势对它们自身的威胁。在这两个国家里，民众正追随政府不断觉察到国内的共产主义威胁，但是至少在印度，共产党人在中国的胜利对整个东南亚的威胁还未得到充分关注。在印度，大约 500 名共产党人已遭到逮捕，理由是他们正谋划破坏工业生产和铁路。在克什米尔，共产党影响的发展提供了某种值得担忧的理由，所以 1 月 1 日生效的停火得到了较好的遵守，并且促使两国间的关系有了明显的改善。正在等待任命一位被双方都接受的负责公民投票的官员，他可能会是一位美国人。

印度尼西亚

11. 荷兰政府在 2 月 26 日宣布它将权力移交给印度尼西亚的方案。扼要地说，目的是打算于 3 月 12 日在海牙召开一次由共和主义者、非共和主义的印度尼西亚人以及联合国印度尼西亚事务委员会参加的圆桌会议。这次会议将制定方案，组建一个过渡政府，并在安理会决议设想的日期之前

---

① 这次会议并不成功，以缅甸政府抗议外界干涉其内部政治而告终。关于此事以及随后英联邦援助缅甸的努力，见 S. R. Ashton, "Britain, Burma and the Commonwealth, 1946–1956," *Journal of Imperial and Commonwealth History*, Vol. 29, No. 1, January 2001, pp. 65–91。——原编者注

移交权力。从这个程度上说，他们的方案超越了安理会的决议，但是，由于不打算让共和主义者的领导人回到雅加达，所以要想把他们的方案与安理会决议协调起来，缺乏令人满意的基础。除非荷兰人能够同意共和主义者返回雅加达，否则他们的方案就可能失败。与此同时，共和主义者的游击活动仍在继续，无论何时荷兰人都不可能促成一项纯粹的军事决议。因此，尽快达成一项政治解决方案是必要的。

印度支那

12. 前皇帝保大和法国政府就安南独立的谈判已经取得了缓慢的进展。① 主要的争议点是交趾支那的地位（所规划的未来越南的三个省份之一），它仍然是一个法国的殖民地，有别于法兰西联邦的"联系邦"。据了解，双方已经在国防、外交代表权和经济问题上达成了一致。在交趾支那地位问题上获得补偿之前，保大不可能回到印度支那去领导拟议中的新的中央政府。这取决于法国议会的表决，它似乎还未意识到中国事态发展的影响和随后达成一项解决方案的紧迫性。

暹罗

13. 为了给暹罗政府提供权力去应对共产党的内部和外部威胁，銮披汶元帅②希望尽快施行国家紧急状态令的公告在2月23日颁布了。銮披汶紧急公告的批评者将其看作是元帅试图达成自己的目的。曼谷爆发了暹罗陆军部队和海军部队之间的战斗，但是政府似乎控制了局势，任何政治上的反对看上去都已经被压制。然而，形势依然相当不明朗。

14. 据报，在暹罗和马来亚边界，暹罗和马来亚安全部队之间的合作正

---

① 1945年在波茨坦达成了一致，日本投降后，印度支那应以北纬16°线进行划分。联合王国负责交趾支那（越南南部）和柬埔寨；中国负责安南、东京（越南的中部和北部）和老挝。1945年9月，共产党越盟说服越南皇帝保大退位，同意在北部的河内建立由胡志明任主席的越南民主共和国。在越南南部，因为缺乏任何可替代的人选（英国的命令不超出保证日本人投降和撤出），法国人恢复了控制。1946年3月，法国人和越南民主共和国达成了一项协议，使得法国军队占领了北部。越南民主共和国被承认是一个拥有自己政府和军队的自由国家，为印度支那联邦和法兰西联邦成员。1946年9月，英国军队和中国军队从印度支那撤离。法国与越南民主共和国之间的关系开始恶化，由于前者力图通过在南部建立一个独立的交趾支那国家维持它的影响力。1946年11月，战争爆发。在之后的三年间，法国试图找到除胡志明政府之外的可操纵的替代者，主要是如今居住在巴黎、不大情愿的保大。1949年6月14日，有保留的独立被给予了一个新的越南国家。它包括交趾支那（一个迄今在谈判中的争议点），首都在西贡，保大被立为国家元首。越盟立即抨击新政府，谴责保大是法国的傀儡和卖国贼。——原编者注

② 暹罗的总理。——原编者注

在增进，但是暹罗部队在针对共匪的行动中因他们糟糕的装备而吃亏。作为一个紧急事项，联合王国正向暹罗人提供一些军事装备并已做出安排：给予暹罗人一些训练设备；交换有关共匪活动的情报。

中共人员

15. 警察突然查抄了香港一名中共主要人员的住所，搜出了一本日记和一系列的记录，它们充分表明，中国共产党正像任何欧洲的共产党一样，在意识形态上是正统的，并且是高度组织化的。① 备忘录附上了这些文件的概要。安全当局特别要求，这些文件的来源地，即香港，只能透露给大臣们。在提及中国共产党对菲律宾的关注时，这使人想到，告知菲律宾政府我们对于中国形势的看法可能是有用的。因为意识到菲律宾群岛是美国的势力范围，所以迄今并未这样去做。

经济方面的考虑

16. 以下评述针对的是对共产党统治下的中国的主要经济问题以及我们如何有力地利用可能出现的经济弱点的恰当手段。共产党的长期经济政策将会依照正规的共产党路线，并把目标对准土地改革、国家工业化以及没收或驱逐外国利益集团，但是可以想象，初期经济的困难将是如此巨大，以至于共产党人只得慢慢地朝这些目标前进，因此他们可能愿意容忍外国利益集团一段时间。

---

① 突然查抄发生在 1948 年 12 月 11 日香港的一个住所。据总督所说，文件表明这个住所是共产党在香港地区甚至可能在华南方面的总部。文件包括一本日记，经过翻译，它揭示了同法属印度支那和菲律宾的秘密联系，以及一连串关于马来亚的地址。它还包含了共产党对于接管上海和对待外国利益的政策材料。在这一点上，有建议外国的企业只是当作一件有利的事才将被允许继续存在；它们将按照来自"人民政府"的命令行事，以后将"单独对待"。另一份文件的标题为"关于目前政治形势和党的政策的问题"，它阐述道，过去一年里，党的力量已经增长了 10 倍，在广东现在有 3 万~4 万名党员，在广西有 1 万名党员，在湖南有 1 万名党员。其他的文件包括关于中国共产党的发展和组成、争取入党者的简历、家庭和其他方面的账目，以及关于打入秘密社团方面的记录（F 1559，4780/1016/10）。在外交部，G. 伯吉斯先生 1 月 29 日在备忘录中写道："这些文件明显来自一个正统、自信、成熟和在最高级别（在这一点上，我们实际上接触到了）组织非常完善的政党。我认为，共产党在这些方面所达到的程度至少与许多西方政党一样高。它肯定在一个完全不同的水平上，超过了作为使共产党变得温和而谈起特殊的'中国的'因素或作为按照削弱或改变它行事而谈起中国人的个性特征的任何人所能想象的。"在 3 月 22 日后来的一份备忘录中，他不同意毛泽东应被看作是一个"潜在的铁托"的看法："有许多证据表明，毛认为他是一位正统的马克思主义者，但那不同于对克里姆林宫俯首帖耳……没有服从克里姆林宫而声称是正统马克思主义者的人遭到了苏联报刊和克里姆林宫特工的攻击。除非直到这种情况发生在毛身上，不把他看作是任何类型的铁托，潜在的或相反的，无疑是更保险的。"——原编者注

17. 共产党的经济弱点可概括如下：

（i）财政

在平衡预算、增加税收、缩减开支和维持他们货币信用方面，共产党将面临巨大的困难。他们将面对同现政府一样的恶性通货膨胀的威胁，但预计他们将采取更严厉的措施去应对它。

（ii）食品和农业

战前，中国通常一年进口大约一百万吨大米。如果共产党人控制福摩萨，这个数字将减少，但是大米供应仍会不足。国内的分配是另一个问题（见下面"运输"部分的内容）。共产党可能会请求外国提供农业机械（其中苏联及其卫星国难以供应足够的数量），但这不是急需的，而且由于中国是稻作农业的类型，农业机械也不是不可缺少的。

（iii）工业

工业化将需要外国的资本、外国的货物和外国的技术援助。苏联及其卫星国能够提供大量此类援助是值得怀疑的。

（iv）运输

食品供应的适当分配和经济的繁荣，取决于国内交通的改善和航运设施的养护。无论如何，如果目前中国的所有商船拒绝他们，共产党人将依靠外国的船只进行海外贸易和沿海贸易。足量的内河运输仍然是可获得的。但是，需要庞大数量的物资去恢复遭受战争破坏的铁路系统，运输很可能是共产党最严重的弱点之一。

（v）矿物和原料

中国几乎完全依赖于非共产党国家来供应橡胶、石油和化肥。共产党政府将缺乏原棉，尤其严重缺乏铁合金金属。

（vi）贸易

在过去的经济生活中，对外贸易相对不重要，共产党人无疑将继续限制进口资本货物和基本必需品（石油、橡胶和食品等）的现行政策。为了能够进口更多的东西，他们可能非常希望扩大出口。

18. 虽然联合王国同中国的贸易额近来非常小，但是英国商人和工业利益集团在中国确立了如此强的实力，以至于他们经营着相当大比例的中国同世界其余地区的贸易，并且在中国经营着大量的工业企业。除了来自这些经营活动的无形收益以外，1941 年英国在中国商业资产和投资总额估价为 3 亿镑。这个数字排除了随后的战争损失，但目前的总数仍然相当可观。

如果英国和其他国家的利益集团尽早撤出，转移他们能够转移的资产，毫无疑问这将大大增加共产党人的困难，但从利害角度看，所关乎的财务损失，例如大部分的资产不能转移出去，与共产党人不加补偿地接收这些资产相比也少不了多少。①

不管怎样，已决定，出于政治上的理由，应该支持英国利益集团像他们所希望的尽可能长时间地在中国立住脚；出于经济上的理由，使我们自己隔离于一个潜在的英国商品的广阔市场和一个潜在的基本进口（包括蛋类、茶叶、蚕豆、猪鬃、大豆、面粉和桐油）供应的重要软通货源是令人遗憾的。由于大量的中国内部需求以及我们自己对软通货供应的需要，如果条件一切正常，潜在的贸易至少应当是战前的两倍。

19. 英国利益集团能够在中国维持更长一段时间的最佳希望看上去在于，假定共产党人需要英国公共事业、保险、银行、商务和航运业、工业企业继续运转，直到共产党人准备接收它们或组织起替代力量。只要共产党人打算容忍英国企业运转，无论我们可采取何种经济手段保护英国在华经济利益，这些手段都应暂缓使用。在最初阶段任何尝试施加经济压力的后果大概是，加速共产党人进入尝试没收外国资产的第二阶段。

20. 假定只有共产党人认为它们的继续运转是符合他们自己的利益，外国经济利益集团才能被容忍存在，并且当尝试一些没收形式时将迎来一个阶段，那么明显最重要的是，我们和其他相关大国面对这种威胁时应当力图形成一条共同的路线。在任何可能进行的磋商中，我们的目标是：

（a）劝说其他大国（尤其是美国），只要外国的利益尚能保持平安无事，不要采取任何行动，因为这些国家比起英国来在中国的商业利益更小些，可能在一个较早的阶段快速抽身并立即开始对共产党人发动经济战的政策。

（b）如果有必要，作为权宜之计，与其他相关大国就应对共产党的经济压力的未来措施达成一致。一旦中共对外国经济采取明确挑衅行动，这些措施可供使用。按上述路线采取的行动，当然不妨碍与其他大国一致拒绝向中国提供有战略意义的商品，这将会有不错的效果。

据估计，很明显英国企业做出的停止运转的任何威胁（即使通过英国

---

①　在 1947 年 1 月的一份文件中，经济和工业计划工作班子所做出的一项估计把英国在上海的投资额定在 1.07 亿镑。9777.5 万镑构成了不动产（土地和建筑物），动产（私人物品、商业库存以及机械、工厂机器和设备）定在 922.5 万镑（F 16267/360/10）。——原编者注

商会一致行动），对共产党人产生不了多大影响。因此，任何行动必须从中国以外采取；上述第 17 段对共产党经济弱点的概括并不表明我们手中现在握有任何特别有分量的牌。以下可能的手段说明了这种情况：

（i）对英国向中国的出口发放许可证

这样的一种制度应该只在最后时刻才采用，且无论如何应只适用于我们所知的共产党人特别需要的某些物资。除非英国和其他主要的潜在供应国达成一致，否则采用许可证制度不管怎样都是没用的，并且明显也有必要对中国以外的许多远东港口发放出口许可证。

（ii）石油制裁

单独针对中国共产党人采取拒绝供应石油的政策可能会是一个非常有用的手段。通过联合王国、美国和荷兰之间的一致行动，这样的制裁能有效地得到实施。

（iii）撤回英国的航运业

这会是一项有效的制裁，但由于对英国船只发放许可证的传统制裁方式完全不适合这样的意图，操作起来将非常困难。

21. 共产党针对英国在华利益采取的行动可能因为适当的策略而推迟。从长远看，就现今在东欧被没收的英国利益所及的事态而言，英王陛下政府可能面临相似的事态，只是会以一个更大的规模。这个时候，我们最好安排供应共产党人最渴望的商品，也许通过一项贸易和补偿协议，或者如果需要，通过按照上述第 20 段（b）的思路威胁采取制裁，或者可能的话通过两者相结合的方式，能够使我们的损失减小到最低程度。

附件 2　中共人员

1. 香港安全当局最近获得明显属于一名或多名有影响的中国共产党成员的可靠文件，这些文件描绘出了一幅中国共产党人热情高昂、积极高效和愤世嫉俗的画面，充分显示中国共产党并未由任何特殊的"中国人"的因素而变得温和，它绝对正统、自信、成熟并且在最高级别上组织非常完善。不存在铁托主义的痕迹。提及一名高层的中国共产党成员时只用"F"来指称，他看上去拥有相当的权威，能够阐释最纯粹的党的路线，纠正任何的偏差。因此，这名权威人物的一份陈述有着重要的作用，表明了中国共产党从根本上就是正统的，不打算容纳其他政党，无论这些政党多么民主，除非他们也是共产党人。该陈述阐释道：

中国共产党坚持将民主革命进行到底，并将在革命中加强无产阶级的领导地位。在毛主席正确和英明的领导下，中国共产党已成为一个强大、团结和真正的无产阶级政党。中国革命只有一条道路，不存在第二个选择……其次，各个政党和团体必须遵循由联合政府（注：中国共产党人打算在不久的将来成立一个"联合"政府）① 通过的"共同政治纲领"……。

2. 文件多处提及共产党为了他们的目的打算利用某些手段和党派，只要这符合他们的利益；也打算雇用有才智的人员充当与群众沟通的桥梁，采取渐进的方式直到实现彻底的无产阶级专政。重点在于必须全面依靠群众。土地改革作为一种巩固获得农民支持的手段，文件对其有所论述，指出农民是"共产党军队的后备力量"，必须依靠他们。但是，文件也强调了谨慎行事的必要性，特别是在挑选党的新成员方面，描述了审查入党申请人和考验他们思想纯洁性的整个过程。大量的篇幅专门用来论述按照正统路线开展共产党的组织工作。在"基层组织的问题"下面，提醒要注重党员质量而不是数量。关于如何在新的领域着手工人的组织工作，文件中有着详细的指示：

"研究和了解形势。首先要同他们交朋友，接着对其进行改造。与他们打成一片，但不要受他们的不良影响。不要懈怠，但也不要急躁"。建议在一个未开展过工作的村子里，第一个进入该村的共产党宣传员应当在沿街小贩、小店主或学校教员身份的掩饰下开展工作。

详细的指示还涉及，"如何巩固"，意指通过更好地理解党的路线加强组织工作；自我批评和共产党人良心反省的其他方面，以及"清洗问题"。关于最后一个问题，令人关注地着重提到一个典型案例，即在河北省中部党员的 30% 被清洗。

3. 提到中国共产党在华南的历史时，文件显示，党的南方局成立于1936 年。文件认为华南有着一些忠诚和值得信任的老党员，但目前因为机会主义分子的渗透以及过于专注于知识分子而遭到了削弱，声称已经犯了忽视农民和工人的错误。在 1941 年，党进行了整顿，并看上去在 1942 年发生了进一步的变化，将南方置于"Mo"的领导之下。② 文件从共产党人的角度对华南的优势和弱点做了一个长篇的分析，并按正统的路线详细制订了一项运动计划。这些文件声称，广东和广西两省是共产主义在华南的重

---

① 括号出自原文。——原编者注
② 这被认为是指毛泽东本人，"Mo"是汉字"毛"（Mao）的译文。——原编者注

点。文件还提到了 1946 年转移到华北的共产党游击部队可能返回华南，但是看上去共产党已经不指望这支部队的返回，而是决定采取"大胆的行动"并"主动地尽我们最大的努力"。

4. 在讨论通过与其他民主党派合作可能形成"联合阵线"的记录中，明显指出与其他组织的任何合作仅是一项短期的政策。

这些文件有多处提到李济深将军①，蔡廷锴将军（李将军在香港国民党革命委员会的副领导人）在一份充满蔑视的记录中也被提及，十分明显他们仅被当作工具；同样，共产党人对中国民主同盟②和国民党革命委员会的态度也是冷嘲和怀疑。它们将被加以利用，但是如果要在所谓的联合政府中获得任何的席位，就必须接受共产党的条件，并且不允许拥有自己的政策。共产党明显不打算允许在政府之外存在一个反对党。事实上，共产党对太多的"右翼分子"和"机会主义分子"为站在胜利者一边并分享"战利品"而加入其他民主党派表示出担忧。

5. 有许多关于未来共产党政策和对待外国利益的材料，想努力表明，共产党绝不会信赖外国人。他们将借助外国工业企业过去特殊的特权地位，把它们当作建立他们自己工业企业的手段——特别提到美国在上海所属的电力和电话公司。只要是有利的，这些企业将被允许继续运营下去，然而很明显，它们只能按照来自"人民政府"的命令行事，它们将"在以后单独处理"。外国的航运业将按照北朝鲜采用的路线被加以对待，外国航运公司将不被允许继续运营，就像任何事都没有发生过。它们必须各自申请准入，给它们的印象是，它们没有特权。

6. 文件用纯粹的共产党措辞记录了有关接管上海方式的重要讨论，提到了一段"真空期"和在那段"混乱状态存在"的时期内可能发生的事，以及"在移交给我们的过程中通过维持现状"，"民主右派"希望阻止这种情况。"F"似乎不同意这些意见，他认定不会有"真空期"。看上去共产党人明显不希望以接受"民主党派"礼物的方式接管上海，他们甚至宁愿推

---

① 原文中的注释："李济深将军：广西人，在那里他一直享有很大的影响力，是南京政府中拥有一些高级职务的重要军事领导人。1947 年，他被开除出国民党，并引退至香港。1948 年 1 月，他担任名为'国民党革命委员会'的组织的主席，该组织由前国民党党员组成，他们如今转而反对国民党，其中大部分人政治流亡于香港。李济深和其他领导人最近前往华北，与共产党人为伍。"——原编者注

② 原文中的注释："民主同盟：较小的左翼政党，因与中国共产党的关系，1947 年 12 月被南京政府宣布为非法组织。1948 年，在香港建立总部。"——原编者注

迟行动，直到他们能够按照他们自己的主张控制这座城市。

7. 文件多处提及一些国民党官员，这些人要么做出试探意在加入共产党行列，要么身在国民党政府的同时却积极为共产党人工作。这些人当中包括若干与桂系有关的人物，国民党支部成员，南京警察厅厅长（文件中记录已前往海南），若干政府秘密情报官员和军事官员。

8. 所有的证据表明，香港更可能是一个区域性中枢，而不是一个纯粹的地方性中枢，这支持了以下观点，香港可能是"南方局"的中枢和向周边国家，例如菲律宾和印度支那，传达命令的中枢。

（耿志译，姚百慧校）

19490304，YD00019

施蒂文致贝文电①
（1949 年 3 月 4 日）

第 141 号 （F 3790/1015/10）
机密，南京

先生：

很明显，从中共近期的成功和共党政府对未来中国统治的趋势，不难看出，一个崭新的局面即将出现在整个东南亚地区。共党的这种进展对这一地区未来发展的影响无论如何都是非常大的，而在印度支那、暹罗、马来亚和印度尼西亚地区生活的上百万中国人会使这种影响变得更为巨大。

2. 不久前，我和美国、印度以及澳大利亚的同人就这一形势展开了讨论，并针对如何处理这个问题阐述了各自的观点。我们深刻意识到，这一问题的解决已经超出我们的能力范围。但是，由于中国的现状以及东南亚存在的大量华人，使得解决这一问题变得迫在眉睫，因此我们斗胆形成了一份联合备忘录，提出了若干建议。在此附上备忘录的副本。

3. 请注意，假设在东南亚地区存在革命的隐患，而我们又不加以控制的话，其结果就是共党会迅速利用他们"耕者有其田""劳者有其权"的口

---

① 资料来源：*DBPO*, *Series* I, *Volume* VIII, *Britain and China*, *1945 – 1950*, pp. 220 – 225。

号对这些贫困人民产生巨大的感召力。在这种情况下，仅用武力是达不到实效的，唯一的希望是为革命试图解决的那些主要问题提供一份非共产主义的解决方案。我们把建立一个东南亚联盟作为我们的终极目标，但就目前的情况来看，这一目标在政治上是不切实际的。但是，我们认为，在不久的将来建立由该区域国家和地区组成的常设咨询委员会是可能的，该委员会将精心制定和实施相关政策，创造一个可以抵制共产党教条的一体化经济。创建这样的机构必须满足一个先决条件，即实现印度尼西亚和印度支那的政治自由，以及确保马来亚至少在参与制定共同的经济政策时有行使宪法的能力。这个委员会也有必要提前制定一套经济和社会方案，以处理落后国家所面临的现实问题。我们认为，第一步，方案应由哈雷勋爵①智囊团所组成的小型经济政治专家委员会负责制定，此智囊团曾受英国、美国、印度和澳大利亚联合委任对非洲进行调查。利用皇家国际事务协会、美国外交政策协会、印度世界事务研究所和澳大利亚此类机构的服务，或能为此项研究提供便利。

4. 此外，为了使东南亚常设咨询委员会能执行此项方案，我们还建议，建立一个顾问委员会，这个委员会由那些不得不提供必要物质及技术支持的国家——英国、美国、印度、澳大利亚、法国和荷兰等国——组成。我们也意识到，尽管此委员会只起纯粹意义上的顾问作用，而且其还需要在得到常务委员会的邀请下才能发挥作用，它还是有可能被当作某种"帝国主义集团"。一旦此提议遭到否决，替代方案是，在同其他相关国家达成谅解的基础上，将这种顾问的功能委托给美国，以便获得美国所能提供的专家和其他援助。

5. 美国、印度和澳大利亚的（驻华）大使们也向各自的政府提交了类似的报告（我的澳大利亚同事直接将他的报告呈交给了在英国的伊瓦特博士）。

6. 基于上述第二段所提到的问题，我仅将此报告的副本送呈了东南亚专员。

拉尔夫·施蒂文

---

① 威廉·M. 哈雷男爵（1872～1969），从1895年起在印度担任公职，1924～1928年任旁遮普总督，1928～1931年任联合省总督，1935～1938年领衔进行非洲调查，著有《非洲调查》一书。——原编者注

附件　关于共产党的成功在中国和东南亚地区所造成影响的备忘录

一个由中国共产党所主导的政府很可能使东南亚出现一个崭新的局面。在中国，共产党胜利所带来的即时效应已一步步地改变着周边地区的事态，中共要在尽可能短的时间内让周边国家在和平的环境下进行经济转型。中共控制下的中国与周边东南亚国家所呈现出来的半殖民经济问题也许可以归纳为以下几点。

2. 到目前为止，东南亚地区所有国家的主要议题是何时恢复主权独立。这虽然曾经是个政治争论点，但是随着印度和缅甸的相继独立，独立的基础可以说已经建立了，尽管印度支那和印度尼西亚的主权问题仍然未得到解决，但是荷兰人和法国人已经接受了他们的殖民地即将独立的现实。

3. 实现独立并没有解决这些国家所要面对的问题。这个问题就是：它通过典型"东方"方式进行变革，把不合时宜的社会组织、饥饿的经济地区组织成现代化社区，原则是社会正义和经济自由。简单地说，这些国家把欧洲一个世纪的发展过程压缩再压缩，把 20 世纪中期的科技，直接安插在一个仍然处在工业革命前的时代但被新的毁灭性的思想冲昏头脑的社会中。由此导致无论进程和后果本质上都是革命的，因为它们正在强制发展而不是允许革命适当地进行。

4. 如果把它看作是一场正在进行当中的革命，那么随之而来的问题便是如何控制和引导其往正确的轨道上发展，如果我们置之不理，共党就会利用他们"耕者有其田""劳者有其权"的口号来掌控全局。

5. 以东南亚的局势来看，共党的口号是十分具有感召力的。共产主义思想家们早已预料到，从封建主义向社会主义转型是比较容易的，其阻力主要来自有较高社会地位但没有参与劳动的地主和资产阶级。换句话说，缺少反对共产主义的中坚力量——中产阶级。这也是为什么共产主义在亚洲表现得更为积极而极少受到来自群众的阻力。

6. 认为通过武装抵抗和鼓动反动分子破坏"四大自由"或自由竞争的新口号，从而使整个东南亚地区产生抵抗共产主义思想侵蚀的想法都是注定要失败的，原因显而易见，因为一场经济和社会的革命已经在整个东南亚地区蔓延开来了。

7. 我们将扮演一个怎样的角色呢？显然要接受革命的现实并且给革命所要解决的主要矛盾提供解决方案，如果在较短的时间内，我们可以用非共产主义的手段和更缓和的方式来达到或满足人们要求的话，我们可以认定共产主义在这一区域会被扫地出门。

8. 有争论说在印度进行的另一种形式的共产革命才是正确的，即通过议会的形式达到同样的目的，也就是说这是一场由议会控制，通过立法生效的革命。但是就东南亚周边的形式来看，此种形式的革命是不能确保成功的，主要的原因是这些国家未曾建立起一种服从机制，次要的原因是这些国家的领导集团从根本上就缺乏一套高效和忠诚的法制体系。

9. 到底另外一种形式是什么呢？最终答案是显而易见的：创建一个由该地区小团体所建立的，有着相同目标和一体化经济的东南亚联盟，并让其拥有循序渐进的经济和社会制度。近期这种解决办法也许是不切实际的，因为就像正在用斗争获得独立的印度支那等地和最近才获得独立的缅甸等国，它们绝对不会允许有任何外界因素阻挠它们获得主权独立，但是存在于其北方的强大的共产主义共和国，或许会有足够大的影响力去改变它们的独立态度，这和西欧借助强烈的民族主义最终走向大融合的情况是非常类似的。

10. 现在，目标已经明确了，我们所有的行动都应为此目标服务，但是很明显，在短期内要达到此目标是极其困难的，所以我们所要做的就是出台一套实际且有效的临时应急方案。建立一个能制定出共同政策并提供可以和共党经济相抗衡的经济共同体的常务委员会也许是个不错的解决方案。但是如果想让此委员会长期发挥作用的话，首先要恢复印度支那和印度尼西亚的政治自由，同时至少要给予马来亚在参与制定经济政策中的宪法权益。

11. 为使委员会正常运作，必须针对社会落后这一特殊问题提前制定出一套切实可行的社会和经济方案。这套方案应包括：（1）整肃不参与劳动的地主阶级且用最先进的科学技术投入农业以增加生产；（2）让大批没有参与到劳动生产中的居民参与到工业劳动中来，以此增加国有产出；（3）加强该地区经济融合，避免区域竞争造成的浪费；（4）大规模建立医疗卫生机构，以此来消除灾难性季风气候带给人们的损害；（5）通过建立全民教育系统为推动民主进程做铺垫。综上所述，就是出台一套经济发展方案。

12. 当前，第一步应该是，趁共产主义未在印度尼西亚和印度支那形成气候前，利用时间的优势制定出一套适用于该地区的方案。该方案只能在对社会主导经济进行详细调查分析后制定。此调查不仅要涵盖当前社会形势，而且要规划未来的社会模式：即东南亚地区最需要怎样的新社会体制。

13. 在美国被称作"社会工程师"的组织的调查也为我们提供了可以削弱社会主义吸引力并缓和东南亚革命进程的另一方案。

14. 从当前来看，对参与此套方案最有兴趣的国家是美国、英国、澳大利亚和印度，调查可由有四五个专家成员的四国高级智囊团组成的小型政治经济委员会进行。比如说，曾完成过对非洲调查研究的哈雷勋爵团队，随后可让其提出一套有可行性和前瞻性的方案供政府参考和批准。

15. 即便东南亚各国政府能支配各自的常设咨询委员会，在未得到物资援助和技术支持前，也无法充分落实此项方案。因此，组建一个平行于常设咨询委员会的顾问委员会是明智的，让两者紧密协作，以确保上述四国以及法国和荷兰在东南亚地区的经济利益不受损害。该顾问委员会在得到常设咨询委员会以及相关部门的首肯后，将负责确定援助金额，提供必要的援助以及采购。

（齐琳雪、姚百慧译，姚百慧校）

19490625，YD00018

伯吉斯关于香港查获共产党文件的备忘录①
（1949 年 6 月 25 日）

（F 9267/1016/10）
外交部

这些文件今天已送抵外交部。它们正被迅速传阅，因为文件中概述的方案至少会让人得出一个相当惊人的结论。

从其他获取的文件，我们知道中国共产党很久之前就已制订计划，而且严格按计划执行。这份特殊的文件涉及共产党掌控华南之后的经济政策。它们包括中国共产党即将解放广东省之前（我们仍然还有一个月左右的时间）在广东省的一些详细安排：建立一个人民银行，印刷人民币，建立一个共产党的商业组织，等等。

因此，我们得以了解（这些文件肯定是可利用资料中最可信的）某些

---

① 资料来源：*DBPO*, *Series I*, *Volume VIII*, *Britain and China*, *1945 – 1950*, pp. 317 – 320。

中国共产党关于广东和华南的经济政策蓝图。它可以与共产党在已经掌控的省份（如上海）所采取的经济政策相比较。

显然可以得出一个更重要的推论，即共产党已经决定夺取广东后不攻占香港。香港不仅不在广东计划之内，而且完全被排除了。香港问题被独立于内陆问题之外，单独论述。

文件 6 是问题的关键所在。这里我们要处理停止外国货币包括港币的使用问题，处理未来"被解放"地区的主要交换手段。这些大规模的计划不适用于香港。可以进一步厘清的就是现在的政府和货币在一段时期而且是不短的时期内会继续在香港统治。（文件 6，第 10 段，第 3 页和第 4 页）

这些文件中其他要点，尽管可能涉及广州的重要利益，我也没有予以分析或者甚至是认真的检查。重要的是得出了这样一个结论：对香港的威胁相当遥远，当下不必注意。远东情报组织得到这些文件已经几个月之久了，它们在回函中认为这些文件仅涉及经济重要性，不值得分析。但是，对共产党的这些经济政策进行精确分析可以推论出他们的政治政策。我们在上海的发现证实了我们的看法。文件中描述的计划涵盖了（共产党）对香港的全面、长期的金融和贸易政策，是特别重要的。这种经济分析中有着长远的政治考虑，例如，美国的萧条就要求尽可能地维持香港的现存政权。

详细的经济分析实际上支持了这样的观点，这些文件认为受殖民统治的香港，至少在一段时期内，仍然是不可挑战的。如同前面说的，香港问题是和广东内陆分开处理的，而由于这种政治和经济的分离，其货币使用也不相同。重要的是估计，中共设想不同货币继续使用不会太长时间。首先是广东必须要解放，接着是创立文件描述的金融和商业机构。解放后，进而考虑宣布禁止港币在解放区流通只有 3～6 个月的时间，只有宣布之时这些禁令才能生效（文件 6，第 5 页，补充）。文件对香港经济问题的分析始于这些省份禁令实际生效或者明显生效之时，而且分析认为不会有过早的挑战或者不会出现以前拟议中的香港地位的变化。

要进一步注意到的是，文件对香港地位的怀疑纯粹作为一种经济武器影响殖民政府将面临的货币问题〔文件 6，J1（c）〕。也许更具意义的是，在共产党军队到达香港边界后，香港内部的失序，无论是罢工还是激起的政治无序，不应该再立即理解为或者寻根于（共产党），也不要试图（与共产党关联）。

联合情报委员会（远东）和国防协调委员会（远东）在联合情报委员

会（远东）（49）21 号文件的最后修订版，涉及香港的威胁时，它们的第一结论是"香港回归中国是中国共产党计划之重要部分……"·（当要求我们对这个报告发表评论时，我们根据这些文件得出的结论做出我们的评价）根据我们推测的证据，我们以前认为，迄今为止，共产党还没有形成对香港的政策（附上备忘录）①。我们现在有明确的证据表明他们（中国共产党）可能在一定的时间段内不会挑战我们的地位，尽管对于他们的终极意图，我们还没有证据。你要考虑，是否该地的防务计划评估，要受我们推论的影响。尽管我们忽略了 1949 年 4 月 21 日以来其他方面的可靠论据，在应对可能的威胁时，人们仅能希望帝国的防卫计划不会是杂乱无章的。

从更宽泛的问题上考虑，这份文件就广州而言也是有无限价值的，它本应尽可能早的送达（外交部）。

G. 伯吉斯

（张华译，姚百慧校）

19490810，YD00020

葛量洪致克琼斯电②

（1949 年 8 月 10 日）

第 824 号电报（FO 800/462）

极机密，香港（8 月 10 日下午 8∶40 收）

副本发南京（第 125 号），航空代电致新加坡高级专员

中国共产党的分歧与意图

1. 菲茨杰拉德，前驻北京领事三天前从北京抵达这里。他携有一封周恩来给英国政府的重要信件。这封信是澳大利亚记者迈克尔·基恩转交的，外国使节撤离之后，他代表联合通讯社驻在北京。基恩早在 1947 年国共和谈时就驻在南京。那时他是澳大利亚大使馆新闻处主任，是一个非常令人

---

① 该文件原档后未附备忘录。

② 资料来源：*DBPO*，*Series I*，*Volume VIII*，*Britain and China*，*1945 – 1950*，pp. 327 – 331。

烦恼的人物。在南京,他频繁与周恩来以及很多其他共产党官员接触;他离开澳大利亚大使馆后,随即到山东解放区访问了几个月。基恩尽管被北京共产党宣传部门作为外国记者对待,私下里他仍然不时与他们保持联系。

2. 大约两个月前,周恩来的秘书文清询问菲茨杰拉德是否准备好与周会面。要求他绝不能透露他曾见过周,并且要用"高级别的共产党官员"来代指周。出于各种原因,周不想通过领事渠道向英国政府传递消息,他反复向基恩强调一定要谨慎不要提及他的名字。菲茨杰拉德离开北京的条件是找到能够将此消息安全带走的时机。

3. 中国共产党内有两派:(a)一派人完全相信第三次世界大战不可避免,很快就会打起来。大战中,中国必须与苏联站在一起,与西方建立任何关系都是浪费时间。该派别的领导人是刘少奇(共产党的理论权威,党内强烈亲俄的组织者)和彭德怀(李立三,应该也属于该派别,但他在领导圈子外,在中共党内不是重要人物)。

(b)另一派是那些参加过南京和谈的人,领导是周本人。其他重要人物还有叶剑英(现任北京市长)和林彪(本土派)。该派希望与西方关系正常化。他们认为第三次世界大战不一定会打起来。他们希望回到常态并创造一个和平环境,完成社会改革和本土派掌权。

4. 毛泽东本人成功地超乎两派之上。现在两派正在争论,最终党的路线属于胜利的那一方。现在的情形是:

(a)周认为他那一派处于上风。时间和事态正对他们有利。新中国正在经历的经济困难表明需要与西方关系正常化。他说其他派别的人一般不了解外部世界和现代经济形势,看问题简单化。

(b)周强调,必须认识到中国共产党在中国历史上已经取得伟大胜利。他们要留下来。他们是100%的共产党人,他们认为共产主义是中国问题的唯一选择。他们认识到未来的事业是漫长的,可能要耗尽他们所有人毕生的时间。

(c)周派(本土派),希望在平等和互惠(它可能含义丰富)的基础上与西方关系正常化。他说要是他负责外交政策,那中国在安理会的否决票就不一定会听从苏联。他将本着中国的利益并利用中国的否决票调和而不是扩大西方与苏联集团已有之矛盾。

(d)周派没有控制中国共产党的宣传部门和组织部门。他因此要求不要从共产党人的言辞而要从他们的行动来判断党。宣传战线为了团结俄国可能要夸大,说一些场面话。周要英国政府认清这一点。

5. 在把信件交给基恩时，周恩来强调现在还不急，还不到采取任何行动的时候。党的路线还不清楚，斗争还在继续。无论如何，在中国共产党建立中央政府之前，不会有任何行动。

6. 7 月 15 日，基恩应（周恩来？）之邀与之见面。他说信件还在那儿。他继续说因为俄国要求割让东北，两派产生了公开的分歧。在佳木斯发现了铀矿，俄国要求割让。他们还要求割让新疆的铀矿。在此问题上，林彪在中央委员会中立场相当强硬。他说他极端仇视所有外国人。他回忆道他的爱人是如何被国民党凌辱的，他认为国民党是帝国主义国家的统治工具。他说俄国也是外国人，和帝国主义国家一样坏。他将因此像抵抗其他帝国主义国家一样抵制俄国。显然，林彪的部队和其他部队一样，人数众多，林仍有效控制东北、山海关和两条主要铁路沿线的部队。

7. 对俄国割让要求的意见分歧加剧了两派的紧张，林彪的坦率陈词也加强了周恩来一派的优势。胜利在望之时，周恩来明显对这些分歧感到失望，但是相信这一切都会被克服。一派对另一派的胜利将意味着肃反和所有的骨干分子可能被清算，中国共产党的统一将因此得以维持。

8. 周的另一封信件经驻北京副武官戴维·巴伦特之手传给美国人。索恩传达给陆军部，陆军部再传给国务院，现在似乎到了司徒雷登博士手中。周对此不满，因为信件要是到了司徒之手，司徒的中国私人顾问傅泾波①就会知晓此信，而周是不相信此人的。据报告，巴伦特已经和周见了一面，结果不那么令人满意。巴伦特问周一旦与俄国战事开启，共产党是否欢迎美军在华登陆，周断然回答"不"。

9. 菲茨杰拉德最后告诉我，他认为政治协商会议预备会议已经做出了所有决定，该会议也许将在 9 月或 10 月初召开，届时将仅仅橡皮图章式地通过一些决议而已。这些决议的内容他唯一知道的就是北京将是首都。②

（张华译，姚百慧校）

---

① 傅泾波的英文名为 Phillip Fugh，原档误作 Phillip Fu。
② 虽然中国被认为可能最终是又一个苏联卫星国，远东司并未排除中国成为另一个南斯拉夫的可能性。邓宁先生认为没有必要改变英国的政策——"一只脚在门里，看事态如何演变"。随着美国撤离中国和与中国断绝联系，美国人认为这封信不过是试探，不用理睬。邓宁先生认为，这封信不要求英国"现在"做出答复，但是"外交部仍应维持原议，我们不应该公开敌视中国共产党，我们唯一希望的就是通过我们已有的渠道对未来中共统治之中国施加影响。"（minute of 16 August，FO 12075/1015/10）——原编者注

19490811，YD00021

麦克尼尔与凯南的会谈记录①

（1949 年 8 月 11 日）

FO 800/462

外交部，绝密

与凯南先生进行的有关远东问题的会谈因其对法国的访问而中断。会谈恢复前的时间里，美国大使馆递交了一份官方照会，正式建议英美就这一主题进行会谈。②

A. 中国

凯南先生说，预计国务院会在短期内出版一份有关中国往事的白皮书，希望能够以此来回应国内的批评。这份白皮书很有可能包含一些会使美国公众吃惊的材料（包括魏德迈将军的报告）。

2. 至于将来，美国人仍然在考察中国是否还存在有能力有效抵抗中国共产党的值得支持的力量。如果发现这种力量存在，美国会支持它们，但是主流观点认为，不和中国共产党达成妥协且发现能对中共造成有效抵抗的真正值得依赖的力量，是不可能的。

3. 至于共产主义者内部，凯南认为，有证据——虽然他不希望夸大这些证据——表明，中共正对俄国人在大连和亚瑟港的行动表示不安。这或许是自然的，因为俄国是现今在中国领土上仍然保有治外法权的唯一大国。凯南似乎认为这一点有一定的宣传价值，但我们向他指出，就此而言，我们比美国人更容易受到伤害，因为中国共产党会倾向将香港也看作是享有治外法权的。

4. 美国人正在研究对中国共产党的政策，并希望和我们协商。他们的初步设想是，在政府层面，除非中共承认并坚持互惠原则，否则就不应向他们让步。美国国务院并没有给在上海的美国公民太多的同情，而他们被认为是人质。这些美国人本有机会离开中国，但是他们为了在中国赚钱而没有这么做。因此，美国政府似乎认为，这些人让政府很难堪，不值得为

---

① 资料来源：*DBPO*, Series Ⅰ, Volume Ⅷ, *Britain and China*, *1945 - 1950*, pp. 331 - 333。

② 凯南在 1949 年 7 ~ 8 月访问伦敦，同英国进行了上述会谈。DBPO 该卷只收录了中国部分的文件。

他们考虑太多。

5. 美国人希望和我们就整个贸易政策问题进行探讨，提及在最近的伦敦会谈中已谈到的对战略原料进行控制的问题。我们告诉凯南先生，我们已经将此问题向内阁大臣提交了报告，该报告的一部分谈道，我们正在考虑，我们以及美国和荷兰，是否有能力控制对中共的石油供应，以保证其无法建立用于军事用途的石油储备。同时，美国人还提到了限制与共产党实行贸易会给我们各自获得商业利益造成困难。凯南承认，我们不能阻止我们的商人进行贸易；我们必须尝试去做的是确保政府不向共产党做任何让步，除非他们认识到他们应该以恰当的方式对待我们。

6. 谈到香港，凯南先生说，美国认为这是英国的问题，但他对我们将怎样处理当前形势，我们希望得到美国人何种程度的支持，非常感兴趣。

7. 在福摩萨问题上，凯南先生说国务院正在考虑一些政策，但并不十分确定要采取哪一种政策。尽管国民党在台湾的军队有 30 万之众，但是由于他们从大陆撤退时潜入了中共分子，因此凯南似乎对国民党军队是否具有有效抵抗共产党侵入的能力没有信心。他认为由于国民党内部的叛变而导致共产党政权在福摩萨自行建立并非没有可能。如果形势发展到福摩萨人自己将要反抗中国的暴政，那么美国人将不会坐视不管。如果是那样的话，整个事件将被提交到联合国。既然我们和美国人都容易引起别人怀疑，凯南先生认为，如果像菲律宾和印度这样的亚洲国家能够（在联合国）提出福摩萨问题，将是有益的。我们向他指出，不管是印度还是菲律宾在福摩萨都没有代表，所以它们并不知道福摩萨正在发生什么。如今，印度正倾向对中国共产主义采取十分不切实际的态度。

8. 当会谈在 7 月 23 日恢复时，我们告诉凯南，道格拉斯①先生曾就中国问题同外交大臣进行了接触，外交大臣向道格拉斯先生建议说，在官方层面的讨论后，他将在他即将进行的对华盛顿的访问期间与艾奇逊先生讨论整个问题。与此同时，我们也提到，外交大臣建议邓宁先生与他一起参与这些会谈。我们向凯南先生询问，他是否认为这些建议是受欢迎的。

9. 凯南先生说，艾奇逊先生已经十分清醒地意识到，由于欧洲和中东的紧急状况，远东已经有被忽视的倾向。他曾下达指示，对整个形势进行全面研究。凯南先生因而认为，我们应该了解，美国人不仅愿意而且已经

---

① 美国驻英大使刘易斯·道格拉斯。

做好准备在外交大臣访问华盛顿期间与其探讨所有领域的问题。我们一致认为，现在双方迫切需要在官方层面进行讨论，以此为外交大臣与艾奇逊先生的正式会谈铺平道路。至于怎么应对媒体，凯南说，美国的态度是，两国外长会见时应就涉及双方共同利益的所有问题进行探讨，这是很自然的。因此，若外交大臣与艾奇逊先生在华盛顿会晤时不讨论远东问题，将是说不过去的。①

（王若茜译，姚百慧校）

19490819，YD00022

麦克唐纳致斯特朗的信②
（1949 年 8 月 19 日）

（F 13405/1023/10）

新加坡

我亲爱的威廉：

我认为，我应该给你发送这封短信，就我们同共产党中国关系的一个方面公开表明观点，它影响到了身处马来亚的我们。在以前的信件中，我没有涉及这方面，是因为我猜想——无疑有完全正当的理由——其中所表明的观点，完全在外交部以及在殖民事务部那些人的头脑之中。他们必须在承认一个共产党政府或一个共产党居主导地位的中国政府的问题上向大臣们提供建议。但是，我突然意识到，现在我应该通过写信表明观点，这样你就会特别意识到我们在马来亚和英属婆罗洲可能产生的困难。

---

① 该档案之后记录了对日本和东南亚问题的讨论。谈到东南亚国家对共产主义的抵抗问题时，凯南先生"明确表示，美国人考虑的主要任务是发动东南亚的英联邦国家。美国不会考虑与东南亚国家签订任何类似北大西洋公约的条约。美国最有可能做的是准备加入一个包括菲律宾、澳大利亚和新西兰等亚洲大陆边缘国家的条约"。给人留下的印象是美国希望英国在东南亚起到领导作用。美国将不会考虑军事义务，因为这将很有可能使得说服它们提供经济帮助变得困难。凯南先生的理由是俄国对东南亚的军事威胁可忽略不计，并且相关国家在战争事件中"应该有能力自我防御"。*DBPO, Series I, Volume VIII, Britain and China, 1945 - 1950*, No. 108（pp. 409 - 414）note 2 and note 116（pp. 435 - 436）。——原编者注

② 资料来源：*DBPO, Series I, Volume VIII, Britain and China, 1945 - 1950*, pp. 338 - 339。

外交上承认中国共产党政府将使我们在马来亚和英属婆罗洲陷于某些后果难以应付的困境，我认为，在英帝国的任何地区关于承认任何其他一个题外国家的共产党政府方面所引发的后果同它相比，压根儿不是同一个量级。原因如下：在马来亚联邦、新加坡和英属婆罗洲的三块属地，存在大量的华裔人口。尤其在新加坡和马来亚联邦，华人在当地的政治和其他事务中有着强大的影响力。在外交上承认中国共产党政府自然将给予该政府在这五个地区①和世界其他地方任命总领事和领事的权利，而中共的领事代表们存在于当地华人之中将是危险的。他们从他们的政府那得到的一部分指令无疑会是尽一切可能激发这些华人当中反英人士的民族主义。由于当地华人的性格使然，许多人对来自领事代表的压力很敏感。

因此，在尽可能地推迟外交上承认中国共产党政府方面，这是一个考虑因素。当然，我并不是建议在考虑问题时这个因素的优先级应当高于那些涉及面更广、更重要的考虑因素。从我们这儿的角度看，它显得十分突出，能够给我们带来非常严重的麻烦。同样的情况当然适用于东南亚的其他几个国家，但是由那些国家的政府去决定的事情。

我也将发送这封信件的副本给殖民事务部②的托马斯·劳埃德爵士。③

您永远的朋友，
马尔科姆·麦克唐纳
（耿志译，姚百慧校）

---

① 原文如此，疑有误。
② 殖民事务部常务次官。——原编者注
③ 麦克唐纳先生在 8 月 22 日致 W. 斯特朗爵士的另一封信中又提到了这个话题。他随信附上了一封他收自新加坡总督 F. 吉姆森的信件（8 月 15 日）的复本，对于联合王国承认中国共产党政府在新加坡可能产生的影响，信件表达了相同的观点。W. 斯特朗爵士 9 月 2 日回复了两封信，指出共产党中央政府在中国建立之前，在承认问题上，不可能会有任何事发生。他解释了外交部的立场，大意是，如果联合王国拒绝承认一个共产党政府，这只会增长共产党的敌意，并给东南亚制造更严重的危险。还有一个中共在联合国代表权的问题要考虑。外交部认为，承认共产党本身并不表明赞同共产党的行为。恰当的宣传可以澄清这一点。联合王国与苏联有着外交关系，但是没人对联合王国对苏联政府行为立场有任何的疑问。如果共产党在马来亚和新加坡任命领事，当地政府无疑会提前考虑可能采取什么措施去限制他们为害的能力。外交部要求在采取这样的措施之前事先进行磋商。——原编者注

19490823，YD00023

贝文关于中国问题的备忘录（节译）①

（1949 年 8 月 23 日）

CP（49）180（CAB 129/36）

极机密，外交部

　　由于内阁②最近在考虑中国问题，我邀请我的同僚仔细研究中国已发生的某些进展，并同意本文件中提出的建议。

　　2. 美国大使在 7 月 21 日拜访我时说，美国国务卿渴望与我磋商中国问题。③ 我告诉他，我在 9 月访问华盛顿时就准备这样做，与此同时我非常希望这是正式会谈。附件 A④ 中提及的某些部门关于中国形势的观点，已送达美国驻伦敦使馆，以便递交美国国务院完成这项工作，而条件是不对部长们做出承诺。我同意这些观点，并认为应立刻予以认可。

　　3. 因此，我必须在即将到来的华盛顿访问中讨论我们对中国的政策。正如下文所说明的那样，使事情变得复杂，在最近几个星期，美国的政策趋于背离我于 1948 年 12 月 9 日提出、12 月 13 日由内阁批准的 CP（48）299 号文件⑤中概述的政策〔CM（48）80th Conclusions，Minute 3〕。⑥

　　中国当前的形势

　　4. 中国共产党继续推进。与台湾相对的福建省福州港已经陷落，估计广州将在 9 月被共产党占领。有证据表明，位于广州的广东省政权正准备与共产党达成妥协。除了南方遭到进攻，西部的重庆也是如此，也可能在不久后陷落。在毗邻缅甸和印度支那的云南省，形势混乱，但很明显该省也将很快投向共产党。因此，共产党的所有目的和意图是，很快控制大部分的中国，并将边界推进到香港新界。

　　5. 政治前途仍然是模糊的。在广播和公开声明中，中国共产党重申他

---

① 资料来源：*DBPO*，*Series* I，*Volume* VIII，*Britain and China*，*1945 - 1950*，pp. 340 - 357。

② 参见 19490304，YD00019。

③ 参见 *DBPO*，*Series* I，*Volume* VIII，*Britain and China*，*1945 - 1950*，No. 81，pp. 323 - 324。——原编者注

④ 原档后有附件 A、附件 D、附件 E 三个附件，本书未译。

⑤ 参见 19481209，YD00014。

⑥ 参见 19481213，YD00015。

们的马克思列宁主义意识形态正统，他们对苏联和共产党情报局的支持，以及他们对英美"帝国主义"的反对。在实际政治领域，对中共将成为继承人造成了不良局面，尚无应对之策，各国亦未协调经济政策。看来中央政府可能将在秋季成立。一条共产党高层给英国政府的消息在耽误了一阵后被第三方收到，暗示中共内部存在冲突，其中一方狂热支持苏联，相信第三次世界大战迫近，认为不值得与西方国家寻求安排；而另一方虽然100% 是共产党，但他们认为必须慢慢巩固他们的地位，且必须与西方建立关系和进行贸易。① 据说一个极端小集团控制了宣传机器，解释共产党为何完全公开敌对西方国家。据信，中共内部的冲突是事实，因为其余人仍然在观望中共中央政府建立时将以何种态度对待西方国家。

英国在共产党中国的贸易形势

6. 我们在共产党中国的贸易团体的立场是严重关切这一问题的原因。尽管共产党的态度是完全不合作和冷淡的，但他们一直没有进行实际的干扰。超额课税的威胁已经导致英国贸易同行怀疑他们是否能够在这种情况下继续获利。共产党继续不与我们在南京的大使馆和驻共产党中国的领事馆打交道。

国民党封锁

7. 然而，造成当前严峻形势的主要原因是国民党对上海和天津的封锁。天津的国民党封锁现在可能不起作用了，因为共产党军队已经占领了渤海湾入口处庙岛群岛的一些小岛。但是，上海的封锁一直有效地阻止了商船出入（除了一种能够偷越封锁线的小船）。那艘"蓝烟囱"轮船安凯西斯号已经遭到国民党飞机的轰炸和机枪扫射，演变成一场要求赔偿的意外事故。②

8. 这一封锁的结果是英国在上海的公司陷入危险境地。交易量完全是虚构的，并受制于大米的价格。公司没有资金支付工资，为了避免必然会发生的劳工纠纷，根据中国协会（在中国代表英国公司的伦敦办公室）指示，每月从伦敦汇出约 35 万英镑。③ 在我看来，这种资金外流不能继续下去，许多公司不久以后将被迫关门。一些有库存的公司虽能够坚持到物资

---

① 参见 19490810，YD00020。

② 安凯西斯号是一艘英国商船，1949 年 6 月 21 日早晨遭到中国国民党飞机的轰炸和机枪扫射，国民党的这些行动是为封锁共产党所控制的港口。事件发生在上海长江支流黄浦江入口处。安凯西斯号搁浅且有人员伤亡，并在 6 月 22 日再次遭到猛烈炮轰。——原编者注

③ 参见 *DBPO*，*Series* I，*Volume* VIII，*Britain and China*，*1945－1950*，No. 89，pp. 3－19。——原编者注

耗尽，但即便如此，它们也已下定决心，如果形势不改善就关闭公司。

9. 如果能够向上海派遣船只运去救济物资（例如国际难民组织储备物资、日常用品和医药用品），那么这种非常严峻的形势将在某种程度上得到缓解。与此同时，我们已经接触美国政府，建议它向国民党政府做出类似申述，允许救济船只通行。美国政府最初对这一建议态度消极，但最终同意采取类似的做法，条件是它将强调美国国民的撤离而不是为了救济。由于提供物资的船只能够用来撤离，我们就没有理由争论这一点，于是，8月15日英国和美国政府代表一致做出陈述。

10. 美国政府现已收到答复，大意是国民党政府原则上同意让一艘撤离船只停靠上海。它不允许运载对共产党有直接价值的货物，但是允许运载其他进口货物，"只要限制在最小数量，以确保共产党能够允许船只进入"。它也不允许运载任何来自上海的货物。然而国民党政府还没有对英国政府做出答复。

国民党政府对美国政府的答复好像并没有满足在上海的英国商人的要求，因为只有一艘船不可能满足救济目标。另一方面，它可能满足美国的撤离要求。如果美国的需要得到满足，国民党政府不大可能拒绝进一步解除封锁以满足英国的需要。

11. 同时，上海的形势继续恶化，8月18日的第694号上海电报（附件B）① 表明了英国团体的态度。我认为时机已经到来，我们必须下决心遵循两条道路中的一条。第一条是改变我们一直以来采取的政策，并向在共产党中国的英国团体表明他们不能指望补给或救济，应该自己决定视情形是否留下。第二条是，如果国民党不能满足我们的要求，对我们的救济补给船只通行提供安全保障，以及决定护送船只通过封锁。第一步，我们应该正式通知美国政府我们的意图，希望它即使觉得不赞成这一政策也不会公开反对。现在已正式向国民党政府表明我们的观点，即它现在进行的封锁是不合法的，然后继续表明要求护送船只。在这样做之前，当然必须确保上海的共产党当局行动安全且迅速转变，这应该是可能的。英国政府驻中

---

① 该附件没有收入。这份电报解释说，当地的英国商业团体愿意留下来，并继续努力与共产党政权达成谅解，但同时需要英国政府希望它们留下来并确认安全的保证。许多贸易和工业经理人希望"坚持下去"，但是考虑到员工的安全，他们认为不得不关闭，除非能够得到英王陛下政府的支持。电报也解释说，建立与香港的交流"极为紧迫"，即使国民党不会立即批准。电报结尾表示希望英国政府能够制定一项政策，允许英国商业团体留下来，同时不冒犯还没有撤离的美国人。——原编者注

国大使关于封锁的观点见附件 C。①

英国和美国对中国政策的分歧

12. 这里必须考虑到英国政策与美国政策之间分歧的程度。去年 12 月，英国内阁向美国政府表明了对中国形势的总体观点〔见 1948 年 12 月 9 日 CP（48）299 号文件〕，并邀请美国与我们磋商。此后，英国驻华盛顿大使馆与美国国务院进行了磋商，但是，除了表露它对共产党中国控制战略资源流动的担心，美国政府没有给出任何有关其政策的清晰表述，尽管大体上它似乎倾向于同意我们的观点，即我们的国民应该继续留在中国，而且我们应该共同遵循保持"一只脚留在门里"的政策。

13. 然而最近，在没有任何预兆的情况下，美国的政策似乎急剧转向撤退。一方面，美国国务院发表 1100 页的白皮书，试图为过去美国对中国的政策辩护，广泛地批评了中国国民党政府；另一方面，它似乎决定，它不再需要"一只脚留在门里"，并希望尽快从中国撤离美国国民（为了这一目标，他们想要船只通过封锁）。国务院决定关闭美国在广州、昆明、重庆、迪化②的领事馆，并且急剧减少它在南京和上海的工作人员。它要求英国政府负责美国领事馆的不动产和美国的利益。对于这一点我表示同意，因为尽管这可能会造成尴尬，但如果我们拒绝会激起美国的怨恨，可能会在这种关键时刻对我们的关系产生不利影响。

14. 美国要求我们的领事负责其利益这一事实表明，它不打算同我们要留在中国的意图争吵。难以理解的是当前美国的政策趋势，但是有一种看法认为，允许共产党中国完全堕入混乱将鼓励中国人民推翻共产党政权。这与本备忘录附件 A 中所概括的我们自己的观点完全对立，即，如果我们不想将共产党中国推到莫斯科的怀抱，我们就必须尽最大可能维持它们与西方的联系。

15. 切断在中国的损失对美国来说要比英国更容易。它的贸易利益较少且没有如此根深蒂固，它的团体也比较小。此外，贸易利益总体损失对于美国来说要比英国当前的经济财政状况类似的损失小得多。

16. 除非我们能够说服美国当局同意我们的观点，否则我们将面临一个

---

① 该附件没有收入。附件 C 是 8 月 13 日第 1234 号南京文件，其中施蒂文爵士认为要"做出正确决定"，英国应尽一切可能帮助英国人民继续"将一只脚留在门里"。他建议，不论有没有美国的支持，英国政府都应该告诉国民党政府必须"减轻我们团体的挫败，只要我们能够通过海路派出补给，转移那些希望这样做的英国国民"。——原编者注

② 乌鲁木齐旧称。

两难境地，要么承认分歧，继续维持我们"一只脚在门里"的政策，要么放弃我们在中国的所有利益，以便跟随美国的政策。美国要求我们照管其在中国的利益表明，它并非不愿意我们走与之不同的道路。既然这样，我建议我们应该坚持留在中国的政策，只要我们能够留下。

我们承诺的范围

17. 必须采取一种不同于美国的政策，来考察在当前受限的情况下我们是否要做出超出我们能力的承诺。我认为，答案是我们实际上应该不要做出较大的承诺。英国政府唯一需要立刻做的是，确保商船能够进入上海港以便将救济带给我们的商业团体。如果没有救济，英国商业团体就会决定关闭公司，我们仍然要为撤离提供设备，而且我们也应该做出准备。除英国商船护航可能会与迅速瓦解的中国国民党政府发生冲突之外，我们也不可能被要求承担任何较大的威胁或者经历一场大冒险。即使我们保持"一只脚在门里"的政策失败了，我们必须完全从中国撤退，情况也不会变得比现在撤退更糟。

英国驻中国大使的情况

18. 我现在转到我们驻中国大使的情况。曾经主张志同道合的大国应该采取一致行动的美国政府，在未同其他大国磋商的情况下就从南京撤出了它的大使。病在上海的法国大使收到了一旦他的身体状况适于旅行就立即返回的指示。印度驻南京的大使建议在联合政府组成之前召他回新德里进行磋商。海运和空运的缺乏致使身在南京的外国代表团领导暂时都不可能离开。

19. 施蒂文爵士仍然在南京。但是现在似乎共产党中央政府即将成立，我认为需要将他撤回来咨询。如果他继续留在南京，共产党政府可能将我们置于一个尴尬境地，并迫使我们在准备好之前做出决定。正如附件 A 指出的那样，承认共产党政府的问题与中国在联合国组织代表权问题密切联系在一起，很明显需要在决定承认之前与其他英联邦成员国政府、美国、法国磋商。

20. 在以上的情形中，我建议在共产党中央政府即将成立时授权拉尔夫·施蒂文撤回。[①] 根据现有的信息，可能就在今年 9 月或 10 月成立。我们应该将我们的意图告知其他英联邦成员国政府和美国。

战略资源的控制

21. 在 7 月 22 日的会议中〔SAC（49）第 6 次会议，会议记录 I〕[②]，

---

① 在从正在封锁上海的国民党当局处收到一份安全通行保证后，R. 施蒂文爵士乘船离开南京，于 10 月 17 日抵达上海。两天后，他乘船前往香港，10 月 21 日抵达。——原编者注

② CAB 134/669。——原编者注

中国和东南亚委员会决定向美国政府代表做出关于控制流向中国的战略物资的答复。这一答复不能使美国政府满意，附件 D 中关于这一问题的备忘录已在 8 月 3 日递交给国务大臣。

22. 虽然不清楚美国有何根据对这个问题表示出明显的担心，但显然它非常重视这个问题，同时一直有人提醒我在即将到来的华盛顿访问期间提出这个问题。我建议授权我按照附件 E 中的草案措辞进行答复。

建议总结

我建议：

（1）如果能够从国民党政府那里得到关于救济船只通行的满意答复，应该立即采取行动，安排它们带着必要的救济物资抵达上海。

（2）如果有可能的话，国民党只会同意救济船只通行，并在原则上决定护送英国商船通过封锁抵达上海；同时也会通知美国政府他们的决定，且这一决定直到获得美国反应才会付诸实施。

（3）应授权我与艾奇逊先生在这份文件特别是附件 A 的基础上商讨我们对中国的政策；我将力图说服他这一政策是正确的；但即使美国觉得，它不能遵循这一政策，我们这样做它也不会批评。

（4）应在中国共产党中央政府将要成立的时候命令英国驻南京的大使撤回磋商；告知英联邦其他成员国、美国、法国和其他友好国家我们的意图。

（5）应授权我根据附件 E 关于流向中国战略物资控制问题答复美国国务院。

（6）也告知英联邦其他成员国政府我们关于建议（1）、（2）、（3）和（5）的意图。①

……②

贝文
（汪婧译，姚百慧校）

---

① 在 8 月 28 日内阁考虑这份备忘录之前，收到一份来自国民党政府关于救济船只问题的答复。答复规定应该仅允许一艘船，并且一次执行完撤离。中国海军军官将登船，且由中国战舰护航。这些条件在英国外交部看来是不能接受的〔"China", note by Mr. Bevin, 25 August, CP（49）184, CAB 21/1947〕。在内阁召开会议之前，英国外交部法律顾问质疑英国方面任何护送船只通过封锁意图的合法性（Minute by Mr. Scarlett, 26 August, F 12748/1023/10）。——原编者注

② 附件未译。

19490930，YD00024

联合情报委员会提交参联会的情报评估①

（1949 年 9 月 30 日）

JIC（49）48（Final）（CAB 158/7/1）

绝密，国防部

共产主义在中国胜利的影响

我们认真考察了中国内战（的结果）对我们在东南亚和日本战略地位的可能影响。

2. 为了准确评估影响，我们认为需认清以下事实：

（a）俄国和西方国家之间没有发生重大的战争；

（b）中国共产党政府已经控制了除福摩萨外的整个中国；

（c）香港和澳门仍将分别受英国和葡萄牙统治。

结论：

3.（a）尽管在经济和政治上存在困难，但是我们认为，至少在不远的将来，中国各领导人之间不会有重大的政策分歧，我们认为中国本土的资源终究会被纳入苏联集团的范围。但是我们认为中国要想成为苏联集团一个主要的工业国还需要几年的时间。

（b）中国共产党的政策目标将是迅速收复台湾，最终收复香港和澳门。一旦促成在法律层面上承认中国共产党政府，那么中国在联合国和安理会的会员资格将被利用来支援苏联，尤其在亚洲问题上。不管在经济上还是在军事上，中国在短期内对苏联的价值都不大。在战争问题上，中国沿海的基地很有可能被苏联海军利用，如果能够安排好足够的物资运输，那么中国的机场将会对苏联空军有价值。

（c）共产党政府在中国的建立，有利于共产主义在东南亚的逐步扩张。因此，除非西方国家采取预防措施并给予当地政府物质上的支持，否则，将轮到东南亚国家落入共产主义的控制下。如果暹罗陷落，那么共产主义对新加坡的威胁就会增大。如果缅甸陷落，这将促使印度全神贯注于它东

---

① 资料来源：*DBPO*，*Series I*，*Volume VIII*，*Britain and China*，*1945 - 1950*，pp. 368 - 382。

部的边界和边界地区的国内形势——即便它早已准备这样做，但是这会使它不能再为英联邦的防御做出贡献。

（d）虽然中国共产党的军队还没有得到现代战争的检验，而且缺少欧洲标准的重武器和支援武器，他们最好的部队的战斗力只是达到苏联部队战斗力的平均水平，但是他们仍然有能力对东南亚其他国家采取侵略行动——如果中国共产党打算采取这样的政策。中国共产党现在没有空军力量，但是毫无疑问，在苏联支援下，中共能够建立一支有能力为陆军提供支持的空军力量。普遍认为，中国共产党在中国取得最后胜利后，其海军能够在一个较短时期内控制近海港口。中国共产党期望它的海军能在一个较长时期内增强它在中国海的影响。

（e）任何一个东南亚国家都有华侨，他们中的大多数（缅甸很可能除外，因为在这个国家的中国人是占社会主导地位的阶级）很有可能支持中国共产党政府的政策。因此，这些华人成为具有潜在威胁的第五纵队。当地人很不喜欢他们，他们越是紧密地站在中国共产党政权一边，当地人对共产主义的敌对情绪就越强烈。

（f）中国共产党的胜利将鼓励日本共产党，这也有利于日本政府在与盟军管制委员会谈判中讨价还价。中国共产主义革命的胜利将削弱南朝鲜政府的主权，增强共产主义对菲律宾的威胁。

建议

4. 我们建议参联会通过此报告，并将其副本送呈国防大臣，并向其报批，另将副本送与帝国防御协调委员会远东部。①

附　件

之前我们已经意识到苏联的最终目标是在全世界实现由苏联控制的共产主义。因此，苏联在远东、东南亚和印度次大陆的长远目标很有可能是在那些地区建立服从莫斯科的共产主义政府，从而消除西方在亚洲的政治和经济影响，同时消除来自东部的军事威胁。

---

①　关于中国工业潜力和共产党中国在海外目标问题，参谋长联席会议的评估与外交部对苏联在远东地区政策的地区性调查（1949 年 10 月 3 日）所得结论大体相同。双方在强调的重点问题上略有不同。在外交部的设想中，大体上苏联会利用苏联共产党对中国共产党的控制，间接控制中国，使共产党中国成为执行苏联政策的有效工具。在朝鲜，外交部的设想是由于美国人如此长久地驻扎在日本，那么苏联就不可能鼓动或者支持北朝鲜入侵南朝鲜（N 9575/1023/38）。——原编者注

中苏关系

2. 苏联领导人可能对中国共产党及其政府进行控制，为了评估这种控制的程度，我们对中国本土（及其边境省份）的中国共产党领导人和苏联政府之间的关系进行了考察。

苏联与中国边境省份的关系

3. 蒙古人民共和国，曾经是中国的一个省，被称为外蒙古。十月革命后外蒙古被红军占领，直到 1924 年蒙古自治政府建立，红军才从外蒙古撤兵。1945 年的全民公决后，中国中央政府同意外蒙古"独立"。蒙古人民共和国成为莫斯科紧密控制的卫星国。苏联向蒙古军队提供装备和军事顾问。

4. 在另一方面，内蒙古在严格的法律意义上讲仍然是中国的一部分。1947 年，内蒙古在云泽①的领导下建立起一个共产党政权，内蒙古包括热河、察哈尔、绥远和满洲西北部，苏联和外蒙古都有代表出席成立大会，云泽担任中国共产党在内蒙古的主席，他曾在苏联留学，是一个汉化的蒙古人。他宣布内蒙古是中国领土的一部分，内蒙古人民，即便不是汉人，也都是中国人。

5. 新疆仍然是中国的一个省。然而，通过对靠近苏联边界地区的一些部落进行巧妙开发，苏联及其代理人在新疆北部建立起亲苏政权。

6. 满洲于 1945 年被俄国军队占领。俄国军队撤退后，李立三（一个曾经在莫斯科留学的共产党人）领导下的政府得以接管满洲，俄国军队撤退时带走了价值两亿英镑的工业资产。据雅尔塔协定精神和 1945 年 8 月的《中苏友好同盟条约》，俄国人希望大体上控制中东铁路和南满铁路。他们重新强化了亚瑟港作为海军基地的地位，并在大连保有特权。

俄国与中国本土的关系

7. 中国共产党领导人是激进的共产主义者，多次公开指责南斯拉夫民族主义的离经叛道。（俄国）在中国本土的特殊利益的实现，无论是内政还是外交，需要特殊的策略；如果俄国的指导政策缺乏技巧的话，很容易导致中国共产党离经叛道。（俄国在中国本土）实现特殊利益的基础是经济，下文进行讨论。

8. 工业无产阶级是马克思列宁主义的常用工具，然而中国本土的经济几乎完全是农业经济，而且"农民问题"以及维护"无产阶级先锋"与

---

① 即乌兰夫。

"农民大众"联盟的困难一直是困扰中共决策者的难题。苏联似乎并不情愿将其在远东的必要技术人员和资源转交给中国,而这是已经承诺过的。因此,为了中国本土工业适度的增长和生活水平的改善,中共当局与西方国家的商业合作是必要的。

9. 因此,中国本土的共产党要想将中国共产主义向莫斯科理解的共产主义路线靠拢,将面临非同寻常的经济困难,或至少被迫放慢这一进程的速度。这些特殊的困难将反过来限制苏联控制中国共产党中央政府的程度。

将来的关系

10. 在中国本土被共产党军队控制后,强加于整个中国,包括中国边境省份的政治形势仍不会改变。中国共产党在各个领域的领导人,或是曾在莫斯科留学,或是向那些曾在莫斯科留学的人员学习了共产主义理论。因此,人们认为将在远东出现一个庞大的共产主义国家,一个新的苏联远东盟友。毛泽东已经预言在中国建立民主联合政府,但是,现今还不可能预言这个政府的权力核心是否完全来自俄国(纵然表面是来自中国),或者在本质上是来自中国。

11. 虽然中国变成了共和国,但是没有一个中国政府能够成功控制包括边境省份在内的整个中国,而且一个对于莫斯科来说陌生的政府更难获得更大成功。何况,以往俄国的帝国主义在远东地区还未取得过值得注意的成功,虽然共产党事业在中国的成功为苏联提供了机会,但是苏联领导人是否有足够的技术人员、专业知识和政治技巧来挖掘、利用这一机会,是值得怀疑的。因此,俄国直接控制整个中国是不可能的。

12. 现今的迹象表明,在中国本土,各省组织将被少量由共产党中央政府控制的地区行政部门取代,这种控制的程度现在还不清楚。毫无疑问,这些行政部门将由追随莫斯科路线的中国共产党人组织和控制。作为与苏联直接相邻的外蒙古,在经济上、政治上、军事上仍将被苏联稳固控制,成为苏联各种意向和目标的组成部分。苏联领导人很可能做出特殊努力保持对另一个邻居——满洲的控制,满洲因其工业潜力和海港而具有特别重要的经济价值,又因其海军基地和交通具有特别重要的战略价值。俄国对内蒙古和新疆的控制程度将取决于苏联和中国本土的关系。

总结

13. 作为远东共产主义的新的推动力,中国共产党领导人的技巧和能量都不可小视,中国共产党军队的胜利可以充分证明这一点。虽然有上述提到的经济和政治上的困难，但至少在不远的将来，有理由认为中国领导人和苏联领导人之间在政策上没有严重的分歧，且中国的资源可能被划入苏联集团。

中国成为苏联盟友的可能性

14. 下文我们评估了中国与苏联集团合作的重要性。

政治可能性

15. 一个能干、强硬的中国政府将凭借日本曾利用的亚洲雄心，以及从澳大利亚到印度的大量华人，在远东和东南亚发挥重大影响。过去，虽然一些在海外的中国人已经发达或者志得意满，但是他们通常支持中国中央政府并在晚年返回中国。新的共产党政府很有可能希望获得海外中国人的支持，并且利用海外中国人的感情，他们将拥有（可能除了缅甸，这里的中国人在这个国家是占主导地位的阶级）对我们来说是十分危险的第五纵队的条件，第五纵队将使西方势力在印度支那和马来亚难以支撑，影响暹罗政府现在的局势，改变印度尼西亚民族党政府最初的意愿。

16. 到目前为止，中国共产党宣布的相关政治目标是废除封建主义，将英美帝国主义驱逐出中国，尤其是结束美国对中国事务的干涉和迫使英国军队从中国周边完全撤出。虽然没有正式宣布关于香港问题的政策，但是有非官方的迹象表明他们希望"讨论"香港问题。毫无疑问，收复香港和澳门将会是中国共产党的最终目标之一。中国共产党政府将要求获得现在由中国国民党政府控制的福摩萨，这同样是毋庸置疑的。所有这些问题的发展将符合俄国的利益。

17. 苏联领导人们无疑将会通过在法律上对中国共产党政府的承认并支持中国共产党政府进入联合国安理会，给予中国共产党政府外交支持。他们随后将支持中国共产党政府在联合国活动中发挥积极作用，尤其是在对日和约问题、朝鲜问题和其他诸如印度尼西亚、福摩萨、克什米尔等亚洲问题上。

经济可能性

内蒙古

18. 内蒙古有限的经济资源至今没有怎么被开发。

新疆

19. 新疆的对外贸易几乎完全是与苏联进行的。新疆有钨矿和石油，据称，苏联通过谈判获得了这些矿产的开采权。苏联尽全力将新疆绑入苏联的经济。新疆还小范围地分布着铀矿。

满洲

20. 满洲农业发达，有丰富的森林资源。除大量的金属矿产外，煤炭（主要是烟煤）和铁矿储量丰富。这些资源先前由日本开发，日本在该地区建立了大量的机械工业。二战即将结束时，红军占领满洲，满洲失去了包括炼钢设备在内的大量工业设备。自此，满洲工业仅能满足当地的需要，但是粮食生产充足，而且过剩部分可向苏联和共产党控制的华北地区输送。7 月 30 日，满洲当局已经在莫斯科和苏联签订了商业协议，目前所知，这是在宣称追求与苏联及其卫星国签订商业条约后，中国共产党与苏东集团签订的第一个经济协议。在此协议下，苏联承诺向满洲提供工业设备、石油、汽车、纺织品、医疗用品，从满洲获得大豆、植物油、玉米和大米。该协议的基础是以货换货，且只有一年，这和多数苏联与其卫星国的商业协议不同。据不确定的消息称，苏联已经与满洲当局达成了一份为期三年的满洲经济复兴协议，苏联经济顾问已经在哈尔滨建立了总部。苏联将一些机车和机械设备借给满洲，甚至归还了一些曾被苏联带走的机械，但是现在苏联的主要关注点似乎是保证满洲作为它的一个粮食和原材料产地。这里存在工业潜力，苏联可能会在发现有价值的时候给予帮助。如果这样的话，满洲的发展成果将会十分显著，因为日本打下的基础相当（全面）可观。

中国本土

21. 中国几乎没有重工业。交通状况不是十分落后，就是运行混乱，但是共产党已经在努力改进。苏联从中国获得经济利益之前，首先在中国恢复和改善交通，其次使中国在粮食方面自给以使中国能将外汇收入中的大部分用来购买大量需要的资本设备，这是十分关键的。这些外汇收入在中国共产党的经济规划中被用作这一目标。

22. 在不远的将来，苏联可能从共产党中国获得的唯一经济利益是从中国获得钨、锡、锑和桐油。这可能会使中国增加大量的不熟练劳动力。在江西、湖南、广东交界的华南地区有少量的铀矿资源（开采量不大）。

23. 国内供未来工业发展的资源包括大量的煤矿，数量可观的铁矿以及一些非铁金属矿产。然而，现在中国缺乏资本设备和熟练工人，这是在任何水平上发展工业都必需的。各种技术和管理人员的缺失也增加了中国对外来援助的依赖程度。尽管对苏联来说向中国有效地提供资金、设备和熟练工人帮助中国可能是有困难的，但是如果充分考虑政治上的诱惑，其对远东工业出口的发展并非不可能发生。然而，我们相信，在最近的几年中，中国本土很难成为苏联集团主要的工业财产。

军事可能性

海军

24. 中国共产党从国民党处缴获了大约 60 艘军舰，包括 6 艘护卫舰。虽然现在海军人员的工作效率低下，舰船的保养做得也很差，但是这支力量的确为中共海军的进一步发展奠定了坚实的基础，一批战败投降的国民党海军军官，包括两名高级军官，曾经在英国受训。中共海军因此拥有了建立管理和组织机构必需的高级军官，而这正是中共海军非常缺乏的。我们有足够的证据表明，一些被俘或战败的原国民党军官和人员在满洲接受训练和政治教育。

25. 中共海军可能有能力支持较小规模的军事行动，预计中国共产党在中国取得最终胜利后，中国海军能够建立对近海港口的有效控制。然而从长远来讲，中国共产党一定已经意识到，要想最有效地保卫中国海疆必须依靠海、空军力量在中国海的使用——美国军队在日本驻防和不友好军队在福摩萨的存在一定会从日本和福摩萨方向给中国带来威胁。因此，一支强有力舰队的建立将成为中共军事政策的重要组成部分。这支海军的建立将填补由于日本海军覆灭造成的西太平洋地区的海军势力真空。这或将鼓舞中国采纳类似日本的大东亚共荣圈的政策。然而，中国工业还需要多年的稳步发展才能有能力支持建立一支大规模的现代海军，苏联不可能帮助中国，因为这会使中国建立起在西太平洋的统治地位。

26. 战争期间苏联潜艇将会从使用以下港口中获得相当大的战略利益：

舟山群岛		
福州		
汕头		
厦门		

续表

榆林	海南	二战期间日本开发
苏马		
海口		
香港		这些港口将落入中共政府控制之下
澳门		
高雄	福摩萨	
左营		
基隆		

如果俄国在远东的水面力量能够达到控制中国海的程度，那么其中一些港口将会在战时对它同样有价值。

陆军

27. 中国共产党的陆军部队现在有 250 万人，这一点已经得到证实，但是其中包括朝鲜人、日本人、蒙古人和大批的民兵。然而，中国共产党的军队现在正在重组之中。这一进程结束之后，军队将被编成 70 个军，共 140 万人。但是，由于中国有 4.8 亿的人口，中国军队数量规模的扩大实际上是不受限制的。虽然中国共产党的军队并没有经过现代战争的检验，但是我们的评估认为最高水准的中共军队与俄国士兵的平均战斗力等同。中国共产党的军队装备有精良的轻武器，但是我们认为中国共产党的军队获得重武器达到欧洲一流陆军的实力还需要许多年的时间。

空军

28. 还没有中国共产党的空军出现在战场上，也没有迹象表明中国共产党有能够作战的空军存在。据称，一些飞机正在满洲北部和苏联进行训练。

29. 以下是对中国共产党拥有飞机的评估：

（轰炸机等是具体型号只能称类型）

飞机来源	飞机类型	飞机数量	评语
日本	轰炸机、战斗机、运输机、教练机	100～1500 架	我们认为可以使用的飞机为 30～50 架
俄国	类型同上，但是很可能主要是教练机	40～80 架	很有可能是先前租借的飞机
美国	"解放者"轰炸机、"野马"战斗机、"米切尔"轰炸机、"达科塔"运输机	22～50 架	这些飞机是在机场被缴获或由国民党叛徒驾驶过来的

30. 几乎不用怀疑的是，中国共产党的空军将在俄国的帮助下建成。如果能够安排充足的物资运输，那么中国的机场在战时将会对俄国有价值。

中国周边东南亚的形势

31. 一旦中国共产党建立起全国性政权，那么在东南亚邻国的共产党将会希望从中国获得更实际的支援而不是政治指导和少量走私的武器装备。中国与缅甸和法属印度支那的边界线较长，且很难关闭。因此，有理由预料，中国共产党会像苏联给予希腊共产党援助那样给予缅甸共产党和胡志明援助，可能使用武器援助和中国游击队入境作战的形式。如果这一策略获得成功，缅甸和法属印度支那将因此被用作共产主义进一步向邻国扩张的基地。因此，我们评估了在这种发展趋势下东南亚其他国家内政的未来形势。

法属印度支那

32. 影响法属印度支那越盟（共产党）运动前景的因素是中国共产党与越盟运动的协作程度，保大政权获得越南民众支持的程度，保大政权获得邻国承认的程度，以及法国军事行动取得成功的程度。

33. 关键因素是越盟能在多大程度上与中共合作。胡志明是一个曾经在莫斯科接受过革命训练的共产主义者，有理由假设越盟与中国共产党进行合作的安排确实存在。保大通常被认为是法国人靠不住的傀儡，虽然后者竭尽所能，通过保证越南的独立主权地位来增强保大政权的地位，但是它在能控制大部分越南国土之前还有很长的路要走。整个东南亚地区都对保大政权不信任，因为它是法帝国主义的产物，而且在保大政权证明其有能力坚持自己的立场之前很难获得这些国家的认可。至于军事行动，困扰于现今的威胁，法国参谋长宣布得到及时增援的法国军队有能力，而且将会保证他们在东京①的地位，我们同意这样的评价，前提是外部的威胁在法国的计划执行之前没有进一步恶化。法国人同时表现出对外部主要威胁的担忧。法国总统奥利奥尔最近强调越南是一个独立自主的国家且是联合国的候选成员国；最后，他将共产主义者在印度支那的任何干预都比作是国际事件，大做文章。

34. 如果越盟在中国共产党的协助下迫使法国撤军，其后果会带来对暹罗的威胁。这将使暹罗人不情愿在马来亚边界进行剿匪行动上继续开展合

---

① 越南北部地区的旧称。

作，虽然这是他们已经同意的，他们将向西方国家寻求明确的保证，以换取他们长时期的合作。

缅甸

35. 现在预测缅甸内战的结果，以及缅甸从云南的共产党那里获得的援助数量是不可能的。缅甸内部分裂，缺少一个强大的领导集团，是强大坚定的第五纵队很容易到手的猎物。

36. 过去，中国共产党对缅甸共产党的指导是通过印度传递的。从 1948 年早些时候起，毛泽东和中国共产党在缅甸的影响至少与印度共产党同样强大。

37. 最近，缅甸共产党在阿拉干、伊洛瓦底江河谷、亲墩江上游地区的影响明显增强，而且在中国共产党的充分协助下，整个缅甸都可能落入共产党的控制下。在目前这种情况下的形势是：

（a）由于粮食形势，尤其是马来亚、锡兰和印度的粮食形势严峻，给缅甸的大米出口造成了威胁。

（b）对印度，或许对巴基斯坦的威胁，当务之急是边境安全以及国内治安。

暹罗

38. 共产党势力在暹罗相对较弱，但与之不相称的是，在 200 万到 300 万暹罗华人中共产党势力比较强大（暹罗的总人口是 1750 万左右）。据称，自由泰运动已经获得承诺，中国共产党（暹罗）将对比里①的下一次政变进行全力支持。如果政变成功，共产党将通过他们已经熟练运用的手段向暹罗政府渗透并获得对暹罗政府的控制。然而，这不可能立即发生。一旦法属印度支那或者缅甸中的任何一国被纳入共产党势力的统治下，共产党将会以这些国家中的一个为基地在暹罗建立对他们有利的政权，这是现在的政府没有能力阻挡的。

马来亚

39. 现如今，似乎马来亚的华人至少成功地执行了他们战略计划的一部分，这一战略计划对位于马来亚边界北部，暹罗南部突角的勿洞十分关注。在该地区缺乏有效的暹罗军队和警察的情况下，这些人将成功地重新组织起来。最近，暹罗和马来亚警方就在边界地区进行互相合作一事达成了协

---

① 比里·帕侬荣（中文名陈家乐），暹罗战时抵抗运动领导人，1947 年陆军元帅銮披汶政变上台后，他逃出暹罗。1948 年，帕侬荣的支持者在他首肯下发动了一次不成功的政变。谣传 1949 年 2 月他又发动了政变。——原编者注

定，这是两国寻求共同解决这一危险的第一步，这是十分重要的。如果暹罗落入共产党人的统治下，那么这些匪徒将很可能获得直接的后勤物资支持，他们将有能力而且会充满信心地重新进攻马来亚。

40. 大部分马来亚的华人可能不会抵抗这些匪徒的威胁和勒索，而且也不会在抵抗这些与他们相同民族的匪徒时发挥积极的作用。很明显，虽然马来亚的华人谴责现在的恐怖主义运动，但是他们并不准备将这种谴责建立在认为现在的恐怖主义运动是共产主义运动的基础上。华侨界的一部分人在陈嘉庚成为中国解放区选举委员会成员的情况下证明了中国解放区的吸引力，加之解放运动影响的其他迹象表明中国的形势可能会使马来亚的华人更倾向于采取"同路"的路线。马来亚政府正努力采取措施应对这种趋势，其政策是断绝华人对中国的效忠和从属，鼓励华人对马来亚的绝对忠诚。

印度尼西亚

41. 近期，荷兰统治者很有可能将政权转移给一个印度尼西亚本国的民族主义政府，这个政府将很有可能在一开始就反对共产主义。控制印度尼西亚地区大部分贸易的华人将失去他们曾经依赖过的荷兰人的庇护，而且也很难从印度尼西亚人对他们的成功的嫉妒中获得些许支持。虽然自战争开始以来，印度尼西亚的华人对国民党政府态度冷淡，但是他们需要获得中国政府的支持以保卫他们在印度尼西亚的利益，这使他们寻求加强与一个在中国成功的政权的联系。华人支持的共产党很有可能将推翻民族主义政府作为他们的首要任务。现在还不可能预测权力斗争的结果。

北婆罗洲和沙捞越

42. 虽然华人中一些已经存在的共产主义据点在中国革命胜利的鼓励下有增强和扩张的趋势，但是，现在共产主义在此地的威胁是可以忽略不计的。如果殖民地政策的发展按计划进行的话，从马来亚联邦和新加坡向北婆罗洲输入一定数量的华人是必要的；但是外来移民必将被仔细甄别，有的会被遣返。与此同时，婆罗洲三个地区的移民法律和移民管理将被紧密地联系在一起。警察武装得以重组和扩充，当这个过程完成后，似乎就已经没有理由继续认为当地力量没有能力应对在可预见的将来国内会发生的安全威胁。

东南亚民族主义

43. 东南亚的民族主义可能成为影响该地区共产主义进一步发展的因

素。到现在为止，共产党在该地区重要的有利条件之一是民族主义的支持。俄国人宣称他们扮演着反抗压迫、反抗帝国主义财阀暴政的人民的捍卫者角色，而且到目前为止，共产党反帝国主义的运动与资产阶级民族解放运动是同盟关系。但是，马来亚主要的民族主义运动是反共产主义的。在缅甸和印度，尽管英国势力衰退了，但是共产党人宣称反帝国主义的斗争还在继续，并且坚定认为政治革命之后应该紧接着进行无产阶级革命，共产党已经转向与当权的资产阶级民族主义者敌对，并公开指责他们是帝国主义的工具。这是共产党在 1948 年反叛印度尼西亚共和国的意图，但是采取这样的手段其结果只能是破坏了共产党的名声。

44. 在过去，民族主义者向苏联寻求道义上的支持，但是现在，已经建立独立政府的他们发现苏联并没有提供给他们实际的帮助，这一点与西方国家不同。东南亚的华人移民不断冲击、困扰当地居民，现在，据推测，华人是共产主义在东南亚的先锋，这可能进一步将苏联的援助转化为对民族主义政府不利的因素。华人移民与中国共产党政权的关系越紧密，当地居民对共产主义的敌意就可能变得越大。因此，东南亚共产主义和温和民族主义之间产生了不和，这是可以被挖掘利用的，而且当地居民的恐华分子会努力将这种不和扩大化。现在，共产党是独立自主政府的敌人而不是朋友，如何将这一事实表现出来，这在很大程度上决定了挖掘利用共产党与温和民族主义之间不和的程度。这一政策在新加坡这样华人居多的地区显然是不可能的。

45. 然而，有人认为仅仅通过巧妙地宣传和外交就能够将这种威胁转移，这是一个错误。如果当地政府要赢回或者保持对它们所在地区的控制，军事武装方面的物质支持同样十分关键。证明西方国家军事力量占主导地位同样重要，最终西方国家能够而且会捍卫它们在东方的利益。如果西方大国能够表现出它们有能力在马来亚、香港和印度支那对抗共产主义，那么（东南亚民族主义）温和主张的疑虑就会被消除。已经日渐明显的是，共产党意图尽可能地在东南亚推进，直到他们在现在环境下所能达到的极限，而且这种强化没有任何停顿的迹象。公开侵犯现在东南亚政权的可能性不大，通过间接颠覆的手段侵犯东南亚现存政权是可能出现的，这种侵犯只有在遇到更强大的力量时，而且在他们认识到这种力量是以西方国家为后盾的情况下，才能够被有效地抑制。

中国以外的远东的形势

日本

46. 共产主义化的日本，仍然被认为是东亚地区唯一一个保有高度熟练、组织良好且有技术能力的工业劳动力的国家，将是亚洲共产主义化不可忽视的力量。因此，有理由推测，促成日本与苏联集团合作在苏联的计划中占据重要的地位。从苏联地区被遣返回国的日本战犯经历的极端周密和成功的教导使这一观点更加可信。中国共产党的成功无疑对共产主义在日本影响的稳步增强起到了重要作用。但是，在现在的条件下日本共产党不可能有充足的力量使盟军对日管制委员会陷入严重尴尬境地，当然，还无法预见，像现在这种形式的占领还会持续多久。

47. 很明显，对西方国家来讲，中国共产党的成功使日本的地位更加重要，日本成为东亚地区保留的一个相对稳固的非共产党控制的区域。有迹象表明日本人已经利用了这一方面的情况，这为他们改善与西方国家的关系讨价还价时提供了可能性，这在某种程度上使他们不去理会共产主义在亚洲大陆扩张给日本安全带来的真正威胁。

48. 从长远来看，很难想象日本能够在不与中国进行实际商业往来的情况下获得经济利益。日本在对华贸易中的独立程度可能在日本国内产生举足轻重的政治影响。只有在正确的政治局面下，日本商界才能在中国市场站稳脚跟。

菲律宾

49. 菲律宾政府现在是坚定的反共产主义者，即使在这样的最后关头，菲律宾总统仍然公开与国民党政府进行交往。然而，与中国共产党有紧密联系的菲律宾共产主义运动很有可能受到了中国共产党胜利的鼓舞。共产党公开声明领导了农民革命运动（虎克暴动），码头工人也在共产主义的影响下。

朝鲜

50. 北朝鲜差不多与东欧人民民主国家一样扮演着苏联卫星国的角色，朝鲜共和国政府（实行民主管理的南朝鲜）的生存机会将随着共产主义政府在中国的建立而消失。[①]

（王若茜译，姚百慧校）

[①] 参谋长联席会议在 1949 年 10 月 14 日批注此报告〔COS 152（49）13，DEFE 4/25〕。——原编者注

19491007，YD00025

贝文致英王陛下政府驻海外代表电①

（1949 年 10 月 7 日）

第 371 号通报（F 14878/1023/10）

机密，外交部

英王陛下政府驻北京总领事已经向中共外交部递交如下官方通报：

［开始］

"联合王国政府正在认真研究由于中央人民政府成立而导致的形势。无论在商业上还是在政治上，英中两国历代都保持着友好互利的关系。我们希望这种关系能够一直保持。因此联合王国政府建议，在它对形势进行研究期间，联合王国政府领事官员和在中央人民政府控制范围内与之相称的官员间建立非正式关系，以便于使两国政府的联系更方便和繁荣两国间贸易。"

［结束］

2. 尽管从严格的法律角度来看，这个通信可以被解释为事实上的承认，但它实际上仅仅是尝试在承认问题决定以前让共产党当局同英王陛下政府的领事官员建立工作关系。英王陛下政府宣布在这一问题上同其他友好国家磋商的政策，当然并未改变。

3. 我们不打算向媒体公布这一通报，中国人看起来也不太可能这样做。以上就是你们的工作指导，只供你们在公布此声明时采用。②

（姚百慧译、校）

---

① 资料来源：*DBPO*，*Series* I，*Volume* Ⅷ，*Britain and China*，*1945 - 1950*，pp. 382 - 383。

② 10 月 10 日，外交部法律顾问 W. E. 贝凯特爵士就承认问题写道："在这个问题上，我们研究了英方的华盛顿部长会谈记录（见 *DBPO*，*Series* I，*Volume* Ⅷ，*Britain and China*，*1945 - 1950*，pp. 359 - 364），注意到会谈中使用了‘承认'一词但没有任何界定。然而，我们认为部长关心的是法律上的承认，而不是考虑事实上的承认，因为当时重点讨论的是中国在安理会的席位问题。"（英国）并未提前同美国国务院协商，后者在该信被送到北京 6 天后才收到信件副本。艾奇逊先生抱怨说它暗含了事实上的承认，并要求英国以后采取任何行动前都要和美国"充分磋商"。据美国国务卿称，杜鲁门总统"认为英国在这件事上对我们并不诚实"（*FRUS*，*1949*，Vol. 9，p. 132）。贝文先生发现局面"令人尴尬"，并且他向美国大使解释说是"外交部的疏忽延误了通知华盛顿"。——原编者注

19491024，YD00026

贝文关于承认中共政府的备忘录①
（1949 年 10 月 24 日）

CP（49）214（CAB 129/37）

极机密，外交部

中华人民共和国共产党政府，成立于 1949 年 10 月 1 日，表达了同外国列强建立外交关系的愿望。苏联及其卫星国已经给予了法律上的承认。我们应该在适当的时候决定是否承认共产党政府为中国的合法政府，但是在我们这样做之前，我们有义务与其他英联邦国家、美国和其他友好大国进行磋商。由于我们在中国的利益远大于其他国家在中国的利益，所以我们没有必要觉得应当受其他国家观点的束缚，但是，获得最大限度可能的一致意见，特别是其他英联邦国家的认同，显然是可取的。

2. 某种程度上，承认问题与中国国民党政府向联合国大会的控诉联系在了一起。这项内容被列入了政治委员会的议事日程，② 而这个委员会当中的大国态度必然地与它们对共产党政府的态度有着某种关联。在下面的段落中，对我认为应当决定我们自己对这两个相关问题态度的考虑因素，我做出了详细说明。

I　承认

理由

3. 国民政府是我们以前在战时的盟友，从战争结束以后，在联合国中它是一个有助益的伙伴。然而，除了其统治集团，如今它不再代表什么，在广州沦陷之后，它对剩余城市地区的控制是十分脆弱的。英国的利益无法从继续承认这个虚无缥缈的政府中获得好处，因为它几乎完全处于共产党人的控制范围之中。在联合国的机构中，继续承认国民政府提供了一时的投票方面的好处，因为过去它通常投票支持我们，而共产党可能投票反对我们。但是，这几乎不是一种能够无限期维持的好处。

---

① 资料来源：*DBPO*，*Series I*，*Volume VIII*，*Britain and China*，*1945 – 1950*，pp. 397 – 402。
② 联合国大会政治委员会处理政治和安全问题。——原编者注

4. 眼下，中华人民共和国共产党政府是唯一的可替代者。共产党现在是大部分中国的统治者，广州沦陷使他们临近香港的边界。无视下面的事实将是一个错误，即他们在自己的声明中，公开宣称他们是强烈偏爱苏联及其方式的正统的马列主义者。他们将持续多久、他们的方式有多"正统"以及他们的领导能力有多强，还有待于观察。他们有贸易机会提供，我们则在他们的领土上有着只能靠贸易维持的不变的利害关系。在给予他们承认方面过久的耽搁只能使他们对我们不抱好感，我们可能因此不必要地损害我们未来的关系。同样，耽搁将强化共产党政府已有的投靠苏联的倾向，可能引发没有西方经济援助他们也能够勒紧裤带大干一场的情感。大批的俄国技术人员已经抵达华北，可以预计苏联人将充分利用他们最先下手的这种事实。俄国人和中国人之间预计会产生矛盾，但是，除非我们同共产党政府保持关系，否则我们不能利用这一点。

5. 关于我们自身的贸易利益，我们主张采取"保持一只脚在门里"的政策。如果这项政策要取得成果（英国各公司为了维持下去从伦敦汇出的英镑每月多达 36 万镑），只能通过给予完全和及早地承认来实现。出于政治以及现实的考虑，我们因此应当决定承认新政权。①

6. 外交部的法律顾问向我建议，一方面就共产党政府控制的中国领土比例及其控制的稳固性而论，另一方面就国民党控制的小部分中国领土及其存在的控制脆弱性而论，在目前的情况下，承认中国共产党政府为中国的合法政府不能说有悖于国际法的原则和惯例。在国际法领域有关承认问题的最权威专家指出，"只要革命还未完全胜利，并且只要法定政府，无论受到内战形势多么不利的影响，继续留在国家的领土内并主张它的权力地位，那么它被认定代表整个国家……只要法定政府做出明显不是毫无希望或纯粹名义上的抵抗，作为一个政府在法律上承认革命的政党，构成了过早承认，合法政府有权将其视作是有悖于国际法的一种干涉行为"。

7. 我认为，能够断言国民政府在中国的抵抗目前明显是毫无希望的，其对中国大陆的任何部分的控制几乎没有不是名义上的，出于对实际形势的这种政治上的认识，我的法律顾问认为承认共产党政府在法律上是无可非议的。

8. 我们目前关于承认的立场是，英王陛下在北平的总领事以下措辞

---

① 在 1949 年 8 月，估计有 4476 名英国公民在中国，其中大多数（3721 人）处在共产党控制区（F 12398/1611/10）。10 月，在上海的英国公民人数大约是 2250 人（1949 年 10 月 14 日，上海编号为 881 的电文，F 15942/1611/10）。——原编者注

向中国共产党政府传达了信息：

"联合王国政府正在认真研究由于中央人民政府成立而导致的形势。无论在商业上还是在政治上，英中两国历代都保持着友好互利的关系。我们希望这种关系能够一直保持。因此联合王国政府建议，在它对形势进行研究期间，联合王国政府领事官员和在中央人民政府控制范围内与之相称的官员间建立非正式关系，以便于使两国政府的联系更方便和繁荣两国间贸易。"①

有人向我建议，这个信息能够被解释为，承认共产党政府是他们控制领土上的合法政府，但是，未收到共产党政府的答复，并且我们最初的不给予法律上的承认共产党是不会满意的假定，看上去是对的。在 9 月 26 日联合国大会的讲话中，我阐述道，中国已经开始受某些我们认为必须履行的国际义务的约束，一个处理这些问题的明智做法将符合全世界的利益。关于我们对承认问题的态度，没有进一步的公开暗示。

其他大国的立场

9. 印度和澳大利亚已向共产党政府传达了一个在性质上类似于上面所引用措辞的信息，葡萄牙和丹麦则指示它们的代表做出同样的举措。

10. 显然从我在华盛顿同艾奇逊先生和舒曼先生的谈话中可以看出，美国不赞成及早给予法律上的承认；由于它在印度支那的处境，法国则担心给予如此承认所带来的后果。② 国务院的态度受到了国会对其中国政策抨击的影响，7 月 30 日，国务院发表了一份关于中国的长篇白皮书努力应付这些抨击，但是未能阻止批评者，事实上却给他们提供了更多的弹药。在这种情况下，必须承认比起中国形势的实情来国务院的态度更受美国国内政治的影响。法国则受到其在印度支那的高级专员观点的影响，高级专员似乎相信法律上承认共产党政府将危及最近建立起来的在保大皇帝统治之下的宪法构架。③ 法国驻中国大使并不赞成这种观点，但依然可能影响到法国政府倾向于推迟法律上的承认。

11. 在我们与之磋商的其他外国列强中，鉴于荷兰在印度尼西亚的形势，它对于承认中国共产党政府犹豫不决是可以理解的，尽管这并不确定。其他欧洲列强可以预计将效仿我们。

12. 其他英联邦国家中，加拿大不愿意采取使美国不快的路线，它在中

---

① 参见 19491007，YD00025。

② 参见 *DBPO*，*Series* I，*Volume* VIII，*Britain and China*，*1945 – 1950*，No. 97，pp. 362 – 364。——原编者注

③ 参见 *DBPO*，*Series* I，*Volume* VIII，*Britain and China*，*1945 – 1950*，p. 212 note 8。——原编者注

国的利益并不广泛，它可能认为，在这种情况下它能负担得起与英联邦其余国家步调不一致的后果。澳大利亚和印度被认为赞成及早承认。其他英联邦成员国在中国没有直接的代表，但可能同联合王国保持一致。

13. 有必要在做出承认中国共产党政府的决定之前同其他英联邦国家和其他友好的大国进行磋商，应该敦请其他英联邦国家政府指示它们在伦敦的高级专员与我们交换意见，这样就践行了英联邦磋商原则。

Ⅱ　中国国民党在联合国大会上的提议

14. 还有一个国民政府向联合国大会控诉的相关问题，它获得时机在第一委员会敦请注意苏联违反 1945 年中苏友好条约的精神和条款。该问题大约会在 11 月中旬提起辩论。中国人是否能够针对苏联而证明自己有道理是非常值得怀疑的，就目的而言，此举只能是一次获取政治资本的徒劳和为时已晚的尝试。我们已告知中国人，如果他们能够做到这一点，我们会考虑支持他们的提案。最初美国政府相当乐于提供帮助，但是从意识到其处境的弱点之后就不再那样。它关于中国的白皮书很不幸地提供了大量的材料揭示了美国干涉中国的程度，以及导致国民政府失败和共产党接管政权的腐败堕落。现在国务院意识到苏联可能全面利用那样提供的机会，并预计针对国民政府在联合国机构中的地位及其代表中国的权利声明将会有一场猛烈的抨击。

15. 如果我们持这份文件部分 Ⅰ 中的观点并因此建议最终承认共产党政府，那么接下来我们应该决定在任何程度上都不再支持这项中国人的决议。由于支持国民党政府，面对现有证据我们已无法自圆其说，因此在面对新政权时无论如何小心谨慎都将陷入尴尬境地。因此，我们最好的做法似乎是，指示联合王国的代表在辩论中不管怎样都不参与并投弃权票。我们应当提前向英联邦国家政府和其他友好大国解释我们的意图和理由。

Ⅲ　承认的时机选择

16. 从以上段落明显可以看出，在我们同其他大国协商之前，我们不能决定给予中国共产党政府法律上承认的日期。我们还必须考虑承认对于联合王国在远东利益带来的影响。11 月 2～4 日在新加坡将召开由马尔科姆·麦克唐纳先生主持的会议，英王陛下在远东的所有代表将与会，包括英王陛下派驻中国的大使以及三位远东的司令官。这提供了一个讨论承认意义的恰当机会，因此在做出决定之前等待会议的结果是可取的。

建　议

17. 我敦请我的同事们赞成：

（1）我应当在这份文件的基础上同美国和其他友好大国进行磋商；

（2）我们的观点应传达给其他英联邦国家政府，应敦请它们指示其在伦敦的高级专员就承认问题同我交换意见；

（3）在这些磋商的结果明了之前以及接到关于新加坡会议结果的报告之前，对于承认的日期不做出决定。①

（耿志译，姚百慧校）

19491123，YD00027

富兰克林的备忘录②

（1949 年 11 月 23 日）

（F 17349/1261/10）

极机密，外交部

　　上海的"大班们"对于他们的生意正遭受与自己不相干的战争的干扰，表现得过于义愤，内部一些更有力的制约为此提供了一个有力的类似传教式

---

① 在向贝文先生通报情况时，官员们解释道，这份文件没有提及是否应当从中国共产党那里获得他们保证尊重中国国际义务的问题。中共应当给予这样的保证，是澳大利亚外交部长伊瓦特博士的观点。在一份声明中，伊瓦特博士竟然说，联合王国、美国和澳大利亚在该事上要"完全的一致"，中国若不明确保证尊重周边国家的领土完整，我们将不会给予其承认。贝文先生简要解释道，没有从东欧的"卫星国"政府获取这样的保证，并且补充道，"鉴于我们从极权主义国家那里得到的互不侵犯公约命运的痛苦记忆"，联合王国要求获得中国周边国家领土完整的保证是"不可思议的"（Minute initialled by Mr. F. S. Tomlinson for Mr. Dening, 26 October, F 16459/1023/10）。当内阁讨论 CP（49）214 号文件时，大臣们赞成这样的看法，伊瓦特博士的声明"未正确代表联合王国政府的观点"〔CM 62（49）7，27 October, CAB 128/16〕。——原编者注

② 资料来源：*DBPO, Series I, Volume Ⅷ, Britain and China, 1945 - 1950*, pp. 406 - 409。富兰克林，远东司，中国（政治）处（1937 ~ 1942 年、1947 ~ 1949 年驻中国）。——原编者注

的反驳。① 我应该补充一点，我对通商口岸社团的一些优良品德是有所了解并心怀敬意的，但其政治上的敏锐性未在其中。治外法权时期的租界工部局，尽管被爱国的中国人看作是眼中钉，但在许多方面为地方自治提供了一个非常成功的试验。他们在潮泥滩上为中国人，也为外国人建起道路、下水道、学校、医院和码头，但应当承认，这样做的动机绝不是无私的。生意总是第一位的，只要我们能置身其外，并不介意谁杀死了什么及为什么，这一直是通商口岸的准则。如果换作其他人，他们大概无法存在下去。他们与中国人的交往和对中国的了解一直都是微不足道的。另一方面，在"英国皇家海军军旗"出现以前的很长时期内，中国人拥有一种优越感和一种城墙体系，它在把外国人排除在外方面是很有用的。作为一名爱国者，毫无疑问毛泽东尽管穿着灰色苦力式的制服，但也存在不久前还被悼念的皇太后的许多偏见。在他们的反应和心理状态方面，苏联的教导给中国人的情感留下了空间，中共跳过了更自由的时代，恢复到了一个18世纪的思想框架下并不令人完全感到诧异。无论如何，西方的影响对于国民党和共产党都是禁忌。在这方面，他们（中共）是遵守中国传统的典型，他们认为外国人充其量也必定是邪恶的。为了向一个人表明他并不被允许差遣任何人，你要全力以赴地羞辱他，使他颜面尽失。这一过程的迷人之处在于，通过这样去做，你自己赢得了面子，普通的中国人会毫不怀疑地认为，如果你这样做成功了，你赢得的面子会更大。

　　了解一些中国人在国际事务方面的传统观念对于理解当前的局势发展是绝对必要的。其中，承认问题必须从这个角度去看待。同样，这对于目

---

① 这份备忘录是应在中国有贸易利益的英国公司的代表们的呼吁而写，他们呼吁联合王国政府帮助他们打破国民党对上海的封锁。11月，贾丁·马西森公司的凯瑟维克先生与巴特菲尔德 & 斯怀尔公司的斯怀尔先生被激怒了，他们的两艘船（济南号和吴淞号）在领海被扣留，第三艘船（路易斯·莫勒号）遭到中国国民党战舰的炮击（F 17322/1261/10）。外交部与海军部的官员们设计了一个方案，将联合王国的炮艇置于一艘商船与一艘中国炮艇之间的火力发射线上，以此使中国炮艇处于不利的方位。但是，第一海务大臣北开普郡的弗雷泽勋爵对该方案表示怀疑，理由是将海军置于任何可能引起的麻烦之中是不理性的。外交部副次官 R. 梅金斯爵士用"可悲的"来描述这一态度，他认为海军居然能忍受实际仅仅只有一艘中国炮艇的挑衅是"几乎难以置信的"。"早些日子，当地指挥官未接到命令就将中国佬逼到不利的方位"（11月18日的备忘录，F 17774/1261/10）。只要联合王国继续承认国民政府是中国的合法政府，就无法找到解决问题的办法。联合王国只能对中国驻伦敦的大使表示强烈的抗议，保留针对任何被发现的正在布设水雷的国民党船只采取行动的权利，并要求美国政府对国民党当局施加强大压力，停止空中攻击和布设水雷。就联合王国船只在中国领海内的行动而言，承认中共政府为合法政府不会导致形势的任何直接或实质性的改变。然而，中共将首先欢迎任何这样的举措（F 18725/1261/10，F 18757/1261/10）。——原编者注

前在中国的各国使馆人员和外国商人的处境都是有益的。如果你（指中国人）成功地扣留了一名外国官员，你就近乎击中靶心；如果你成功地无视官方的交涉，你就再次漂亮地得分；如果紧接着的第二次交涉同样被你成功地忽略，你的得分将翻倍。为了相当熟练地玩这个游戏，你当然必须挑逗一个外国恶魔去与另一个相斗，最好是不同的国家。就如他们通常所认为的，他们比其他（争斗中的）每一个人都聪明，用这种方式对付他们（争斗中的外国人）完全容易得多。就拿商人来说，他们的唯一动机就是贪婪，因此这一过程也变得更加简单。他们的船只不需要悬挂本国国旗，一旦离港，他们一定不被允许返回。在有权进入一个你的（中国）港口之前，他们必须获得许可。最近，在天津对这一规定的阐释意味着，在提交允许进入天津的申请之前，船只不得不离开港口（香港）在驶往天津的途中。与此类似，在最近的"济南号"与"吴淞号"事件中，船主们认为，中共当局不顾国民党军舰封锁不让前行的事实，仍然不允许船只返回上海。鉴于船主主要是跟中共做生意，所以在这两艘船的麻烦中，这一点没有被过于强调，这并不十分奇怪。当然，挫折和各种勒索发生在所有目前在中国的外国商人身上。外国团体希望，承认将会结束这种事态，但这种结果一定不会由于历史上的先例而出现。贸易条款必然是由中国当局所指定的，这意味着它几乎一定是专横霸道的。无论怎么样，官方的抗议几乎一定会遭到忽视。

就目前各个使馆和使团的待遇而言，这与马嘎尔尼勋爵、律劳卑和阿美士德，[①] 以及所有 18 世纪和 19 世纪早期的外交官们的遭遇相比，存在极其相似的地方。1793 年，公使（马嘎尔尼勋爵）前往北京之事，"清楚地意识到中国朝廷在执行礼仪方面的固执，所以一方面遭遇到的屈辱可能促使使团成员对于其他方面还是感到十分愉快的"。被免去"跪拜"礼仪的公使最终承认，他的使团没有取得任何实际成果，没有解决任何贸易问题，没有实现规则的改变。

----

① 1792～1794 年，马嘎尔尼勋爵率领使团前往中国。他拒绝向皇帝叩头，一种双膝跪倒、前额触地九次的礼节。当遭到逼迫时，他提出，如果一名与他地位相同的中国官员在国王乔治三世的画像前也如此，他才能叩头。他的力争使中国人在他觐见皇帝的时候免去了礼仪中的这一环节，但马嘎尔尼勋爵希望允许一名英国使节留驻中国的努力没有得到妥协。1816 年，阿美士德使团的目的同样如此，也是出于同样的原因而失败：公使拒绝在皇帝面前跪拜。1833 年，律劳卑勋爵被任命为在华贸易的总监。他尝试打破通过中国商人进行贸易的惯例，但失败了。律劳卑勋爵打算直接同中国当局进行贸易，但没能说服广州的总督。总督命令他返回澳门，律劳卑勋爵一开始予以拒绝，后来只是因为生病在劝说下做出了妥协，1834 年 10 月，他在澳门去世。——原编者注

　　1817 年，依里斯先生①在他对阿美士德使团的叙述中写道，"不遭受一些屈辱，两个前往北京朝廷的英国使团不可能不招来那样的结局。他们所承担的任务的目标是，如果不能获得额外的特权，至少也要要求获得增强贸易方面的安全，但两个使团都彻底失败了……马嘎尔尼勋爵使团的处事方式，我愿意给予最坚决的褒奖。如果在北京曾留下了什么印象，那一定是对我们的政治和军事力量有了直接的了解"。

　　关于律劳卑勋爵使团，我们可以读到："1834 年 7 月 25 日，使团继续前往广州，力争打开与总督和香港地方官直接建立官方联系的大门，但是要求接见的信件被驳回了……（目前信件正通过双挂号邮件寄回领事馆）。"

　　关于律劳卑的后继者，我们可以读到："只有通过掩盖他们作为英国国家特使的身份并屈服于中国人比以往更开心地强加给他们的侮辱，他们才能维持下去，他们遭受到越来越多的恶意"。

　　在中国人以此为基础从莫斯科学到很多知识的同时，严重过时的中国技术现在也加进了监视热和人民法院这些更现代的概念。在我们同中国的新统治者打交道的时候，上述背景不应当遭到忽视。

A. E. E. 富兰克林

（耿志译，姚百慧校）

19491126，YD00028

贝文关于东南亚和远东的备忘录②

（1949 年 11 月 26 日）

CP（49）244（CAB 129/37）

极机密，外交部

英王代表与殖民地总督会议③

　　1. 我的同事们可以回想起，10 月 18 日我曾向他们散发过一份关于我们

---

①　阿美士德使团的事件记录者（《最近前往中国的使团日志 1817》）。——原编者注

②　资料来源：*DBPO*, *Series* I, *Volume* Ⅷ, *Britain and China*, *1945 - 1950*, pp. 409 - 414。

③　会议在新加坡的武吉塞雷纳举行。——原编者注

在东南亚和远东总的政策的备忘录〔CP（49）207〕，① 那份备忘录旨在为出席英王代表与该地区殖民地总督会议的代表们提供指导。为了让我的同事们对情况有所了解，在目前这份备忘录中，我对该会议的议程做了说明。

2. 在东南亚总特派员马尔科姆·麦克唐纳先生的主持下，会议于11月2~4日举行。英王陛下政府的大臣代表是殖民事务部政务次官里斯－威廉斯先生，外交部代表 M. E. 邓宁先生，出席会议的还有：英王陛下在南京、东京、曼谷、仰光和马尼拉的代表，在西贡和巴达维亚的英国副总领事，联合王国在新德里的副高级专员，新加坡总督和香港总督，驻马来亚联邦

---

① 这是一份关于联合王国在东南亚和远东情况的评估报告，联合王国第一份有关于此政策的研究报告出台于1945年12月。它（这份评估报告）据以出发的前提是：正被讨论的联合王国在这一地区的影响是维护世界和平的重要因素，也直接有利于联合王国本身。像1945年的研究报告一样，这份报告建议，联合王国应当全神贯注于东南亚地区；在这一地区的目标应当是建立"某种区域联盟……并与大西洋强国联盟保有伙伴关系"。报告得出了以下广泛的结论：（1）远东的主要问题不是在于当地人，而是在于美国人，"我们必须竭力影响美国的政策，使其沿着能被我们所接受的路线前行"。（2）联合王国在中国的目标是"得以立足"，希望以此维持中国与西方的联系，并处于能够利用任何共产党中国与苏联之间分歧的有利地位。（3）目前更大尺度的东南亚区域合作只有在经济领域是现实可行的，尽管自己的资源不足以应付可能出现的大量需求，但在推动区域经济合作方面联合王国将扮演主要角色。扮演这一角色应尽可能地谨慎，应在把握较大的领域鼓励亚洲国家采取主动。（4）在所有的领域——政治、经济和军事——亚洲的英联邦国家（印度、巴基斯坦和锡兰）加上联合王国、澳大利亚和新西兰，构成了区域联盟得以建立的核心基础。（5）无论是区域内的，还是同西方的更进一步的政治合作，对于东南亚来说都还不成熟。（6）东南亚的安全是最紧迫的问题，但由于时间的关系，联合王国只能同单个国家进行合作。（7）只有联合王国表示出决心和能力给亚洲带来进一步的团结一致，美国人才会打算给予支持或加入任何的区域性安排。（8）没有美国的参与，任何计划都不可能"真正的成功"，争取美国的参与是联合王国政策的主要目标（CAB 129/37）。在处理与东南亚单个国家的关系部分，报告认为，预见法属印度支那保大试验的结局还为时过早（见 *DBPO, Series I, Volume Ⅷ, Britain and China*, 1945－1950, p. 212 note 8）。艾德礼先生赞同报告的所有分析，但他在10月22日记录道："我认为法国在印度支那的统治和势力继续存在下去的可能性非常低，我相信法国已经错失了机会"（F 15857/1055/61）。当10月27日内阁讨论这份报告的时候，财政大臣 S. 克里普斯爵士主张，新加坡会议不能留下联合王国将继续给予东南亚现有规模的资金和物资援助的印象；对印度和巴基斯坦的义务，以及更少程度的对锡兰和缅甸的义务，已经达到了一年2亿英镑的数字，联合王国的经济形势（一场新的美元危机促使英镑在9月18日加快贬值）有必要使未来这一方面的支出大幅削减；对世界不同地区的无回报的出口进行削减牵涉美国对于一个全面的海外投资政策的支持。维持英国在东南亚政治影响力的同时让美国提供所需要的大部分资本投资，在讨论中被认为是不现实的。然而，美国在中国的遭遇使美国政府对有关亚洲事务的合作建议更容易接受的前提是，英国提供经验，美国提供资金。内阁同意，在进行任何必要的修改以明确联合王国未来对东南亚资金承诺的有限性后，该报告将作为新加坡会议的指导性文件。大臣们也注意到，财政大臣正评估着海外投资政策的全部领域，他将努力及早获得美国政府对这一政策的支持〔CM 62（49）8，CAB 128/16〕。——原编者注

的高级专员，北婆罗洲和沙捞越州的秘书长和在远东的军事指挥官们。

3. 虽然这次会议范围更加广泛，但在形式上同 1948 年 11 月由麦克唐纳先生召集的英王代表会议有相似之处。英王驻中国和日本的大使、驻菲律宾的公使和联合王国在新德里的副高级专员也都出席了会议。

4. 我的同事们都已看到了发自新加坡的电报，电文报告了会议在各方面达成的最后决定，目前正对这些决定进行研究。由于会议中产生的问题，在采取行动之前有必要同我的同事们商量，我将散发关于专门问题的文件，尤其要散发另外一份关于承认中共政府的文件。

5. 会议的主要目的是交换观点，我认为我的同事们会同意，会议非常有助于这一目的的达成，我在下面列出了会议结论的内容，这值得仔细研究。

会议的结论

6. 承认中共政府

会议一致认为，英国在华和在香港的利益需要尽早地承认中共政府的合法地位；东南亚总的形势也使得在今年年底之前给予这种承认是有利的；一致同意在承认的同时应采取三项措施：

（a）英王陛下政府应单方面声明，它认为新政府应当承认中国已有的国际义务。

（b）在给予承认的同时，应在东南亚加强对共产主义的抵制。

（c）英国的宣传机构应解释，承认中共政府与同时在东南亚扩大对共产主义的抵制并不表明政策存在自相矛盾。

7. 承认共产党中国可能给东南亚国家带来的影响

会议一致认为，就英国的属地而言，承认共产党中国绝不会影响这些地区中国人团体的立场，这些团体已经默默地承认了中国的共产党政府。中共向英属殖民地派驻领事将使殖民地政府面临一个难题，但不允许这一难题本身去延缓承认问题。在东南亚的海外属地中，只有缅甸和印度支那明显地受承认问题的影响。在缅甸，这会鼓励力量强大的缅甸社会主义党的亲共倾向。在印度支那，这会严重削弱保大的自信心以及印度支那人民对保大的信心（另见下面第 9 段）。在印度方面，维护西藏地区的现状是印度的责任，只要能够通过单方面的声明做到这点。

8. 东南亚的区域问题——综述

（a）会议欢迎里斯－威廉斯先生所做的关于英王陛下政府的东南亚政

策声明，该政策建立在与 CP（49）207 号文件一同散发的备忘录的基础之上。会议一致同意，英王陛下政府的东南亚政策的长期目标应当是：达成一项地区公约，该地区的各国政府据此与北大西洋公约国家和澳大利亚、新西兰以伙伴关系共同行动。然而，因为目前东南亚的形势不利于在不久的将来去尝试达成这样的公约，所以首先要做的是加强这一地区的经济合作。

（b）会议认为，在东南亚来自共产主义的威胁是如此强大且紧迫，以至于需要以各种手段采取积极的短期行动，这些手段可能有助于实现长远的目标。在会议看来，中共不可能尝试超出他们边界的军事进攻，但是预计他们会第一时间煽动谋划反对和颠覆东南亚的和平政府。

（c）会议一致认为，从这种意义上说，印度支那可能是共产党行动的直接目标，紧接着它会尝试去推翻暹罗和缅甸的现政权。如果这些尝试取得成功，东南亚的共产党将赢得对世界主要大米生产国的控制，以此钳制整个亚洲。而且，马来亚和印度的边界将受到直接威胁，英王陛下政府的长远政策将变得不切实际。

（d）会议因此得出结论，应把东南亚当作存在紧急情况的地区来对待，由此对东南亚的政策应当遵循一种适当紧急的基调。

9. 印度支那

会议得出结论，如果保大这一试验品垮台，那么法国退出印度支那将不可避免，这对我们在东南亚的战略地位会造成灾难性的后果。因此，会议建议，应当给予法国在整合和巩固围绕保大所进行的越南民族运动方面尽可能的支持。会议特别做出了以下四点建议：

（a）英王陛下政府应在 1 月 1 日权力移交之后立即给予保大事实上的承认，在法国与保大之间的条约被双方通过之后，承认其合法地位；

（b）英王陛下政府应鼓励法国政府向保大做出所有可能的让步，将印度支那事务由法国海外部转交至外交部，并保证它们支持越南扩大在国外的外交空间；

（c）英王陛下政府同美国政府针对东京（越南的东京）共同发表一项类似于艾奇逊先生关于香港边界那样的声明（在一次新闻发布会上，他指出，如果香港遭到进攻，美国将准备承担起它作为安理会成员的责任）。

（d）应当解除目前与印度支那法国当局就反共宣传进行密切合作的禁令。

10. 暹罗

会议认为，鉴于暹罗的战略重要性，应尽每一种可能去增强目前暹罗政府抵制共党分子渗透和压力的决心。为此以及为了维护暹罗在现政权下的政治稳定，会议建议，应尽力满足暹罗购买军事装备和增强它的经济地位的需要（例如，如果可能，允许它明年在伦敦筹募一笔公共贷款，并且出于政治方面的考虑，允许它将如英国对暹罗战争索赔等问题列入谈判当中）。

11. 缅甸

会议得出结论，由于缅甸的混乱局势导致该国极容易遭到中共的渗透和利用，必须尽力促成解决缅甸人政府与克伦人（居住在缅甸南部和东南部）之间的冲突。会议建议，应当与印度政府就这一问题进行讨论，以求早日找到解决的办法。

12. 应对东南亚紧急情况的方法

会议得出结论，伦敦有必要加快采取措施以应对东南亚的需要。会议建议，应早日采取措施确保部门之间的协商能够快速达成有关支持东南亚的决定。

13. 美国在东南亚的存在

会议认为，总的来说，美国在东南亚的存在并不深入，美国政府通过自己的观察家能够正确地看待东南亚的形势是十分重要的，因此，会议希望杰瑟普先生即将进行的东南亚之行能够使美国政府对东南亚事务的紧迫性有更进一步的了解。

（耿志译，姚百慧校）

19491203 - 09，YD00029

杰布与邓宁关于承认中共政府的备忘录①
（1949 年 12 月 3 ~ 9 日）

（F 18695/1023/10）

外交部

邓宁先生：

1. 我带着兴趣阅读了 11 月 26 日关于武吉塞雷纳会议结论的 CP（49）

---

① 资料来源：*DBPO*，*Series* I，*Volume* VIII，*Britain and China*，*1945 - 1950*，pp. 414 - 417。杰布从 1949 年 2 月起担任外交部副次官（政治方面）。——原编者注

244 号内阁文件。①

2. 我注意到，会议同意"英国在华和在香港的利益需要尽早地承认中共政府的合法地位"以及"东南亚总的形势也使得在今年年底之前给予这种承认是有利的"。

3. 我认为，关于中国，会议认定如果我们承认它，我们就能够在某种程度上对我们在上海和其他所关注的中心地区的利益提供保护。然而，我同样认为，承认中国并不绝对带来对这些利益的保护，虽然我接受会议的如下观点，即中国将依赖只有西方大国才能提供的某些援助和贸易，因此，这种现实使它不得不认可大量英国利益的存在，或者无论如何在一段时期之内不会抹杀英国的利益。

4. 然而，第二个结论使我相当地困惑，我想可能是背后的原因没有在文件上表达出来。事实上，作为一个不知情的人去阅读文件，我认为与承认问题的"中国"方面的理由明确相反，所给出的"东南亚"方面的理由不是支持而是反对承认，所以我们被告知：

（a）"中共向英属殖民地派驻领事将使殖民地政府面临一个难题"；

（b）"缅甸和印度支那明显地受承认问题的影响"；

（c）"在印度支那，（承认）这会严重削弱保大的自信心以及印度支那人民对保大的信心"；

（d）"如果保大这一试验品垮台，那么法国退出印度支那将不可避免，这对我们在东南亚的战略地位会造成灾难性的后果"。

5. 就如我所说的，所有这些似乎都是反对承认的理由，虽然毫无疑问也存在给予承认的许多充分理由，但是它们肯定不是从这份独特的文件中得出的结论。

6. 为了打消这些疑虑，我要求您向我提供一些其他文件，所有这些都是必要的！唯一我真正打算咨询的一点是，为什么确切地提到"今年年底之前必须给予承认"？

杰布

1949 年 12 月 3 日

---

① 参见 19491126，YD00028。

杰布先生：

我已要求向您送交一份内阁文件稿①的复印件，文件将在 12 月 8 日由 FE（O）Ctee（远东委员会）进行讨论。

我同意，武吉塞雷纳会议的结论并没有拿出理由，当我回来后，那是让我印象深刻的第一件事。就马来亚和新加坡而论，早日承认（中共政府）的理由十分令我意想不到，但就香港而论，相对好些。然而很明显，新加坡总督和香港总督及马来亚高级专员知道他们正在谈些什么。

理由如下：这三个地方都有大量的华人（香港有两百万，新加坡是香港的 60%，马来亚是香港的 40%），这些华人与中国有着牢固的民族联系，并未意识到共产党政府夺取政权的后果，他们大都为最近的形势发展而欢欣鼓舞，他们感到中国再一次扬名世界。鉴于他们一向同我们的殖民政府进行合作，如果我们对中共政府保留敌意并拒绝承认，他们的忠诚度将会下降。他们担心，我们会叫停对他们来说非常重要的向中国的汇款，以及我们可能会阻止他们维持与祖国的联系。一段时间之后，这些顾虑将使他们减少同殖民政府的合作，因此，有必要尽早承认。

总督们认为，承认中国的中共政府就不难把当地的华人争取过来，并在马来亚用我们的手段打击共党恐怖分子。中国人在中国干些什么是他们的事，但我们不能容忍少数共党分子在我们承担责任的领土上试图夺权，在这一点上，我们一直十分明确。这两件事不是不相容的。

两位总督和高级专员［马来亚］希望承认能"尽早"，我们当中的其余人则提出"无论如何在年底"。有关后者的理由包含在内阁文件稿的结论部分之中。

我希望这份匆忙的备忘录能够使情况得以明晰。

邓宁

1949 年 12 月 3 日

是的——非常感谢您。

但是，我认为，由于法国显然坚决反对早日承认（出于显而易见并有根有据的理由）、荷兰呼吁延缓承认直到 1 月 1 日之后，所以我们应该推迟

---

①　"Recognition of the Chinese Communist Government"，FE（O）78，2 December 1949（CAB 134/288）。文稿在 DBPO 中没有收录，最终的描述见 19491212，YD00030。

我们的承认直到 1 月 15 日。

你怎么认为？

杰布

1949 年 12 月 5 日

但我们并不认为法国的理由是真正有力且有根有据的，① 至于荷兰，它的权力交接预定在 12 月 27 日。另一方面，我们在中国的团体（自去年 4 月以来，完全没有外交代表）士气低落，由于不承认（中共政权），香港面临许多困难。然而，最严重的是第 27 段②的第二句话中所考虑的事。

无论如何，眼下印度可能在 29 日之前承认（中共政权）。

邓宁

1949 年 12 月 6 日

（耿志译，姚百慧校）

19491212，YD00030

贝文关于承认中共政府的备忘录③

（1949 年 12 月 12 日）

CP（49）248（CAB 129/37）

外交部

Ⅰ 引言

1.10 月 24 日的 CP（49）214 号文件阐述了承认和反对承认中共政府的理由，得出的结论是，出于政治和现实的理由，我们应当承认北京当局。④

---

① G. 杰布先生在此解释道，"那么我备忘录里的第 4 段所引自武吉塞雷纳会议关于共党的段落应当修改"。——原编者注

② 这是指内阁文件稿的第 27 段，最终的描述出现在第 29 段（19491212，YD00030）。

③ 资料来源：*DBPO*，*Series* Ⅰ，*Volume* Ⅷ，*Britain and China*，*1945 - 1950*，pp. 417 - 426。

④ 参见 19491024，YD00026。

鉴于对形势的此种认识，10 月 27 日内阁〔CM（49）6 2nd Conclusions, Minute 7〕批准政府与英联邦的其他成员国、美国和其他友邦大国在 CP（49）214 号文件所阐明的观点的基础之上进行磋商。

2. 以下列出磋商的结果。

II　外国政府的态度

3. 美国。美国政府强烈地意识到，如果一致同意给予承认，那么只要存在对共党政权的任何反对，就是暗箭伤人。它认为获得共党政府打算承认中国的国际义务的保证是非常重要的。在 12 月 7 日的新闻发布会上，艾奇逊先生重申了他的观点，在不久的将来承认中共政府是不成熟的，甚至考虑承认问题也是过早的。因此，艾奇逊先生向奥利弗·弗兰克斯爵士提出，为了美国的公众舆论可以做好充分的准备，希望"在做出决定的日子和实施承认的行动之间能有相当充裕的时间"。他还表示，希望我们不要寻求英联邦成员国采取一致的行动，因为他担心这会产生强烈的暗示，英国人和美国人正各走各的路。美国政府因此赞成这样的一个安排，即英联邦成员国"分几个时间段"给予承认。

4. 法国。法国首要考虑的是它在印度支那的困难处境，它也担心对保大政权没有任何相应的支持姿态而承认中共政府的合法地位将损害保大政权的前景。总体而言，在承认所涉及的政治问题方面，法国政府与我们的立场相当接近。它愿意看到维持一条联合阵线，因为一些国家在其他国家之前给予承认可能会导致区别对待，然而，它不愿意在中国控制西南之前承认共产党政府的合法地位。它表示，希望我们尽可能地延迟对中共政府的承认，虽然它估计到了我们会在不远的将来给予承认，但是如果我们这样做，它将对我们表示失望。

5. 荷兰。荷兰政府称我们的做法是"现实的"，总的来说，它倾向于支持。但是，在印度尼西亚主权交接之前，它并不着急给予承认。主权交接目前定于 12 月 27 日举行，对荷兰来说，在临近这个日子的时候给予承认，它不大可能提出任何尖锐的问题。

6. 总体而言，只要我们一这样做，斯堪的纳维亚国家就打算给予承认，而意大利政府和葡萄牙政府顾忌美国对承认的态度，显得更加犹豫不定。比利时政府与法国的想法一致，即我们应当尽可能地延迟承认。

7. 在以上提及的大国的态度当中，显然美国的态度是最为重要的。而且，无论美国政府的态度如何，在美国国内一定存在广泛的对承认必要性的否定，也会存在对我们行动的批评，除非仔细地去应付此事，否则在国会将激起强烈的反响。因此，第3段所提到的艾奇逊先生的观点应当认真地考虑。对于法国和比利时，只要延迟是现实可行的，我们之间的布鲁塞尔条约关系自然使我们倾向于满足它们的愿望。另一方面，法国和比利时在亚洲事务上都不扮演领导者的角色，总的来说，欧洲对于承认的反应不是最重要的。

8. 在亚洲，缅甸表示希望在12月11日之后立即给予承认，并且可能不愿意推迟这个日期。在1946年之前与中国毫无关系的暹罗可能不愿意给予承认，菲律宾则可以想象地追随美国的指引。

Ⅲ　其他英联邦成员国的态度

9. 英联邦成员国的观点显示出广泛的一致性，但在承认的时间上与策略上有一些分歧，在促使我们决定给予承认的动因方面则不存在原则性的争论。最重要的一点分歧是，澳大利亚为一方反对立即给予承认，打算把问题列入科伦坡会议的议程；① 印度作为另一方急于在现在这一届国会结束后，就给予承认。印度表示，它事实上可能在12月15~26日的某个时间给予承认。另外，澳大利亚政府认为，应当在给予承认之前从共党政府那里获得它承担中国的国际义务及尊重其邻国领土完整的保证。澳大利亚与新西兰的观点受到了两国大选的影响。

新西兰新政府的观点到目前为止还不清楚。②

10. 锡兰、巴基斯坦、加拿大和南非联邦表达了总体与我们一致的观点，虽然加拿大不愿意与美国的立场离得太远。最近，加拿大政府声明，它更愿意把它的承认推迟到锡兰会议之后。南非联邦政府也表示，它不愿意处于"第一批"给予承认的国家当中。

---

① 1950年1月，英联邦成员国外长会议在锡兰首都科伦坡举行，讨论南亚和东南亚的经济援助与发展问题。会议成立了英联邦经济协商委员会，科伦坡成为英联邦技术援助委员会的总部所在地。1950年5月，公布了科伦坡计划，并在1951年7月开始实施。——原编者注

② 同澳大利亚一样，新西兰反对给予承认。——原编者注

Ⅳ 新加坡会议

11. 11 月 2~4 日，英王陛下在远东的代表在新加坡举行的会议上认为，东南亚和远东的形势需要尽早地承认中共政府的合法地位。[①] 他们建议，对承认不要附加正式的条件。在他们看来，承认应当伴随着增强我们抵抗共产主义在东南亚的蔓延。此外，会议强调了以下行动的必要性：

（a）通过一个广泛的宣传运动去解释，承认并不表明与我们反对共产主义的政策存在任何的不一致；

（b）尽一切努力将在承认问题上同美国的任何分歧的不利影响减至最低程度。

会议强调，承认中共政府与增强抵御东南亚的共产主义不是一定不相容的，中国所发生的事情是中国人自己的事，我们只不过是应该承认一个业已完成的事实。东南亚所发生的事情则是那一地区反对共产主义的国家政府所关心的事。

12. 外交部的法律顾问给出的意见是，我们的承认应该是无条件的，因为一个国家的政权更迭不会带来其国际义务的变化，所以没有必要坚持新政权明确地接受这一原则。实际上，这样做有不利的方面，因为这开了一条先河，即只有一个新政权明确地表示它接受以前的义务，那么它才会受到义务的约束。寻求这样一个保证不会增强我们的法律地位。提出承认条件一定会给类似国外债券所有人理事会这样的在中国有着大量投资利益的团体以安慰，但如果中国人对于这样的做法给出令人难堪的答复，这些利益相关者心中的希望将迅速破灭。大概更可取的策略是对一个授意的议会问题做出单独的公开声明，而不要求中共政府对这个问题发表任何意见。

Ⅴ 承认的时间安排

13. 在 11 月 15 日与英联邦高级专员共同参加的伦敦会议上，外交大臣做出建议，如果将承认延迟至新年年初的某个日子，可能为英联邦成员国政府和其他友好国家政府带来便利。因为此后中国在联合国大会的提议将

---

① 参见 19491126，YD00028。

不再碍事，澳大利亚与新西兰将结束大选，荷兰政府应该向印度尼西亚移交了主权，法国政府应该批准了他们与保大的协定。

14. 关于上述第 9 段提到的印度政府的观点，无论其他英联邦国家承认与否，印度将在 12 月给予承认。由于联合王国在中国的利益远大于其他英联邦国家，并且由于我们不得不考虑我们在香港的地位及我们在马来亚与新加坡的重要利益，显而易见应当毫不迟疑地采取果断的行动。为了一方面支持印度，另一方面敦促其他准备不是很充分的友邦国家政府，告诉他们，英王陛下政府期待在 12 月 12～19 日做出决定。

VI　承认的影响

15. 要意识到，承认本身并没有使共党当局成为中国的统治者，他们已经如此了。承认只不过是接受事实，拒绝承认也改变不了事实。鉴于国民政府已完全崩塌，承认将削弱它对共产主义的有效抵抗，这是再中肯不过的分析了。相反，由于中国不存在其他有效的权力机构，拒绝承认共党政府将意味着要采取一个深思熟虑的抵制中国的政策。这样一个消极的政策对于我们与中国的长期关系以及我们在中国的贸易利益的影响无须赘言。

16. 政治上，承认意味着我们愿意与新政府建立外交关系，但并不表明认同它的意识形态或观念。从逻辑上看，随着承认，我们将接受共党政府关于在所有国际组织中有权代表中国的主张。与国民政府相比，在大多数问题上，他们几乎一定会投票反对我们。设想的承认所带来的在政治上的好处在于，无论我们怎么不赞同它的政治取向，我们经不起忽视一个对广阔领土及大量人口拥有实在权力的政府。同样，设想与这个政府没有建立关系，我们将无法对它的未来发展施加任何影响。

17. 自 10 月 14 日广州陷落后，我们在国民政府就没有了外交代表，因此撤销对国民政府的承认不是在中国的一个迫切的现实问题。英王陛下的外交官员将留在国民政府的统治区，包括福摩萨，与当地的政府维持事实上的关系。

军事方面的影响

18. 三军参谋长研究了承认在军事方面的影响，得出的结论是，总的来说，承认中共政府的合法地位可能给我们在远东和东南亚的军事地位带来不利的影响。然而，军事上的不利影响不足以胜过因承认所带来的政治上和经济上的十足的好处。①

条约权利

19. 在中共政府宣布它愿意"同任何及所有愿意遵守平等、互利和相互尊重领土主权原则的外国政府建立外交关系"的同时，它宣布将对所有国民党政府签署的条约协定进行重新审查和修订。因此，我们应当设想，不要考虑我们所做的关于中共政府应当接受中国国际义务的任何单方面声明，事实上让这些义务有束缚力也是不可能的。但是，在这一问题上，推迟承认也不可能带来任何令人满意的保证，不存在（外交）关系，条约的权利本身就没有价值。因此，承认将导致一系列艰难的、没有希望的谈判，去修订现有的涉及中国的条约，尤其是关于撤销治外法权、我们在华的财产所有权和旅游权以及我们在华的航行权、设立领事代表权的中英条约（1943年）。同样的考虑适用于金融、航空和其他方面的各种条约。在这方面，我们不应该存有幻想，但是应当准备坚持严格的互惠主义。

宣传

20. 在宣传领域，我们预计最糟糕的情况是：中国的媒体和电台将继续它们对"西方帝国主义"的抨击，中共的宣传将追随莫斯科的模式。在这种情况下，承认中共政府绝不应妨碍我们在我们所承担责任的领土上采取恰当的反制措施，或者鼓励我们在南亚和东南亚的友邦这样做。在这个国家（中国），需要细心的宣传去解释承认与否并不意味着认同或反对新政府的意识形态或观念，仅仅是接受它目前已经统治中国的事实而已。

英国的贸易利益

21. 虽然认识到承认不可能为英国的在华贸易利益及更少程度对香港提供任何直接的万全之计，但预计可以对它们的继续存在提供最低程度的必要保护。尽管目前新政权不像它的前任那样腐败，但是它的行政管理机构证明在它的管理上甚至更加专断和更加令人恼火。然而，国外的贸易团体没有遭到斩草除根这一事实说明，它意识到需要一些西方贸易。在一些个案中，它们的立场，尤其是在"人民法院"这种极权主义的司法体系之下，被证明是不确定的。

香港

22. 在武吉塞雷纳会议上，香港总督表示，鉴于在香港和新界有大量的

---

① COS（49）421，5 December 1949（复制在 F 18519/1023/10 之中）。——原编者注

中国人，他赞成早日承认中共政府。随着承认，的确国民政府的全部资产将不可避免地归新政府所有，这给香港总督出了一道新的难题，但比起现在这种形势来，可能还少一些难堪。香港总督认识到，承认之后（中共）派驻一名共党的代表将难以避免，他更愿意这样一名代表将同现在的国民政府代表一样继续享有不确定的地位，即使国民政府代表目前的头衔"广东和广西特派员"。可能要变成"香港特派员"。总的来说，他更希望（中共）不会要求派驻一名总领事，并坚持行使目前特派员所没有行使的特权。

马来亚与新加坡

23. 新加坡总督和马来亚高级专员都赞成早日承认中共政府，因为他们感到继续不予以承认将会遭到这些地区的大量中国人的误解并导致他们减少与政府的合作。应当认识到，中共派驻的领事将导致一些难题，然而，即使在目前的紧急情况下应当考虑任何可能的推迟，中共派驻领事也不能长时间地耽搁。中共领事能够带来沟通的方便，同时他们的存在对于指挥马来亚的共党颠覆活动并不重要，因为这完全可以轻易地通过与中共领事可能有或可能没有联系的共党情报人员的渗透来加快实施。

在伦敦的中国国民政府代表

24. 在我们选择承认中华人民共和国合法地位的那一天，有必要告诉目前的中国大使这个决定，并要求他此后把自己看作是无官职的个人。在联合王国长期生活并且是中殿律师学院资深会员的郑博士①，肯定会要求允许其居住在这个国家，建议同意他的这个要求，并给予他的所有能够提供合理理由的工作人员以同样的特许权。事实上，大多数人可能会选择继续为新政权工作。

25. 关于领事馆，前面已经关注了马来亚与新加坡的形势，最好不要立刻关闭国民政府的领事馆，而是允许它们继续存在直到中共政府通知我们他们打算接管的时候。在过渡时期，国民政府领事们的地位是有悖常规的，但是某些领事馆工作人员跑到共党一边并为共党政府工作绝不是不可能的。

英国在国民党中国的代表

26. 就如上面第 17 段所述，我们在中华民国没有外交代表。与中国大陆国民党当局的日常事务，将通过在昆明（只要昆明继续在国民党手中）和在福摩萨的英王陛下领事馆处理。这些官员应当留在他们的工作岗位，

---

① 郑天锡博士，1946 年任国民政府驻英国大使。——原编者注

并在现有的基础之上像以往那样与地方当局保持联系。

联合国

27. 苏联及其某些卫星国已经在联合国大会上表示，现在的中国代表团不再能代表中国。然而，直到联合国中各中国代表的地位因联合国某个或多个机构的决定而发生变化之前，其席位还将继续保留。关于安理会的问题尤其重要，根据正常的程序，中国的代表将在 1950 年 1 月担任主席，那时克什米尔争端依然在安理会的讨论之中。联合王国似乎没有理由在这个问题上采取任何的主动（因为国民政府的代表继续保持在安理会的席位直到被某个普遍接受的决定免去席位之前，对于我们来说是不方便的），我们必须接受在承认之后应当投票赞成中共代表（进入安理会）这样的形势。设想我们已经承认了中共政府的合法地位，如果同那个政府（中共）接洽，我们的立场应当是，由中共取代国民政府的各个代表是联合国的事务，联合王国只是作为联合国的一个成员涉及其中。

28. 然而，我们必须接受早晚要出现一个困难形势的事实，因为不存在先例去驱逐那些拒绝让出被后任政府声明拥有权利席位的代表。就如我们所猜测的，如果美国政府推迟承认中国政府，将会出现两个极端：美国公开支持国民政府，同时苏联（以及假定已经承认中共政府的南斯拉夫）将拒绝与它（国民政府）打交道。在两个极端之间，情况可能是，届时将承认中共政府的联合王国与印度将拒绝在事情当中站在任何一边，直到代表问题通过讨论得到解决。必须承认，这样的形势无助于安理会或者其他现实中所涉及的机构顺利地开展工作。但是由于苏联及其卫星国已经表明了它们在这一问题上所持的立场，所以可能出现联合王国与印度面临承认还是不承认中共政府的情况。

结　论

29. 目前，我们已经到达了这样一个阶段，即已经与友邦政府在这个问题上进行了磋商，我们必须做出自己的决定。如果在承认上耽搁得太久，会带来显而易见的危险，如果还有任何进一步的保留，那么离中共政府对我们在华的利益施加压力甚至要求我们的官员撤出的时刻就可能为期不远了。到时候我们将被迫要么在压力下给予承认，要么作为对抗高压统治的一种姿态而无限期地拒绝下去。采取第一种做法将削弱我们在远东的整个地位和声誉，采取第二种做法将牺牲我们不遗余力所维持的在华利益。因此，虽然我们不可能使所有的友邦政府与我们一同行动，虽然要美国跟随我们是很难的，但是无论如何，一段时间来事情的每一点都指向一个结论，即我们应当现在就决定尽早地承认中共政府的合法地位。

30. 如果这个结论被接受，建议尽早通知中共政府我们承认其合法地位的决定。如果友邦政府也有意这样做，应当为它们提供机会去协调彼此的行动。

建　议

31. 我请求我的同事们同意如下做法：

（a）做出决定尽早承认中共政府的合法地位。

（b）通知英联邦其他成员国、美国和其他友邦大国我们的决定及这样做的理由，如果它们也有意这样做，请求它们与联合王国英王陛下政府协调行动。[①]

（耿志译，姚百慧校）

[①] 12 月 15 日，内阁考虑并同意了这份备忘录的结论。大臣们建议，应当通知英联邦其他成员国政府、友邦大国政府（包括美国）联合王国承认中共政府的决定以及给予承认的日期，以努力确保它们当中尽可能多的国家能在同一时间或这一时间前后承认新中国政府〔CM 72（49）3，CAB 128/16〕。——原编者注

第 2 编　英苏关系

一　目录

二 正文

19460203，YD00052

罗伯茨致贝文电（节译）[①]
（1946 年 2 月 3 日）

第 471 号（N 2089/326/36）
莫斯科（2 月 3 日收）

接本人第 231 号电。

继 1 月 1 日在《新时代》杂志上发表了一篇有关英美经济关系的文章（详见本人第 3 号存电）后，瓦尔加又于 1 月 24 日在一次重要演讲中谈到了上述问题。

2. 瓦尔加的宏观结论是，尽管英美两国在经济及战略领域的相对地位发生了巨大变化，但战后的英国仍保有一定的优势，如英帝国已比过去强大得多，成员国之间的联系纽带更为牢固。以牺牲意大利与法国的利益为代价，英国增强了自身在地中海地区、非洲以及近东的战略地位。因此，尽管英美两国拥有共同的文化传统，尽管两国曾在战争中协力并肩，但两国之间的经济斗争仍将继续进行。

3. 在被问及美英两国是否可以信赖苏联市场时，瓦尔加答称，如果对方能够提供条件优惠的贷款，苏联还是会购买更多自身所需的货物的。苏联是个强大的国家，即便没有贷款也能向前发展，但倘若我们能够得到外国货物，重建工作的进展便会快得多。这一言论无疑印证了此前关于苏联经济政策的评估。

4. 在苏联国内，瓦尔加是国际经济问题领域的杰出权威，同时还是世界经济与政治研究所的所长。作为整场讲座最值得注意的特征，瓦尔加除了将英美经济关系纳入正统的马克思列宁主义学说框架内，还特别引述了斯大林在 1928 年关于这一问题的表述，称英美分歧为国际帝国主义体系内的决定性分歧。此外，为增强其结论的权威性，瓦尔加进而援引斯大林在

[①] 资料来源：*BDFA*，*Part Ⅳ*，*Series A*，*Volume 1*，pp. 25 – 26。

1928 年的讲话说，英美的经济分歧将不可避免地使两国未来的政治关系更趋紧张。

……①

（冯一鸣译，姚百慧校）

19460312，YD00053

罗伯茨致贝文电②
（1946 年 3 月 12 日）

第 176 号 （U 3068/1/70）
莫斯科（3 月 17 日收）

先生：

苏联前驻意大利大使 B. E. 斯坦因 3 月 1 日在莫斯科发表了一场关于联合国家组织第一次机构会议工作成效的演说，联合新闻阅览处的一名工作人员就此递交了一份专门报告，现在我很荣幸地将这份报告呈送给您。

2. 此次演说前一周，苏联政府在一份声明中宣称，对苏联在加拿大的间谍网提起诉讼是金先生授意的，目的在于使您摆脱苏联代表团在联合国大会给您造成的窘境，《真理报》也发表了一篇措辞激烈的文章，抨击您的种种失策。斯坦因的言论则要审慎得多。其观点无外乎是，在希腊、印度尼西亚和黎凡特问题（他认为伊朗问题是不存在争议的，因而未予理会）上，英国的政策均是支持反动势力一方，而苏联代表团支持的则是民主事业。但他也承认，正如部分英国媒体此前所宣称的那样，大不列颠已然赢得了道义上的胜利，而对于《旁观者》杂志刊载的"贝文赢得的胜利将是右派的胜利"这一声明，斯坦因本人也仅仅是表示了赞同，无复多言。与此前任何苏方发言人相比，斯坦因已是近乎承认了苏联政府的确遭遇到挫败。就其他方面而言，在我看来，斯坦因的演说还显示出了不同寻常的客观。他明确指出，大不列颠在联合国组织中的影响力已与当年其在国联中

---

① 此处部分内容未译。
② 资料来源：*BDFA*，*Part Ⅳ*，*Series A*，*Volume 1*，p. 93。

的影响不可同日而语，英联邦内各自治领的意见也多有分歧。但是，斯坦因仍然颇为严肃地将矛头指向了联合国大会与安理会的全盘运作，此外，关于联合国大会主席人选、安理会成员国安排以及难民遣返决议问题，他均使用了"遗憾"而非"愤懑"一词。

3. 3月4日，《真理报》刊登了关于斯坦因演说的报道。而在本馆附送的这份全方位总结报告中，演讲者斯坦因本人提出的诸多自相矛盾的论点已被大幅删除。报告用大量篇幅谈到了联合国组织作为一个整体所取得的切实成就，特别是苏联代表团的贡献，对于联合王国则只字未提。您也许还记得，在安理会就印度尼西亚问题进行讨论期间，《消息报》在一篇评论文章中指责道，某些英国时政评论员关于英苏对立冲突的言论使问题进一步复杂化。在此后一系列事件的压力下，尽管苏联宣传机器的言辞激烈了许多，但其基本态度仍与之前一致，然而，这次《真理报》关于斯坦因演说的叙述却有所不同，它只能说明，苏联回到了原先的旧有观点。现在看来，苏联政府似乎意识到了自己所犯的一个错误，即将联合国组织与英苏关系这两大问题混为一谈，这一点体现为：不管苏联人对英国政策的抨击是何等猛烈，他们决定呈现在苏联公众面前的联合国组织确是一项极富希望的实验，对此，苏联政府是鼎力支持的。俄国人既以联合国组织的拥护捍卫者自居，他们便可指望在其他成员国中赢得支持，此外，联系之前《真理报》对丘吉尔先生富尔顿演说的攻讦，倘若英国的政策日后仍与苏联在安理会的种种意图相龃龉，苏联便可以此对英国施加压力。

4. 上述新方针还使得《劳动报》表现出过分的自我克制，该报在3月10日报道了斯坦因的演说。关于这篇报道的分析总结也随电附上①。您将会看到，尽管《劳动报》比《真理报》的报道要长得多，但前者并未试图囊括斯坦因演说所涉及的全部问题，而几乎仅仅是就托管问题与世界工会联合会在联合国组织中扮演的角色这两大问题进行了探讨。后一问题无疑将会引起《劳动报》读者的特殊兴趣，因为该报隶属于苏联工会组织。问题的选取也给了《劳动报》一个大书特书苏联方面宽宏大度的美德，并与外部世界反动势力形成鲜明对比的机会，这无疑是很讨上层欢心的。

---

① 原档后无附件。

我谨将此份电报的副本拍发英王陛下政府驻华盛顿大使。

F. K. 罗伯茨

（冯一鸣译，姚百慧校）

19460323，YD00054

罗伯茨致贝文电①
（1946 年 3 月 23 日）

第 1141 号（U 3176/567/70）
莫斯科（3 月 23 日收）

苏联报刊今日在其头版显著位置报道了美联社记者就当前国际形势向斯大林提出的三个问题及斯大林本人的答复，而在此前第 1138 号电中，我已详细汇报了双方的谈话内容。

2. 不难看出，上述访谈堪称近来苏方为缓和国际紧张局势所采取的首要举措〔参见本人第 1114 号电（未抄转纽约）〕。特别是斯大林在访谈中提到了联合国组织，他的相关表述势必将得到国际社会的广泛欢迎。尽管如此，斯大林的谈话一旦经过分析揣摩，似乎就显得不那么令人欣慰了，至少在我个人看来，苏联对联合国组织的态度（即如本人第 1125 号电所述）并没有出现什么改变。

3. 斯大林之所以提出各国地位一律平等，其动机无疑在于寻求小国的支持，同时证明维辛斯基最近在伦敦安理会会议上的表态所言不虚。而在我看来，这些不过是苏联人的虚伪粉饰罢了，苏方的真实态度仍与此前别无二致，即坚持联合国组织的活动只有在各大参战国协调一致的情况下方才有效，倘若这一原则未被遵守，那么该组织的活动即告无效，事实上，这一态度早在 1944 年即已由莫洛托夫提出（参见本人第 1125 号电），后又由斯大林本人在当年 11 月 6 日的演讲中顺带加以重申。1945 年 7 月，《新时代》杂志在推断联合国组织领导国的时候也引述了斯大林的上述表态。

4. 在苏联，个人平等的理念是以"各尽所能，按需分配"这一原则为

---

① 资料来源：*BDFA*，*Part Ⅳ*，*Series A*，*Volume 1*，pp. 95 – 97。

基础的。然而时至今日，苏联领导人又将这一原则嫁接到国际交往方面，在他们看来，各国虽在理论上一律平等，但因其实力大小与贡献多少不同，故在国际事务中的发言权也应有所区别。此外，作为上述观点的又一佐证，苏联国际法顶级权威柯罗文也于近日指出，各国在形式上是平等的，但这并不意味着各国承担同等的国际权利和义务，战争则进一步明确了两者之间的差别，从而为国家基本权利的概念平添了新的因素。承认各大民主国家享有特殊的国际权利，此举非但不违背国家关系中的平等原则，反而还在史上首次为这一原则提供了坚实的法律基础（参见大法官法庭 3 月 15 日致重建局信件附件）。苏联方面曾有一篇文章谈道，国联之所以虚弱无力，是由于其未将大国责任落到实处，而且遵循了错误的平等原则，这篇文章大概出自李维诺夫之手（参见 A. 克拉克·克尔爵士 1944 年第 1946 号电），您或许对此还有印象。

5. 毫无疑问，斯大林是希望三大国保持平等的，他显然无法接受联合国组织被美国或英国单独操控，尤其是被美英两国联合把持。

6. 斯大林最终表示有条件地支持联合国，前提是该组织必须维护平等原则，此举无疑诱发了外界的多种猜测。在这方面，斯大林可谓延续了苏共领导公开表态的一贯作风，即不把话说死，避免给予联合国组织以完全支持，从而使自己日后有空子可钻。

7. 针对《纽约时报》提出的后两个问题，斯大林的答复则鲜有新意，故对我们助益不大。斯大林并不讳谈苏联国内对战争的恐惧，但他却将此种情绪的存在归咎于某些政治团体的鼓噪煽动，作为解决措施，斯大林表示将对此类团体施以强力手段，甚至不惜剥夺其言论自由。作为当下唯一的迎合手段，苏联政府势将继续开动其宣传机器，对上述团体大张挞伐，但凡是政府认定曾经批评或反对苏联国家政策的个人及团体，今后恐怕均难逃攻讦。

8. 斯大林在接受采访时并未谈及波斯问题，也从未暗示苏联将给予该国平等待遇，遑论在波斯问题上履行其义务。联系本人第 1114 号电第 5 段中的相应观点，斯大林的这一回避姿态事实上印证了我的看法。值得玩味的是，斯大林前脚刚刚接受完《真理报》的采访（参见本人第 1020 号电），后脚便在另一次访谈中换了调子，语气变得大为缓和，我想这应该是斯大林本人有意为之。而就在斯大林接受《纽约时报》采访仅仅两周前，莫洛托夫曾向另一位美国记者表示，在当前的国际形势下，不宜发表旨在缓和局势的声明，对此，我在第 946 号电中曾做了相关汇报，您或还记得。

（冯一鸣译，姚百慧校）

19460824，YD00062

罗伯茨致贝文电①

（1946 年 8 月 24 日）

第 2754 号（N 10905/24/38）

莫斯科（8 月 26 日收）

　　近期以来，愈来愈多的迹象表明，苏联领导人对于国内事务的诸多方面，特别是对党和国家官僚机构的现状以及意识形态战线总体形势均有所不满。与此同时，在诸如苏共中央组织部与国家监察部这样的机构中发生的若干重大事件则助长了上述不满情绪，显而易见的是，目前斯大林和他的顾问们已决定在战后实施全面彻底的清洗，大范围推行高压政策，并重申苏共及其地方组织在苏联社会各个领域均拥有指导性地位。

　　2. 透过苏联媒体过去数月不时发布的公告，我们得以一窥这次清洗与政策强化实施过程中的不同侧面。上述公告谈道，部分苏联官员因诈骗、投机倒把或贪污腐化而被褫夺职务并被判刑；公告强调，意识形态教育与宣传工作既是激励领导国内群众的源泉，也是针对外来观念与"资本主义残余"的有效矫正，同时强调保持军纪严明的极端重要性；公告批评部分共产党官员与机构愈发缺乏判断力，以致沦为工业企业的附庸，并试图鼓励进行自我批评，以刺激生产效率的提升；此外，苏方公告还提到了一家新近创办的名为《文化与生活》的权威报纸，该报的宗旨即是将所有文学艺术门类绑定在共产党的教条之上，使其与为实现五年计划服务的苏共宣传方针时刻保持一致。而在过去的一周中，有两个重要的新情况使得上述整肃进程急转直下，从而完全陷入了更为剧烈且更富戏剧性的状态。

　　3. 第一个情况是，苏联共产党中央委员会借助媒体，以空前猛烈的宣传力度公开抨击列宁格勒的两本杂志，因其为两位声名显赫却坚持独立倾

---

　　①　资料来源：*BDFA*，*Part IV*，*Series A*，*Volume 2*，pp. 59 – 61。

向的作家——左琴科与阿赫玛托娃提供版面，而这两人的作品此前均已被指斥为毫无政治思想性，缺乏意识形态内容，并充斥着艺术至上主义及其他颓废的西方传统，总的来说，这对于苏联文学界无疑是一个警示。由于疏忽大意，以至容许上述离经叛道的有害举动存在，苏联作家协会及其主席吉洪诺夫与列宁格勒州党委均受到了苏共中央委员会的严厉批评，甚至列宁格勒州委直辖的宣传鼓动机关亦未幸免，日丹诺夫本人则急赴列宁格勒督阵，在此情势下，列宁格勒当地党组织及作家群体一致通过决议，奴颜婢膝地承认了自己的罪责，并保证日后痛改前非。此事对于苏联知识界和外国观察家的震动超越了战后发生的任何事件。详细经过随函附寄。

4. 第二个情况是，8 月 23 日的《真理报》报道了乌克兰共产党中央委员会全体会议情况，称此次全会旨在讨论近日苏共中央委员会针对乌克兰境内共产党领导人员的培训、选拔与分配问题的批评。而身为乌克兰地区党政一把手、苏共中央政治局委员的赫鲁晓夫同样满腹怨艾，称乌克兰中央委员会与各州委居然在未经彻底甄别在岗人员政治及专业资质的情况下便匆忙定论，给予其任职资格，使中央的集中管控出现松动，甚至怂恿各部门机构负责人根据亲疏远近分配职位。赫鲁晓夫进一步谈道，由于当前在人员选拔问题上存在的若干错误，加之对新任官员缺乏监督审查，乌克兰党内的关键职位正在进行大规模的人员更替。譬如在过去十八个月间，乌克兰境内的基层工运领导已有约半数被替换，其中以地区党委、地区苏维埃与拖拉机站的领导为甚。而这一切均迫使乌克兰中央党委在人员的推荐任命问题上更加小心谨慎。赫鲁晓夫指责乌克兰党组织忽视了意识形态领域的宣传工作，对新闻报刊的重视尤为不足，正是由于乌克兰中央委员会缺乏行之有效的控制措施，诸多乌克兰裔历史学家与作家才得以为错误的资产阶级民族主义理念招魂，甚至宣称自己拥有犯意识形态错误的权利。除此之外，赫鲁晓夫还批评了当下存在的一大趋势，即混淆党和国家机构职能，以及党内部分官员与组织机构缺乏判断力，以至对工厂及其他管理部门俯首帖耳，从而失去了其作为公共利益监管人员所应具备的独立性与警惕性。

5. 尽管围绕军方高层人员的谣言甚嚣尘上，但截至目前尚无任何可供提出结论的坚实证据。

6. 此次清洗与政策紧缩显然是为了应对战后摆在眼前的种种困难，同时使全苏联开足马力以成功实现五年计划，而对于这一紧缩过程的最终结果，目前尚无法加以预测。倘若在实施过程中正确结合相应的技巧、魄力与心理洞察力，这一计划还是有可能达成其目的的。但如若实施得太过残酷专横（特别是在初始阶段），该计划便极易重蹈 1937 年的覆辙，这一点表现为：要么驱使性格上谨小慎微的人缓步踯躅，勿冒风险，从而扼杀魄力与胆气；要么怂恿性格完全不同的人鲁莽行事，将其欲望与动力发挥到无以复加。一个时期以来，这也许就是制约五年计划成功实现的掣肘因素之一。若真如此，苏联领导人或许终将被迫回到贯穿 30 年代工业化进程的寻找替罪羊与大规模整肃政策。

7. 另一方面，显而易见的是，这场运动势将增加外部世界的进一步猜疑，并将使除团体旅行外的私人接触变得更为困难。而最近发生的一件事则为当下政策紧缩过程的贯彻实施程度做出了绝佳注脚，这便是《消息报》及《文化与生活》怒气冲天地批判了莫斯科最受欢迎的爵士乐队主唱，称其演奏的无非是毫无价值可言的西方音乐。有证据显示，苏联官方深为恐惧的，是西方模式与"逃避主义"对于苏联民众的巨大吸引力。

（冯一鸣译，姚百慧校）

19460826，YD00064

罗伯茨致贝文电①

（1946 年 8 月 26 日）

第 648 号（N 11123/605/38）
莫斯科（8 月 31 日收）

先生：

我在 1945 年 7 月 25 日第 519 号电报中回顾了欧洲战事结束以来红海军的状态，考虑到苏联的海军政策，我进而探讨了战后红海军可能实现的发展。彼份电报中我的主要结论是：

（1）苏联既已再度成为一个拥有全球利益的头等强国，势将竭尽全力增强其海军力量；

---

① 资料来源：*BDFA*，*Part Ⅳ*，*Series A*，*Volume 2*，pp. 104 – 105。

（2）但在未来几年内，苏联可能会全力专注于恢复其在波罗的海及黑海海域的海军地位；

（3）即便日后苏联海军的规模得到扩充，它能否摆脱"红军忠实助手"的角色，仍是值得怀疑的；

（4）然而，一俟俄国拥有了大型航海舰队乃至远洋舰队，辅以布置合理的海军基地，从而重新崛起为一大海上强国，那么忽视这一崛起可能带来的诸种影响将是非常不明智的。

2. 7 月 28 日，苏联举国庆祝海军节（这一天恰好是海军上将弗雷泽勋爵访苏的日子，参见毛里斯·彼得森爵士 8 月 2 日第 577 号电），这为我提供了一个回顾过去一年苏联海军发展的好机会，并使我得以在一年来更多经验体会的基础上，审视上述四条结论需要做出多大幅度的修正。

3. 在过去一年中，苏联对于海军事务的政治性关注已在诸多方面彰显无遗。首先，由于与过去的美英盟友关系日趋紧张，苏联愈加意识到美国海军的强大实力，加之美国的海军基地在太平洋水域全面铺开，同时囊括了大西洋上诸如冰岛、格陵兰及亚速尔群岛等战略要地，苏联对此亦颇为疑虑，反对声音不绝于耳。苏联最近正加紧实现其长久以来觊觎土耳其海峡的野心，意在使黑海变为一封闭水域，同时确保苏联海军舰船得以进入地中海。

4. 在北欧与南欧，苏联的战术运用各有不同。在北方，苏联一直在竭力安抚斯堪的纳维亚诸国，尤其是挪威、丹麦和冰岛，并时时以保护它们免受西方资本主义大国贪婪索求的无私友邻自居。即便如此，苏联却未曾放弃其针对卑尔根群岛与熊岛的计划。而苏方对博恩霍尔姆岛的强制疏散也不能说明其对大贝尔特海峡及基尔海峡的未来走向丧失了兴趣，抑或是放弃了其独霸波罗的海的意图。

5. 在南方，苏联采取的则是大不相同的策略，即试图通过威吓土耳其，使该国摒弃与英国乃至与英美两国的政治联系，单单与苏联一国建立排他性联系，与此同时，苏联还对希腊民族解放阵线傀儡政权施以庇护，同时盘算着从意大利殖民帝国的瓦解中捞取好处，如此一来，苏联便可置英国的利益于不顾，强行插足地中海。然而，苏联针对希腊本国、多德卡尼斯群岛以及的黎波里塔尼亚所采取的手段则是蠢到了家，目前看来，苏联至少是暂时放弃了针对后述两地的计划。唯独在亚得里亚海，借由对南斯拉夫和阿尔巴尼亚的"控制"，并以某种方式支持南斯拉夫对的里雅斯特的图谋，俄国的利益似乎正在得到拓展。为了达成其对地中海地区的整体构想，苏联当下正在支持保加利亚索要爱琴海出海口，此举无疑将进一步增强苏联在土耳其海峡地区的影响。

6. 千岛群岛与南萨哈林的合并使苏联获得了通往太平洋的出海口，抛开这点不论，苏联在远东地区的海军政策到目前为止虽仍称不上十分清晰，但其政策本身似乎正逐步指向控制黄海这一长期目标。而在当下，苏联这一政策只是表现为巩固其在旅顺港的新基地以及在大连的特殊权益，同时表现为对朝鲜、满洲及山东半岛共产党势力的支持抑或同情。

7. 我的行文之所以尚未提及波斯湾，是由于一个独立的伊朗目前仍处在苏联海军与海湾地区诸港口之间。然而，苏联政府从未中止在伊朗全境扩大自身影响的努力，其手段之一即是操纵一个驯服的德黑兰中央政府，足见苏联事实上继承了沙俄觊觎石油与波斯湾出海口的野心。但从另一方面来说，波斯湾远离波罗的海与黑海的海军基地与船坞，倘若苏联真的在那里部署了一支海军舰队，那么与驻扎在符拉迪沃斯托克和旅顺港的远东舰队相比，这支舰队则更像是被扣留的抵押品，而非苏联的国家财产。

8. 以上仅仅是对过去一年苏联海军政策十分简要的回顾，联系我在去年的电报中所表达的观点，即苏联政府对海上力量与苏联海军的兴趣正与日俱增，这一回顾触动了我原有的看法。截至目前，苏联海军自身的发展无论如何都称不上革命性，本馆海军武官希尔上尉提交的附属备忘录将对此进行说明。特别值得一提的是，希尔上尉着重强调了阻碍苏联海军快速扩张的物质因素，同时道出了事实上使得苏联海军愈加依附于陆军的心理因素。我个人完全赞同希尔上尉在这份精彩的备忘录中陈述的观点。他得出的主要结论（我对此亦表赞同）即是我在 1945 年 7 月 25 日第 519 号电提出并在上文加以总结的普遍原则。第 519 号电所包含具体信息的 90%，在今天来说依然适用，此外，该份电报还恰到好处地概括了当下我个人关于苏联对红海军态度的看法。

F. K. 罗伯茨

（冯一鸣译，姚百慧校）

19460904，YD00066

罗伯茨致贝文电①

(1946 年 9 月 4 日)

第 394 号（N 11476/71/88）
代电，莫斯科（9 月 9 日收）

苏联世界经济与世界政治研究所所刊（《世界经济与政治》）第 6 期的相关内容已于 7 月 26 日见诸报端，并于最近正式对外发行，在这一期《世界经济与政治》中，苏联首席经济学家 E. 瓦尔加撰文论述了资本主义总危机时期各资本主义国家内政外交政策的若干特征，在我看来，这无疑是一篇颇具深意的重头文章。

2. 文章前半部分对本世纪初至二战爆发"资本主义总危机"的发展状况进行了分析。瓦尔加提出，只是在 1917 年俄国革命之后，人们才清晰地看到，资本主义制度内部正孕育着一场总危机，资本主义的土崩瓦解正愈益临近。也是自那时起，为了维系资本主义制度，资产阶级开始采取各种应对措施，包括对年轻的共产党加以孤立，在政治经济方面对工人做出让步，同时对苏联发动宣传攻势与武装干涉。第一次世界大战甫一结束，资产阶级便发现社会民主改良派并非资本主义的理想拥趸，战败国的资产阶级也因此投靠了法西斯主义，在此基础上，资本主义的总危机进一步加深了。

3. 瓦尔加进而谈到了第二次世界大战及随后发生的一系列事件的特点。他认为这次战争之所以不同于一战，原因即在于交战双方一为法西斯侵略者，一为包括高度发达的资本主义国家与苏联在内的民主国家，两者的政治经济制度迥然相异。苏联被列入民主国家之列，这对于资本主义国家的内政外交政策自然有着相当程度的影响。特别是民主阵营内关于"两种制度"的斗争因此出现了缓和，甚或趋于中止，但"这绝不是斗争的结束"。盟国的确曾向苏联伸出援手，可它们并未忘却社会制度方面的鸿沟，表现之一即是极力对原子弹的存在遮遮掩掩。无独有偶，尽管英美之间的分歧尚未消解，甚至在战时也依旧存在，但它们还是将此视作相对次要的问题。

4. 对于资本主义各国来说，二战结束后国内面临的最主要问题即是如

---

① 资料来源：*BDFA*，*Part Ⅳ*，*Series A*，*Volume 2*，pp. 114 - 116。

何维系资本主义制度。工人运动的总体左倾使得全世界的资产阶级无不心惊胆战。但失败并未使英美两国资产阶级威风扫地，事实上，伴随着武装力量的增长，两国的国家机器均岿然不动，且尤以美国为甚。而另一方面，欧洲资产阶级则因与纳粹合作而声名狼藉。此外，欧洲各国共产党的势力在战后发展迅速，苏联在国际事务中的影响力也得到了大幅提升。

5. 综上所述，瓦尔加进而提出了他的主要观点，即"第二次世界大战后，捍卫资本主义制度已再度成为指导资本主义国家内外政策的核心原则"。他称英国在战时就实践了这一原则，手段之一即是为外国资产阶级流亡政府提供庇护。但与一战结束后相比，现阶段若欲大举保卫资本主义制度，其所面临的困难要多得多。实施改革势在必行，这一点已几成公论，而完善社会保障体系，在资本主义体制下实行计划经济，乃至推行国家资本主义，凡此种种，无一不是当下的热点话题。英国资产阶级业已被迫开始实行国有化，这一事实本身即是私有制行将就木的标志。

6. 瓦尔加还列举了资产阶级用以保卫资本主义的三种主要手段。分别是：

（1）为工人运动中的改良派鼓劲撑腰，离间社会民主党与共产党之间的关系，并将德国、匈牙利、意大利、法国境内的十六个社会民主党与改良派转化为支持本国资产阶级的主要社会力量。眼下，在进步与反动势力之间，在各社会党内部的左右两派之间，在倾向与共产党合作的社会民主党底层成员和他们的改良派头头之间，如火如荼的斗争正在蓬勃发展，并在德国取得了最佳的斗争成果。

（2）增强宗教与教会的影响，譬如教皇新近任命了三十二位枢机主教，又如伊斯兰教现已被用作一种政治武器——这在印度体现尤甚。

（3）在当下以十分隐秘的方式对法西斯运动进行怂恿。法西斯主义作为资本主义总危机不断加深的政治表现，其死灰复燃应是指日可待的。除了像西班牙与葡萄牙这样明目张胆的法西斯国家，还有法西斯战败国国内的非法势力，有迹象表明，英美两国国内的法西斯主义也开始死灰复燃。在希腊，由于"国内政策实际上尽由英国人把持"，国家权力落入了与法西斯分子近乎一丘之貉的保王党反动派手中。但从另一方面来说，在一些"新型民主"国家（此即指苏东集团），地主与资本家的财产已被没收，进步人士掌握着国家权力机构，法西斯主义的复辟因此很难成功。

7. 资本主义国家的外交政策自始至终都与其国内环境休戚相关。由于过去针对苏联的老一套干涉手法已难有作为，资本主义各国便改弦更张，采取了形式不同于以往的斗争策略。但反动势力并未因此偃旗息鼓，他们一方面拼命开展反苏活动，一方面大力拼凑反苏集团，以此孤立苏联。特别值得一提的是英国反动派，眼下他们正竭力拉拢利用欧洲社会民主党内的右翼分子，使其为反动派与苏联的争斗服务，从这一点来讲，工党政府要远比保守党政府更得英国反动派的欢心。

8. 尽管如此，两种制度间的斗争也绝非资本主义国家政策的唯一体现。目前，英美两个帝国主义国家间的矛盾已成为资本主义世界的决定性矛盾。美国当下正试图肢解并终结英、法、荷兰三大殖民帝国，而上述三国在各自殖民地的狼藉名声无疑助长了美国的野心。此外，部分西方国家现正计划组建主要针对苏联的西方集团，而英国、法国、比利时、荷兰、葡萄牙五国目前仍占据着全球 95% 的殖民地，这就意味着上述计划亦与殖民地问题紧密相连。成立西方集团的目的之一便是抵御美国对西方各国殖民地的渗透，同时镇压当地的民族解放运动。

9. 上述内容并不是什么新鲜论调，但其却偏偏在眼下这个时候再度出现，而且是出现在一篇官方色彩如此之浓的文章里，这无疑是颇值得玩味推敲的现象。就在去年1月，瓦尔加曾强调了斯大林本人过去提出的部分基本观点，之后斯大林便在当年2月重申了这些观点。而上个月工党代表团访苏时，斯大林以相对温和的语气谈到了其对苏英两国政治制度的看法，与之相比，瓦尔加文章中的观点无疑与之有着惊人的相似性。

（冯一鸣译，姚百慧校）

19460912，YD00070

罗伯茨致贝文电①
（1946 年 9 月 12 日）

第 709 号 （N 11898/140/88）
莫斯科 （9 月 18 日收）

先生：
　　在过去一年报回的电文中，本使馆时常强调这样一点，即苏联当局

---

① 资料来源：*BDFA*，*Part* Ⅳ，*Series A*，*Volume 2*，pp. 134 - 135。

的敌视情绪持续不断，甚至愈演愈烈，除了国外的温和派社会党人，英王陛下政府与英国工党也沦为了这种敌意的攻击对象，并被苏联官方指斥为资本家与帝国主义者的工具，第二国际的冒牌顶替者。不止于此，《工会》杂志刊载了一篇探讨劳工运动团结问题的文章（完整译文随电送回），字里行间流露出丝毫不加掩饰的敌视情绪，其露骨程度确是我前所未见的。

2. 这篇文章注明的日期是在去年 3 月，在此之后，世界工会联合会执行委员会于 6 月在莫斯科召开会议，7、8 月间，拉斯基先生、摩根·菲利普斯先生以及工党代表团其他成员访问了莫斯科。而自去年 3 月以降，这篇文章一直都没有公开发表，我们也是最近才得到文章的译本。本文传递的既然是确凿无疑的官方观点，作者也就难免要在行文中对工党的总体方针与目标，特别是对拉斯基先生与摩根·菲利普斯先生本人大加论断，发表一通宏论。譬如拉斯基先生自始至终都被描述为在欧洲四处流窜，攻击毁谤苏联政府机构与苏联共产党的头号反苏阴谋家，其首项罪状则是破坏劳工运动中社会党人与共产党人之间的团结协作。拉斯基在西欧的成功无疑解释了他为何会遭到这样一番恶毒的攻击。

3. 我在 8 月 23 日致华纳先生的信中提到，工党代表团访苏的目的之一即是要摸清在共产党与社民党之间建立实质性工作联系的可能性究竟有多大。对此我个人的看法是，代表团在离开苏联之时恐怕已经意识到，实现双边合作与相互容忍虽不是全无可能，但至少也面临着重重困难。究其原因，上述文章倒是给出了部分解释：与斯大林争夺世界工人阶级领导权的主要对手即是拉斯基（确切地说是拉斯基本人所代表的一股势力），反之亦然。显而易见的是，左翼政党唯有在共产党的控制下做到彼此团结一致，方可使苏联在全世界特别是西欧扩大自身影响。若非英国工党在去年 7 月的选举中获胜，这一目标眼下或许已经达成。事实上，社会党与共产党之间的斗争仍在继续，而法国社会党的困难处境则充分说明，共产党与他们的苏联支持者一方仍然拥有不小的胜算。

4. 值得欣慰的是，希特林勋爵与工党代表团近来对苏联的访问相信还是有其成效的，至少实现了一定程度的缓和，但与其说上述访问淡化了苏联人根深蒂固的刻板观念，不如说苏联人公开流露的措辞风格业已趋于温和，尽管如此，就在刚刚过去的 8 月 22 日，苏联重量级发言人曼纽尔斯基还在巴黎和平会议上的一次演讲中谈道："英国工党前主席拉斯基并不拥有左派人士的信念，这一点我们也是清楚的。"

F. K. 罗伯茨

（冯一鸣译，姚百慧校）

19460913，YD00063

罗伯茨致贝文电①

（1946 年 9 月 13 日）

第 713 号（N 11900/24/38）

莫斯科（9 月 18 日收）

先生：

　　我十分荣幸地向您呈报 1946 年 9 月 4 日苏联作家协会理事会主席团特别会议的情况，此次会议讨论了最近苏共中央委员会针对苏联文学及戏剧所颁布的两项决议。一大批顶尖水平的苏联作家参与了这次讨论，主席团最后通过了一份冗长的决议，表示完全拥护苏共的文学路线，并就此前苏共中央所申斥的若干错误提出了相应的补救措施。相关内容可参考本人 8 月 27 日第 649 号电及 9 月 3 日第 679 号电。

　　2. 按照上层期望的调子，与会诸位作家的讲话无不充斥着自我批评，并对苏共中央的种种苛责表示出虚伪至极的赞同，极少有人谈到些许引人注目的新鲜话题。作为苏共中央的两项决议点名批判的头号对象，苏联作协主席吉洪诺夫按照如下原则确定了会议基调，也就是将引起中央不满的所有作为与不作为一律归咎于作协主席团及理事会自身缺乏有效监督与指导。无独有偶，在谈及乌克兰裔作家所犯的错误时，马克西姆·雷尔斯基尖锐地批评了乌克兰作协行政管理部门——该部门负责人即是他本人。而令雷尔斯基怨声尤多的是，不少乌克兰裔作家与历史学家竟然得以获准散播资产阶级民族主义理念，并将博格丹·赫梅利尼茨基时代乌克兰的家长制生活方式加以理想化，不去标榜乌克兰人与俄罗斯人之间的友谊是何等牢靠，而是将两者加以对比。此外，乌克兰裔作家彼得·潘其此前曾宣称

---

① 资料来源：*BDFA*, *Part Ⅳ*, *Series A*, *Volume 2*, pp. 92－94。

自己拥有犯错误，甚至是犯意识形态错误的权利，后又对这一说法矢口否认，并意识到自己先前的言论是荒诞不经的，对于潘其态度的转变，雷尔斯基是清楚的，但他仍对潘其不依不饶，大张挞伐。

3. 米亥科夫先生一贯坚称，苏联的艺术正为全世界的进步人类所瞩目，他呼吁苏联作家为了一个目标动员起来，那便是讴歌苏维埃国家和共产党的理念与意识形态，并将其与所谓"好战的敌对意识形态"相对比。在战争中声名鹊起的青年剧作家、诗人、宣传家西蒙诺夫则将这一思想表述得更为直接，他说，"显而易见的是，一场激烈的意识形态斗争正在世界范围内展开，我们必须参与其中，并像在战争期间一样英勇奋战，直至最后一息"。作为"无产阶级"出身作家的一员，法捷耶夫不出所料地对左琴科与阿赫玛托娃进行了又一番攻击，而知名诗人、莎士比亚作品翻译家鲍里斯·帕斯捷尔纳克虽被诸多外国评论家公认为"当今苏联硕果仅存的富有真正天才灵感的作家"，法捷耶夫却仍未对其网开一面。他说，帕斯捷尔纳克虽成长在苏维埃体制之下，内心却十分向往与苏联社会格格不入的个人主义，战争期间的帕斯捷尔纳克出力甚少，他非但没有竭尽所能为国效力，反而选择一门心思翻译莎士比亚作品，以此逃避现实问题。L. 苏波茨基主张，苏联作家的任务是创作能够点燃读者投身"世界共产主义斗争"激情的作品。苏波茨基特别提到了近来多位写到爱国主义的苏联作家，批评他们将德米特里·顿斯科伊等人的爱国主义与在伟大卫国战争中苏联人民的爱国主义相提并论。文学类杂志《旗帜》的编辑 V. 维什列夫斯基则因在 1945 年第 4 期上刊载了几首阿赫玛托娃的诗歌而受到批判，对此，他痛心疾首，捶胸悲叹，承认了自己的错误。阿赫玛托娃目前应仍处在缄默噤声的状态，从而无法对国家和党的裁决做出任何回应，对此，维什列夫斯基表现得大为惊讶，他进而又对阿赫玛托娃当前的思想状态展开批判，称其态度较之以往"倍加个人主义，倍加怀有敌意"，故理应被开除出作家协会。

4. 在作协主席团最终采用的决议文本中，苏共中央委员会 8 月 14 日发布的法令被奉为"最重要的文件"，因其"使苏联作家协会理事会以及全国所有作家组织未来的发展拥有了一个战斗性指导纲领"。决议承认，文学是教育苏联公民，特别是教育苏联年轻人的强大武器，因此必须密切联系苏联政治，左琴科、阿赫玛托娃与帕斯捷尔纳克的作品毫无政治性与意识形态色彩可言，部分杂志与出版社之所以敢于登载他们三人的作品，从而将上述关于苏联文学功用的教条置诸脑后，其一大诱因即是作协理事会缺乏

行之有效的监督与指导。8 月 26 日，苏共中央委员会对苏联戏剧界与剧作
家群体大加苛责，称眼下部分经验老到的诗人竟多少沾染了些许悲观情绪，
而很多年轻诗人则流露出一种病态的抑郁和对痛苦经历的钦慕。对于苏共
中央的上述批评，作协主席团的决议同样报以赞同的声音，并热烈支持苏
共中央委员会对任何膜拜逢迎西方资产阶级文化的行为加以谴责。决议将
相当一部分责任推给了苏联的文学评论家们，并为他们罗列了一长串过去
犯下的错误，即在次要问题上浪费了太多时间与精力，在个人交际影响下
进行写作，散播"唯有下一代作家方可写出真正有价值的着眼当代事件的
著作"这一有害观点，而文学评论家们在完善文学批评理论方面则是彻头
彻尾的失败，以至于苏联作协下属的文学研究院在进行关于苏联文学史、
文学理论与教学法的讲授时，官方竟无法为其提供令人满意的教材和教学
计划。与此同时，苏联作协的决议也强调，包括部分加盟共和国文学创作
中死灰复燃的资产阶级与民族主义思潮在内，苏共中央此前痛加申斥的所
有错误行径，最后皆应由苏联作协自身的指导性机构负责。有鉴于此，决
议着重谈到了从根本上改变苏联作协社交与工作模式的必要性，并呼吁对
文学领域中所有外来的与非意识形态化的影响展开攻击，全力描写以劳动
英雄主义与社会主义建设为代表的当代苏联主旋律，在作家群体中系统地
宣传苏共关于国内及国际主要问题的政策路线。决议还力促苏联作家充分
体悟"富有战斗性与进取心的共产主义精神"，并在此基础上创作出满足下
述条件的作品，即能够"揭露资本主义包围孤立政策的真实本质，削弱该
政策业已日薄西山的影响力，说明孕育着新一轮血腥战争威胁的当代帝国
主义究竟有何特点"。

　　5. 在总结部分中，决议建议苏联作协立即采取一系列切实可行的补救
措施，包括免除吉洪诺夫作协理事会主席的职务，剥夺左琴科与阿赫玛托
娃的作协成员资格，并于 10 月份召开理事会全体会议探讨作协的重组问题，
同时在作协理事会成员的指导下提前召开各加盟共和国及其他地方性作家
会议，讨论贯彻苏共中央委员会的各项建议，此外，决议还提出，对各主
要文学性报刊编辑部及"苏联作家"出版社递交的报告进行突击检查，彻
底改革青年作家的培养机制，并采取适当措施，确保苏联的文学评论沿着
兼具文学理论性与政治可靠性的道路继续发展。决议末尾谈道，"苏联作协
主席团要求全体苏联作家团结起来，努力解决中央委员会指出的各项问题，
苏联作协谨向中央委员会与斯大林同志保证，将以真正的布尔什维克式作

风纠正业已暴露的错误，充分贯彻中央委员会的指令"。

6. 就在此次特别会议上，作协主席团审查了大量的行政问题，并就两项涉及苏联作协组织机构的重要调整达成一致。首先，正如此前的决议所预示的那样，主席团免除了吉洪诺夫作协理事会主席的职务。此外，主席团还设立了一个旨在指导作协日常活动的书记处，书记处由一名总书记、四名副总书记与八名常务书记组成，其中总书记一职由 A·A. 法捷耶夫担任，西蒙诺夫、维什列夫斯基、吉洪诺夫以及乌克兰裔作家与政治家考涅楚克分任副总书记。而对于常务书记的人选，除了两位闻名遐迩的俄罗斯裔作家，L. 里奥诺夫与 B. 戈尔巴托夫，剩余的六个名额则分配给了来自爱沙尼亚、拉脱维亚、立陶宛、白俄罗斯、格鲁吉亚以及乌兹别克斯坦的作协代表。

7. 联系作协主席团决议的总体语气，还有上述业经宣布或是已有先兆的组织机构调整，我们不难看出，作为一个群体而言，面对着好斗暴戾的斯大林在苏联建造的共产主义圣殿，苏联作家们还是太容易让自己沦为其温良驯服的卫道士。对苏联作家来说，重申共产主义信条的功效究竟如何？是会激励他们谱写出更具创造力的艺术作品？抑或是迫使他们在为共产党元老们的文集大加颂扬之外，写下的尽是死气沉沉的衰朽文字？这一点尚须时间来加以检验。但就当下的情况来看，对于目前动员苏联作家投身意识形态领域斗争一事，我本人可以无惧辩驳地说，此举将会为苏联本国以及外部非共产主义世界带来严重的后果。在苏联国内，持怀疑论调、胆小怯懦、倒退反复以及沾染外来思想的各色人等自然是首当其冲的攻击对象。这场意识形态领域的斗争一经组织酝酿并最终发动，势必会同时引发对西方世界理念信仰的一轮攻击，从长远来看，恐怕要等到苏联国内针对质疑声音的打压全面展开后，对西方世界的攻击方可出现松动，这似乎就是眼下西方所能企盼的最好结果了。若非如此，那么在苏联领导人看来，西方意识形态便不仅仅是用来给忠实党徒们鼓劲打气的工具，不再是俯拾即得的慑人说辞，而是危险与敌意真真正正的代名词。不管怎样，对于西方与苏联这两个迥然相异的世界来说，眼下和平共处的希望正变得愈发黯淡。许多苏联作家自身也认为，当前局势发展背后的唯一动因便是实实在在的战争危险。他们援引 1937 年大清洗的先例，称大清洗日后之所以显露出其正当性，原因即在于，应对德国的入侵需要对内部进行整肃以加强团结。毫无疑问，这便是苏联领导人希望苏联作家乃至广大苏联人民所抱有的印象。

8. 在上述情况下，本馆新闻处的工作将会遇到更多的困难，而下列情况的出现则会使新闻处的工作境遇雪上加霜，那便是与过去相比，苏联知识分子很可能会更加回避与英方代表的接触，或是由于官方的阻遏而无法造访外部世界，甚至无法收到寄自外界的文字材料。但就目前而言，关于这一问题尚无法给出任何明白无误的结论。即便如此，从另一方面来讲，有鉴于西方思想对于苏联人民的影响作用极易触动苏联当局高度敏感的神经，故现阶段我们更应继续通过英国广播公司俄语节目《英国盟友》及其他类似渠道，尽我们所能，为苏联人民呈现客观真实的英式生活方式，向苏联人民传递英国坚守不渝的西方民主理念。

F. K. 罗伯茨

（冯一鸣译，姚百慧校）

19461015，YD00073

彼得森致贝文电（节译）①

（1946 年 10 月 15 日）

第 803 号（N 13358/24/38）

特急，莫斯科（10 月 18 日收）

先生：

第二次世界大战结束以来，特别是自今年春季新五年计划主体纲要公布以来，国内事务一直是苏联领导人的关注焦点，为实现由社会主义向共产主义的过渡，苏联高层全力动员人民投身新一阶段声势浩大的卓绝鏖战。由于苏共一直试图将被战争中断的 1917 年革命进行到底，对于苏联领导人来说，这次动员势必会把他们卷入一场旨在加速实现上述目标的运动。十分引人注目的是，苏联高层再度摆出了他们毫无新意的政策要点，即强调经济领域（特别是生产资料领域）的快速重建与发展是极端重要的，主张苏联领导人应保有对苏共的绝对控制，共产党是领导苏维埃国家的唯一力

---

①　资料来源：*BDFA*，*Part Ⅳ*，*Series A*，*Volume 2*，pp. 231 – 239。

量，并进一步重申马克思列宁斯大林主义意识形态是苏联公民特别是公职人员思想与行动的唯一合法基础。上述政策中的大部分内容势必会对苏联民众产生莫大的影响，他们中的一些人此前曾是在德国本土或德国占领区服役的苏联军人及劳工，恰是这一类身份，使得他们终因与资本主义世界有所往来而遭受怀疑，更多的苏联百姓则心怀希冀，指望战争的胜利最终可以缓解使整整一代人饱受折磨的牺牲、苦难与匮乏。显而易见的是，憧憬与现实的反差使得苏联民众中的紧张感与不满情绪蔓延开来，为了打压此类情绪，苏联高层目前正在一些领域推行更为严厉的政策，并开始肃清那些阻碍经济发展，同时扰乱民心的毁谤言论。

　　……①

　　10. 有的时候，战争期间的外国观察家们会禁不住做出如下论断：在战时的苏联，共产党的管控力度已严重削弱，以军队为甚，战争环境催生了有可能挑战苏共领导人地位，并迫使他们对全力建设共产主义社会这一宏观政策做出大幅调整的异质群体。尽管如此，目前尚无迹象表明苏共高层放松了对权力的掌控，对于他们来说，近期做出的一系列政策调整很大程度上就是为了使权力更加集中，并使其运转更为高效。斯大林本人现已郑重声明，共产主义与社会主义是可以在一国建成的。此外，斯大林和他的高级官员也已摒弃了有关共产主义时代"国家消亡"不可避免的观点，转而强调拥有强大国家机器的必要性，按斯大林等人的说法，这一必要性不仅体现在社会主义向共产主义的过渡时期，且由于资本主义国家的存在即有外来入侵的威胁，故即便是在共产主义时代，上述必要性也同样适用。以上事态的发展不仅凸显了进一步提升苏维埃国家机关威望的重要性，同时也在一定程度上有助于我们理解最近采取的一系列措施，譬如以"部"和"部长"替代"人民委员部"与"人民委员"，以"苏军"和"苏联海军"替代"红军"与"红海军"。此外，上述情况还进一步证明，苏共高层已下定决心维持其对全体国家机关的控制，而苏联最高苏维埃的选举与新五年计划的具体条款则充分表明，苏联领导人试图保持其专有权力，以此推动苏联国家沿着自社会主义通往共产主义的道路继续前进。在高层领导们自己的班子里，实质性的变动则微乎其微。谢尔巴科夫与加里宁去世后，苏共中央政治局增选贝利亚与马林科夫为政治局委员，布尔加宁与柯

---

　　①　此处部分内容未译。

西金为候补委员。波波夫、库兹涅佐夫与帕托利切夫也开始直接为斯大林服务。马林科夫与日丹诺夫担任中央书记。莫洛托夫作为斯大林得力心腹的地位目前仍无可撼动，而最新证据显示，虽然有日丹诺夫步步紧逼，贝利亚眼下还是成为斯大林的另一臂膀。尽管部分成员的个人权势出现了某些波动，苏共领导层似乎仍保持着其坚如磐石的非凡特性与矢志不移的顽强意志。

……①

15. 苏共领导人还全面改组了手下庞大无比的宣传机关和以共青团为代表的配套附属机构，并利用这些单位对苏联民众加以动员，号召人民投身到完成新五年计划的热潮之中，从而实现由社会主义向共产主义的过渡。在苏共高层看来，他们眼前的人民似乎已变得麻木冷淡，人民曾经怀有的热情似乎已被过去数年的艰辛、贫困与挫折消磨殆尽，而就在最近，经过对苏联国内相隔甚远的若干地域的走访，外国通讯社的记者与本馆及他国驻苏使馆的工作人员无不在报告中认定，苏联人到现在还过着近乎原始的艰窘生活。外部世界的高水平生活强烈刺激了大批在战争期间走出国门的苏联人。还有一些人对美、英给予的援助印象深刻。更多的人则迫于战时经济和其他困境，大肆进行私人买卖，从事各类副业，并参与投机倒把，特别是苏联农民在战时损公肥己，以集体农庄的利益为代价扩大自留地，并将农产品以哄抬飙涨后的高价销往城镇。与此同时，苏联宣传机构的宣传重点则由共产主义意识形态与阶级斗争转向历史、传统及俄国昔日的伟大人物，有时甚至还将教会列为宣传对象。这一情况无疑进一步助长了眼下正为苏联报刊严厉批判的"资本主义心理残余"、"资产阶级思想"以及"资产阶级民族主义"，按照苏联报纸的说法，此类不良思想在乌克兰等地体现尤著，在广大青年中似乎也有所传播。消极忍耐，默默屈从，这是斯拉夫民族面对苦难深渊的一贯表现，而由于前述情况的存在，加之战后疲沓倦怠潜滋暗长，经济形势困难异常，斯拉夫民族的这一传统心理遂又平添了相当程度的幻灭感、犬儒思想与悲观主义，这一点甚至已经表现在部分作家和诗人的作品中。

16. 早在战争结束前，苏联领导人便已觉察到上述情况隐含的潜在威胁，作为预防措施，共产主义意识形态再度被奉为苏联社会的永久根基，

---

① 此处部分内容未译。

其重要地位也被苏共高层一再强调。而对于上述举动，不仅民众迟迟未做出反应，即便是包括作家群体在内的知识阶层也未适时跟进，而是继续遵循略微淡化共产主义意识形态的旧有方针。值得注意的是，部分苏联作家表现出了对西方资产阶级文学鉴赏标准与创作自由的追捧，他们中的一些人甚至开始考虑摒弃文学写作的意识形态基调，转而回归"为艺术而艺术"这一传统。但苏共领导人是不会放任此类情况长期发展的，这一方面是由于高层眼下正着手推动社会主义向共产主义的过渡，因而急于激发人民服务新五年计划的热情；另一方面则是由于苏共高层担心，对异端观点的任何容忍都将腐蚀并误导苏联年轻人。出于以上考虑，今年 8、9 月间，苏共高层接连发布了针对文学、戏剧与电影的三条重要指示。其宗旨首先是重申共产党的观点，即文学艺术必须为国家利益服务，不应脱离政治；其次是给文学艺术指派一些极其重要的任务，包括鼓吹苏联社会主义与共产主义相比于资本主义所具有的优越性，抨击资产阶级思想与西方影响，克服任何趋于悲观幻灭的旨趣倾向，宣扬勤奋工作、自我牺牲、攻坚克难等所谓共产主义美德，引导苏联人民特别是苏联青年坚信，他们选择的事业是无比正确且不可阻挡的，他们的领袖是富有智慧且满怀慈悲的，进而鼓励他们无视眼前的困难，为了美好的明天而踏实苦干。通过上述手段，苏共高层轻而易举地达成了他们的直接目的，即勒令文艺界严守规矩，勿蹈雷池，迫使其令人作呕地对共产党关于文学艺术政治功用的观点再度表示了赞同。如左琴科与阿赫玛托娃的作品被苏共高层斥为集苏联文学创作禁忌之大成，两人因此被苏联作家协会开除，而眼下作协的官僚们正在全国各地召开会议，动员作家们投身到下一阶段的运动中，用一位苏联作家的话来说，这场运动的宗旨就是"为共产主义在全世界取得胜利而斗争"。苏联戏剧界与电影界的活动也相应出现了激增，现在人人都对高层领导的要求心知肚明，并开始竭力投其所好。此外苏共高层还特地创办了一份名为《文化与生活》的报纸，以此指导苏联宣传机构与各门类脑力劳动工作，而就在过去的几周，以苏联报刊为例，其对共产主义意识形态的强调较之以往大幅增加，与此同时，意识形态因素的波及范围也已大为拓展，以至于包括体育与爵士乐在内，苏联国内的所有社会事业都要为共产主义所囊括，接受共产主义的改造，并为共产主义所鞭策激励。但作为这场声势浩大的宣传攻势的最终目标，苏共能否摧毁苏联国内的资本主义思想残余，能否消减来自西方的重重诱惑，能否使苏联人民充满对共产主义热情似火的忠贞信仰，并激励民众为实现当下及随后的一系列五年计划而全力工作，这一切无不有待进一步的观察。目前所能断言的就是，在普通苏联百姓看来，相比于眼下滔滔不绝的口号与训导，稍微多那么一口吃的显然要令人激动兴奋得多。

17. 综合最近数月关于苏联国内形势的宏观调查，我们似乎可以得出一系列重要结论。第一，苏联经济的重建与发展并未如苏联政府此前料想的那般顺利，其建设速度也未达到苏联政府的预期。第二，苏联领导人仍然牢牢控制着国家，并深信自己能够继续大权在握。第三，苏联高层已经认识到，苏联党和国家的组织机构与意识形态目前仍存在着诸多重大缺陷，民心士气也趋于消沉低落，为扭转这一状况，苏联高层现已开始采取强有力的应对措施。第四，最近国外的揣测声音接连不断，称苏联国内正面临严重的分裂危险，苏联的对内政策可能会提前出现影响深远的剧变，现在看来，上述揣测几乎无一站得住脚。但这并不意味着苏联领导人此刻可以高枕无忧，在乌克兰这样的地区，局势一时间可能表现得格外严重。但苏共高层眼下仍可通过两大手段加以应对，一是强力推动建设共产主义社会的既有政策，纵使快速工业化是以牺牲民众的生活水平为代价的；二是通过重新唤起对意识形态的信仰与热忱，并明确规定社会各阶层当前的基本任务与责任。其间苏共高层再度实施政策紧缩，大刀阔斧地剔除了先前因战争而有所放宽的诸项措施，进而对官僚机构大行改组，这使得某些政府部门眼下似乎愈发忧惧惶恐，因其担心一场大清洗很可能正在酝酿之中。但目前似可确定，苏共高层的目的主要还是在于遏止战时流毒甚广的种种弊端，提升行政效率，并激励全国为实现五年计划倾注巨大的努力。倘若五年计划开局顺利，苏联领导人心满意足，则一切皆会平安无事。可一旦在计划执行过程中遭遇到太多障碍，他们很可能会迫于形势大肆搜寻替罪羊，就像他们在 30 年代工业化狂飙突进时屡试不爽的手法一样。只要现任的苏共领导仍然掌权，他们便绝不会背离自己亲手制定的政策，那就是在苏联开足马力建设共产主义社会。

毛里斯·彼得森

（冯一鸣译，姚百慧校）

19461022，YD00074

彼得森致贝文电（节译）①
（1946 年 10 月 22 日）

第 822 号（N 13918/4455/38）

莫斯科（10 月 31 日收）

……②

苏联情况季度报告
（1946 年 7～9 月）
概　况

本季度的显著特征是，苏联已在怀疑美国及英国（在较轻程度上）对其带有敌对意图，而苏方对英美两国在世界范围内活动的解释则使这种情绪在苏联民众中鼓噪开来。尽管尚无迹象表明苏联国内正在进行战争准备——事实上则恰恰相反——上述情绪还是在苏联国内根植下对战争实实在在的恐惧。尽管斯大林本人都已宣称自己信仰和平，但这种恐惧心理无疑是很难驱散的。事实上，对于巴黎外长会议及以联合国组织为代表的其他国际磋商平台，苏联之所以持目前的态度，其诱因或许在于，苏联认定盎格鲁－撒克逊集团怀有长期潜在的敌对意图，而非是基于对英美两国政策的直白表述。这种观念的存在早已不是什么新鲜事了，本季度苏联的政策走向也未出现明显的变化，但其政策执行过程中所遵循的方针正被界定得愈加清晰详尽，除非是自欺欺人到了极点，否则任何观察家都会越发难以对这一变化过程持乐观态度。不管是在哪一领域，显而易见的是，苏联一直在采取与其势力范围之外所有国家政府截然相反的立场。正因为如此，从巴黎和平会议到关于德国前途的讨论，再到对苏联控制下各国进行政治或经济渗透的尝试，从英国在中东的地位到美国在远东的地位，再到联合国安理会进行的诸项审议，所有这些均在这个季度成为凸显"两个世界"碰撞冲

---

① 资料来源：*BDFA*，*Part* IV，*Series A*，*Volume* 2，pp. 242 - 264。

② 此处部分内容未译。

突的典型案例。正如莫洛托夫先生与维辛斯基先生在巴黎解释的那样，苏联关于民主的理念与西方大国不尽相同。苏联人有着好战、固执且毫不屈服的信念。而这一季度发生的各类事件则说明，这一信条较之平日已更趋极端，说得更准确些，苏联人的心理正在回归其近乎原始且不容妥协的本性。苏联国内在这一季度涌动着意识形态潮流。苏联一再强调本国与外部世界相比所具有的优越性，从中凸显出两者之间存在着的根本差别。苏共公开宣称，决心实现自社会主义向共产主义的过渡，尽管此举或可起到巩固其党的效果，苏联民众的情绪却颇显不安。与此同时，苏共还提出了关于实现五年计划，提高苏联本国的生产力与工业效率的号召。而苏联民众本就难得享受和平时期相对宽裕的生活，对于他们来说，上述运动短期内所带来的唯一后果即是付出新的牺牲，承受新的限制。由此言之，从苏联领导人的角度来说，本季度苏联内外接连发生的一系列事件无不展现出苏共高层的决心，即试图在一个他们认为充满敌意的世界里，为他们自己和苏维埃社会主义共和国联盟逐步确立牢不可破的地位。苏联领导人一再强调四大国之间进行合作协商十分必要，这恐怕是当前晦暗的局势下仅有的一线曙光，可就是这点希望，目前只怕也是阴霾重重，其原因在于，在苏联领导人看来，所谓进行合作无非是要其他各大国接受苏联一国的要求，或者至少是放弃本国提出的违背苏联意愿的要求。

……①

31. 此外，通过将马克思列宁主义重新确立为思想与行动的唯一许可基础，苏共领导人正开始着手清除苏联国内的"资产阶级思想"、"资本主义心理残余"以及战争期间有所抬头的"资产阶级民族主义"。但他们最近也认识到这样一个事实，即"知识阶层"中的某些特定群体已不那么专注于协助激励、动员苏联民众，特别是苏联青年，实现五年计划，建设共产主义社会这一万分紧要的任务，转而沉迷于逃避主义与悲观主义，并受到西方文化标准与普遍自由的影响，这一点尤以作家群体为甚。有鉴于上述情况，苏共高层在8、9两月接连签发三条法令，重新定义了苏联文学、戏剧及电影的地位与功用。设立这些法令的总体目的包括：首先，重申文学艺术的存在是为国家服务，不应游离于政治之外；其次，鼓吹马克思列宁主义意识形态，宣扬苏联社会主义及共产主义相对于西方资本主义的优越性，与资

---

① 此处部分内容未译。

产阶级理论及西方影响做斗争，克服任何悲观主义与幻灭思想趋向，赞美诸如勤奋工作、自我牺牲、攻坚克难等所谓共产主义美德，并引导苏联人民（特别是苏联青年）坚信，他们所服务的事业是无比正确且不可阻挡的，他们的领导人是富有智慧与德行的，进而激励人民无视眼前的困难，为了更加光明的未来而勤恳踏实地工作。这些法令的效果自然是立竿见影的，共产党声称文学艺术应为政治服务，拥护响应这一观点的奴颜婢膝的论调层出不穷，而左琴科与阿赫玛托娃这两位苏联作家则被苏共高层即刻打入冷宫，他们的作品也被指斥为苏联文学理应鄙弃的典型反面教材。这些法令对苏联文艺界震动极大，为了某位狂热的作家所标榜的那般"打响实现共产主义的世界大战"，苏联文艺界卖力到了近乎癫狂的地步。此外，对于其他所有风马牛不相及的领域，譬如医药、体育还有马戏团的小丑，上述原则已被普遍接纳为官方指定的强制性标准或原则，这无疑是同等重要的。而强化马列主义说教，抵制国内西方影响蔓延的必然结果，即是苏联宣传机构依然将资本主义世界描绘为滋生帝国主义危险分子的温床，并称这些帝国主义分子无休止地威胁着苏联，且试图阻碍长效稳定的和平的最终确立。

英国大使馆，莫斯科

1946 年 10 月 22 日

（冯一鸣译，姚百慧校）

19461031，YD00075

彼得森致贝文电[①]

（1946 年 10 月 31 日）

第 839 号 （F 16289/109/10）

莫斯科 （11 月 11 日收）

先生：

今日我拜访了马立克先生，他刚刚取代罗佐夫斯基成为新任苏联副外长。马立克先生目前负责远东事务，他本人曾在大战的最后两年担任苏联

---

① 资料来源：*BDFA*，*Part Ⅳ*，*Series A*，*Volume 2*，pp. 266–267。

驻日大使，直至 1945 年 8 月初苏联对日宣战。

2. 马立克只有四十多岁，十分年轻，在我看来，自从李维诺夫先生与迈斯基先生去职以来，我们已经习惯了苏联外交人员的那套行事风格，与之相比，马立克与新任驻英大使扎鲁宾则代表了更为优秀且更加健谈的一类苏联外交官。马立克先生的英语十分流利，我不需翻译即可与他交谈。受俄国人的心理特质影响，一旦他认为我开始谈正事了，他便开始讲俄语，如此我便无法从他口中套出话来。好在马立克身边有一位很年轻的俄国女翻译，水平相当高，在我看来，她的口译还是十分准确的。

3. 起先我们简要谈了谈日本问题，马立克先生说，他在任驻日大使期间就觉得日本人很不友善。紧接着我告诉他，尽管我没有收到任何特别指示，我还是想和他谈谈中国局势。我说，最近苏联媒体在谈到中国问题时论调愈发尖酸刻薄，在谈及美国及美国的政策时更是如此。几乎不消说，我根本没有必要为美国辩护，但我的确很想知道，苏联政府是否相信中国存在统一的可能，如若相信，那苏联方面是否认为在中国除了蒋介石之外，还有旁人具备统一全中国的才干？我进而提请马立克先生注意，在英国人眼中，蒋介石自 1936 年起便坚决抵抗日本侵略，并在胜利后拥有了对中国命运毋庸置疑的主宰地位，对此，我想美国人的看法也与我们并无分别。从另一方面来说，倘若我们坐视中国陷入内战的深渊，根据以往的经验，这种战争状态将要延续多久，这个人口众多的国家将会遭受多少损失与创伤，就都很难说了。

4. 马立克先生回答说，苏联政府相信中国是可能获得统一的，而蒋介石则是实现并维持统一局面的自然人选。至于中国内战，马立克称战争恐怕已经开始了。但马歇尔将军与司徒雷登博士仍在竭力推动中国国内的调停和解，他们的努力或许会成功的。除非更强有力的民主化措施在中国得以落实，否则苏联政府是不会对中国局势表示满意的。对于我先前提到的苏联媒体的种种尖酸刻薄，马立克的解释是，苏联报刊上大部分关于远东局势的报道与评论均是转引自英国媒体，相比之下，美国报界缺乏新闻客观性已是昭然若揭，苏联报刊难免对此有所反应，发表些议论也在情理之中。

5. 我随即表示，马立克先生既已提到在中国推行民主化的需要，这不禁使我想到一点，即国民党一直被认为是在模仿苏联的政府运作系统。而对于马歇尔将军与司徒雷登博士正在付出的努力，马立克亦表示了同情。在我看来，这些努力并不一定会取得成功，但若是苏联政府确实怀有同情，它难道不会进一步推动这些努力吗？

6. 马立克答称，蒋介石的追随者要求进行改革，因此，中国还是需要实行民主化的。他特别谈道，"CC 派"（此处他所指的应是"宋家王朝"）的种种不良作为绝非裙带关系与徇私枉法所能囊括，影响十分恶劣。马立克承认自己从未见过孔祥熙与宋子文本人，但他仍坚称孔、宋二人的势力祸害不浅。至于其他，马立克表示苏联根本不愿干涉中国国内事务。苏联只在南京驻有官方代表，而与中共一方（即马立克所谓的"民主政党"）并无此种联系。苏联同南京政府拥有全面外交关系，苏联绝不会做有损双方关系的事情。

7. 我随后说，就目前来看，这一表态无疑是令人满意的。以我对本国政策的理解，英国方面希望看到的是一个统一和平的中国。这是我方政策的首要宗旨，而我们的次要目标则是在中国为我们的商品拓展市场，对此我毫不讳言，为达成这一目标，中国的和平与繁荣无疑是必需的。

8. 马立克先生问我，英国是否担心被美国挤出中国，我表示人人均可分一杯羹。

9. 马立克先生最后又回到了日本问题，称很多人都相信美国会将廉价的日本纺织品倾销到中国，我表示这一谣传并不足以引起我们的惊慌，因为美英两国主要关心的均是日本在停止培植战争潜力的前提下实现经济自给。

我谨将此份电报的副本拍发英王陛下政府驻华盛顿及驻南京大使。

毛里斯·彼得森

（冯一鸣译，姚百慧校）

参考文献

一　档案与资料汇编

Ashton, S. R. et al. ed. , *Documents on British Policy Overseas* (*DBPO*), *Series I*, *Volume VIII*, *Britain and China*, 1945 – 1950, London · Portland, Frank Cass Publishers, 2002.

Medlicott, W. N. et al. ed. , *Documents on British Foreign Policy* (*DBFP*), 1919 –1939, *Vol. 11*, London, Her Majesty's Stationery Office, 1970.

Medlicott, W. N. et al. ed. , *DBFP*, 1919 – 1939, *Vol. 17*, London, Her Majesty's Stationery Office, 1979.

Preston, Paul and Michael Partridge ed. , *British Documents on Foreign Affairs*: *Reports and Papers from the Foreign Office Confidential Print* (*BDFA*), *Part IV*, *Series A*, *Volume 1*, University Publications of America, 1999.

Preston, Paul and Michael Partridge ed. , *BDFA*, *Part IV*, *Series A*, *Volume 2*, University Publications of America, 1999.

Preston, Paul and Michael Partridge ed. , *BDFA*, *Part IV*, *Series E*, *Volume 1*, University Publications of America, 2000.

Preston, Paul and Michael Partridge ed. , *BDFA*, *Part IV*, *Series E*, *Volume 2*, University Publications of America, 2000.

Preston, Paul and Michael Partridge ed. , *BDFA*, *Part IV*, *Series E*, *Volume 3*, University Publications of America, 2001.

Preston, Paul and Michael Partridge ed. , *BDFA*, *Part IV*, *Series E*, *Volume 5*, University Publications of America, 2001.

U. S. Department of State ed. , *Foreign Relations of the United States* (*FRUS*), *1945*, *Vol. 7*, *The Far East*: *China*, Washington D. C. : United States Government Printing Office (USGPO), 1969.

U. S. Department of State ed. , *FRUS, 1946, Vol. 10, The Far East: China*, Washington D. C. : USGPO, 1971.

U. S. Department of State ed. , *FRUS, 1947, Vol. 7, The Far East: China*, Washington D. C. : USGPO, 1972.

U. S. Department of State ed. , *FRUS, 1948, Vol. 7, The Far East: China*, Washington D. C. : USGPO, 1973.

U. S. Department of State ed. , *FRUS, 1949, Vol. 9, The Far East: China*, Washington D. C. : USGPO, 1974.

《毛泽东选集》第 4 卷，人民出版社，1991。

二　论文

韩长青:《罗伯茨电报和英国对苏政策方针的转折 (1946 ~ 1947)》，《历史教学》2008 年第 12 期。

黄亚红:《试论英国冷战政策的形成》，《世界历史》1996 年第 3 期。

李世安:《英国与冷战的起源》，《历史研究》1999 年第 4 期。

刘建飞:《从战后初期英国工党的对苏政策看冷战的起源》，《当代世界社会主义问题》1998 年第 1 期。

司昆阳:《英国与冷战》，《西欧研究》1987 年第 3 期。

席来旺:《丘吉尔与"冷战"起源》，《史学月刊》1985 年第 3 期。

叶江:《战后英国工党政府与冷战起源 (1945 ~ 1948)》，《史林》1991 年第 1 期。

Ashton, S. R. , "Britain, Burma and the Commonwealth, 1946 – 1956," *Journal of Imperial and Commonwealth History*, Vol. 29, No. 1, January 2001.

档案简目（档案编号序）[*]

YD00001，19450707，1　　　YD00023，19490823，1

YD00002，19451025，1　　　YD00024，19490930，1

YD00003，19461018，1　　　YD00025，19491007，1

YD00004，19461123，1　　　YD00026，19491024，1

YD00005，19470307，1　　　YD00027，19491123，1

YD00006，19471215，1　　　YD00028，19491126，1

YD00007，19471222，1　　　YD00029，19491203 - 09，1

YD00008，19480202，1　　　YD00030，19491212，1

YD00009，19480319，1　　　YD00031，19481118，1

YD00010，19480401，1　　　YD00032，19460523，1

YD00011，19480525，1　　　YD00033，19460901，1

YD00013，19480818，1　　　YD00034，19460830，1

YD00014，19481209，1　　　YD00035，19461209，1

YD00015，19481213，1　　　YD00036，19470125，1

YD00016，19490217，1　　　YD00037，19470301，1

YD00017，19490304，1　　　YD00038，19470214，1

YD00018，19490625，1　　　YD00039，19470505，1

YD00019，19490304，1　　　YD00040，19470703，1

YD00020，19490810，1　　　YD00041，19470829，1

YD00021，19490811，1　　　YD00042，19470909，1

YD00022，19490819，1　　　YD00043，19480407，1

---

* 本简目主要为配合"索引"制作；档案目录格式为"档案编号，档案时间，档案所在编次
（第 1 编或第 2 编）"。

YD00044, 19480525, 1

YD00045, 19481028, 1

YD00046, 19470123, 1

YD00047, 19470205, 1

YD00048, 19470210, 1

YD00049, 19470211, 1

YD00050, 19470215, 1

YD00052, 19460203, 2

YD00053, 19460312, 2

YD00054, 19460323, 2

YD00062, 19460824, 2

YD00063, 19460913, 2

YD00064, 19460826, 2

YD00066, 19460904, 2

YD00070, 19460912, 2

YD00073, 19461015, 2

YD00074, 19461022, 2

YD00075, 19461031, 2

索 引[*]

---

[*] 本索引条目后所附数字为档案编号中"流水号"的一部分（省略其中的 YD 和前面的 0），
可与"档案简目"配合使用。

后 记

　　本资料集最初是北京市教育委员会社科计划重点项目（SZ201010028010）、北京市哲学社会科学规划项目（10BaLS054）"国际关系史史料的整理与研究（一期）"的部分成果。后期修改校对时，又得到了首都师范大学青年科研创新团队资助。最终，书稿有幸纳入国家社科基金重大项目"20世纪国际格局的演变与大国关系互动研究"（11&ZD133）出版。在此，对提供项目资金、出版计划支持的北京市教委、北京市哲学社会科学规划办、全国哲学社会科学规划办、首都师范大学等单位表示感谢。

　　本资料集在翻译及校对的过程中得到很多学界师友的帮助，他们包括：天津师范大学耿志老师，湖南文理学院张华老师，广西师范大学王本涛老师，深圳职业技术学院汪婧老师，安徽师范大学奚庆庆老师，曾在首都师范大学博士后流动站短期工作的王玉玉师妹，以及首都师范大学的李海琼、沙芳洲、雷满妹、胡明岚、刘旭、齐琳雪、王若茜、冯一鸣、罗盘、刘京等研究生、本科生。没有各位的帮助，本资料集是不可能完成的。

　　最后感谢社会科学文献出版社承担出版这本资料集以及为此付出的辛勤劳动。

　　由于水平有限，本资料集一定还存在诸多不足，恳请学界友人予以指出，以便修订时予以更正。

姚百慧　韩长青

2018年2月

图书在版编目（CIP）数据

英国与冷战起源档案选编／姚百慧，韩长青编．——
北京：社会科学文献出版社，2018.10
（20世纪国际格局的演变与大国关系互动研究丛书）
ISBN 978-7-5201-3153-7

Ⅰ.①英⋯　Ⅱ.①姚⋯　②韩⋯　Ⅲ.①英国-研究-
现代　Ⅳ.①D756.1

中国版本图书馆CIP数据核字（2018）第168991号

20世纪国际格局的演变与大国关系互动研究丛书
英国与冷战起源档案选编

编　　者／姚百慧　韩长青

出 版 人／谢寿光
项目统筹／宋荣欣
责任编辑／宋　超　赵　晨　管世琳

出　　版／社会科学文献出版社·近代史编辑室（010）59367256
　　　　　地址：北京市北三环中路甲29号院华龙大厦　邮编：100029
　　　　　网址：www.ssap.com.cn
发　　行／市场营销中心（010）59367081　59367018
印　　装／三河市尚艺印装有限公司

规　　格／开　本：787mm×1092mm　1/16
　　　　　印　张：16.75　字　数：280千字
版　　次／2018年10月第1版　2018年10月第1次印刷
书　　号／ISBN 978-7-5201-3153-7
定　　价／89.00元